外民
交国
官

Dr. Wellington Koo

顾维钧 传

杨红林 著

团结出版社

图书在版编目（CIP）数据

民国外交官顾维钧传 / 杨红林著 . 一北京： 团结
出版社，2020.3（2023.9 重印）
　ISBN 978-7-5126-7688-6

　Ⅰ. ①民… Ⅱ. ①杨… Ⅲ. ①顾维钧（1888-1985）
- 传记 Ⅳ. ① K827=7

　中国版本图书馆 CIP 数据核字 (2019) 第 296682 号

出　版：团结出版社
　　　　（北京市东城区东皇城根南街 84 号　邮编：100006）
电　话：（010）65228880　65244790（出版社）
　　　　（010）65238766　85113874　65133603（发行部）
　　　　（010）65133603（邮购）
网　址：http：//www.tjpress.com
E-mail：zb65244790@vip.163.com
　　　　 tjcbsfxb@163.com（发行部邮购）
经　销：全国新华书店
印　装：三河市东方印刷有限公司

开　本：170mm×240mm　16 开
印　张：18
字　数：279 千字
版　次：2020 年 3 月　第 1 版
印　次：2023 年 9 月　第 4 次印刷

书　号：978-7-5126-7688-6
定　价：49.00 元

序：半世繁华，绝代传奇

公元 1918 年深冬，时年 30 周岁的中国驻美公使顾维钧由华盛顿出发，一路风尘抵达巴黎，赶赴即将在凡尔赛宫举行的国际和平会议。就在此前不久的 1918 年 11 月 11 日，第一次世界大战刚刚硝烟散去，人类仿佛迎来了永久和平的曙光。而身为中华民国的全权代表，顾维钧此行的使命却不仅仅是和平。作为一个长期蒙受不平等条约欺凌的弱国，中华民国幸运地在 1917 年搭上了协约国的末班车，史无前例地跻身于战胜国之列。面对骤然而至的"幸福"，北洋政府此时最大的渴望就是借助巴黎和会这个舞台全力维权。因此，当风度翩翩的青年外交官顾维钧在巴黎的会场上慷慨陈词时，他唯一的念头就是维护国权以不辱使命。或许他自己也不会想到，纵然在"弱国无外交"的时代，外交官个人的努力注定难以扭转乾坤，但是他本人却因为精彩的表现而一举成名天下知，中国近代外交史上的一代传奇由此逐渐广为人知。

遗憾的是，曾几何时，顾维钧这个名字竟长期湮灭在历史的烟尘里。

说来实在汗颜，即便作者本人，直到就读历史系专业本科，才第一次从教科书上知道顾维钧这个名字。略显遗憾的是，在那本编写于 20 世纪 80 年代初期的中国现代史教材中，顾维钧总共只被提及四次。第一次是作为巴黎和会 5 名全权代表之一，第二次是 1926 年 10 月出任奉系军阀控制下的北京政权内阁总理，第三次是 1937 年 8 月作为首席代表在国际联盟谴责日本的侵略，第四次则是在 1946 年 11 月《中美友好通商航海条约》签订后竟"无耻"地宣称"全中国领土均向美国商人开放"。或许是怠于学业的缘故吧，反正当时对于这个名字几乎没有留下任何印象。的确，在中国近现代历史上，有太多更重要的人物与事件需要后人去研究，一名初学者哪里有兴趣去深入了解一个"旧"时代的匆匆过客呢。

再识顾维钧，是在 1999 年。这一年，在五四运动 80 周年之际，一部名为《我的 1919》的电影一经上映便引起不小的轰动。诚然，影片主人公顾维钧扮演者的精彩演技颇值得称道，电影本身也获得相当成功。不过与此同时，越来越多的人开始在问："顾维钧是谁？"由此，在被历史淡忘了半个世纪后，顾维钧及其同一代外交官的事迹再度被人提起。

一切仿佛是宿命的安排。就读近代外交史研究生后，本人所选择的论文课题恰好是顾维钧与北洋时期的修约外交。就这样，我不经意间闯入了顾维钧的世界和他的时代。或许是太过投入的缘故，抑或是顾维钧的故事太吸引人的缘故，即便后来十多万字的论文完稿，我依然沉浸在这个历史人物的时光隧道里，几乎难以"穿越"出来，并且在一种好奇心和使命感的驱使下，十多年来仍不断潜心研究，广泛收集档案资料，希望有朝一日讲述一个完整的顾维钧故事。

关于顾维钧，著名美籍华人历史学家唐德刚曾称其为"半个外交家"，另外两个完整的外交家则为李鸿章和周恩来。至于这种说法，姑且不论其公正与否，但流传的倒非常广泛。毋庸置疑，放眼近代中国，顾维钧无疑是最具传奇色彩的历史人物之一。他的一生跌宕起伏又多姿多彩，堪称传记作家们的绝佳材料：富家子弟、天资聪慧、留美博士、俊美男子、一举成名、传奇婚姻、仕途畅通、海外闻名、高寿而终……用现在的流行语来概括，顾维钧堪称民国史上最博眼球的一条"锦鲤"！

细心的读者可能会发现，作为一名中国人，顾维钧在其漫长的一生中，真正在自己祖国生活的时间居然只有 30 年左右。作为一名职业外交家，他大半生都在海外任职。从纽约到华盛顿、巴黎、伦敦、日内瓦，再折返巴黎、伦敦、华盛顿、海牙、纽约，顾维钧来回穿梭于"地球村"。相比之下，北京、南京只不过是他人生的中转站。但即使有这样的特殊经历，任何人都无法否认顾维钧作为一名爱国者的身份，因为他毕生最大的追求就是致力于维护国权。

曾几何时，在国人的印象中，晚清至民国时期的中国外交简直就是一部"国耻史"，这一百年间几乎所有的外交家都难免被贴上"丧权辱国""软弱无能"的标签。然而真实的情况究竟如何？我们以往的论断是否过于武断和简单？幸运的是，随着学术界的思想解放以及各类档案史料的公布，近些年来人们的看法在逐渐发生改变，而包括顾维钧在内的民国外交家们也重新得到客观的评价。

美国历史学家费正清在《伟大的中国革命》一书中曾提出："当日本终止了它的闭关锁国政策，巧妙地开始西化，废除不平等条约，准备变成一个世界强国的时候，为什么中国没有这样做呢？……这个问题在整个20世纪中都像幽灵一样纠缠着中国爱国者的心灵。"事实上，这个问题同样折磨了顾维钧一生。可以毫不夸张地说，从投身外交界的那一刻起，这位哥伦比亚大学的国际法学博士就不断呐喊、抗争，凭借一己之力为"弱国"困境中的国人带来了一丝希望。

当然我们也不能否认，顾维钧毕竟只是一名特殊年代里的职业外交家，他不可能永远活在自己的世界里。事实上，不管他有多么惊人的能量和多么耀眼的表现，却终究无力改变国家历史的走向，有时甚至被困在时代的旋涡中无法自拔。他一生出使多国，六次出任外交总长，两次出任财政总长，两次代理国务总理，被称作"民国第一外交家"，但也曾被国民党政府通缉，被共产党宣布为头等战犯。从这个角度而言，顾维钧的绝代传奇，又何尝不带有几分历史的悲哀？

本书初版于2013年，此次再版，对部分文字进行了校订，并补充了相关史料，俾使这个传奇人物的形象更加生动丰满。在此感谢团结出版社有限公司，正是出版社的热情支持与精心策划，本书才得以在这样一个特殊的时间节点再版，就让我们的思绪重回一百年前，品味那"半个"外交家的传奇人生。

作　者

2018 年岁末

目　录

第一章
锋芒初露：一代传奇的大幕拉开了

"如今我们回来了，你们看便不同了。"

——胡适 1917 年日记

"这所大学有史以来最有才华的学生。"

——哥伦比亚大学的校长是如此评价顾维钧的

作为 20 世纪初期中国外交界新生代的一员，顾维钧无疑是一个幸运儿。良好的家世以及开明的父亲使得他从小就接受西式教育，长大后又前往美国留学，最终获得世界名校的博士学位。天资聪颖，加之勤奋努力，使他成为早期"海归"中的佼佼者。幸运的是，当他学成归国时，又恰逢刚刚建立的"中华民国"急需大量新式人才。就这样，在人生的起点上，顾维钧就将大多数同代人远远地甩在了身后。从大总统袁世凯的秘书到内阁总理唐绍仪的干将，再到外交部的后起之秀，直至史上最年轻的驻外使节，这个时代的宠儿似乎命中注定将在历史上书写浓墨重彩的传奇。

一、在袁大总统身边的日子

1912 年 4 月下旬的一天，在初春夕阳的余晖中，一辆气派的新式马车由东交民巷六国饭店向东单附近石大人胡同内的临时大总统府驶去。坐在马车内的是地位显赫的国务总理唐绍仪，同行的则是一位西装革履、仪表堂堂的年轻人。大约一刻钟的工夫，马车便径直驶进了总统府大院。显然，唐总理是这里的常客。一走进总统府的会客厅，他便笑眯眯地对主人说："总统先生，看我给你带谁来了？"只见巨型办公桌的后面，矮胖而威严的袁大总统缓缓起身对客人的到来表示欢迎。随即唐绍仪郑重介绍道，这就是奉总统之命刚刚从美国回来的顾维钧博士。恍然大悟的袁大总统定睛一看，只见站在总理旁边的这位年轻人此刻正略显拘谨地向他鞠躬行礼，于是赶快还礼并示意其坐在办公桌对面。一番短暂寒暄之后，袁大总统很快对这位年轻人产生了好感，心想少川（唐绍仪字少川）真不愧是伯乐，居然好几年前就能在美国发现如此难得的后备人才。要知道，在当时那个年代，像顾博士这样的青年才俊可真称得上是"海归"中的佼佼者呀。

图1-1　民国初年的北京六国饭店，地处东交民巷使馆区内。

图1-2　袁世凯

图1-3　袁世凯正式就任大总统后才搬进中南海居仁堂

说起袁世凯此人，可能后世许多人对其都没有什么好印象。的确，自从因复辟帝制败亡后，袁世凯在近百年来的历史教科书中就被定格为"窃国大盗""卖国贼""独裁者"之类的大反派形象。然而拨开历史的迷雾我们就会发现，"袁大头"可不简单。事实上，在他的政治生涯中，有过作为改革家备受国际舆论赞誉的时候，有过作为政治强人被举国上下视为救世主的辉煌，当然也有被逼无奈签署卖国条约的耻辱。可问题是，即便袁世凯最终落了个丧权辱国的骂名，但几乎所有亲历者都对他寄予了同情和理解。在这方面，顾维钧无疑是最有发言权的当事人。

图1-4　晚年的袁世凯。在几年的接触中，顾维钧对这位历史人物有着独特的认识。

想当初，正是因为得益于袁大总统人才兴国的政策，博士还没毕业的小青年顾维钧才能被破格聘用，直接进入了中央机关，成为总统府和外交部的双料秘书。在许多人的想象中，袁世凯乃一介武夫，全凭着枪杆子才夺得了天下。其实他虽然自身文化水平不高，从小就不喜欢读书，但却对人才格外重视。早在前清担任封建大吏时，袁世凯就主张废科举、兴学堂，网罗新式人才。就任中华民国大总统后，他还在一道大总统申令中昭示全国："本求贤若渴之素怀，延揽英才，共匡大堂认真整顿，竭力扩充。"正是在他的主导下，北京政府初步建立了培养和选拔人才的机制，确立现代文官考试制度，并且定期举行留学生出国选拔和归国甄拔考试。对于袁世凯的人才理念，就连当时的持不同政见者、著名记者黄远生都承认："拔擢才能，常有破格之举，能尽其死力，其长五也。"

当顾维钧第一次面见袁世凯时，尽管只有短暂的交谈，但他却对这位总统留下了深刻的印象，感觉其"坚强、有魄力，谁一见他也会觉得他是个野心勃勃、坚决果断、天生的领袖人物"。当然，截然不同的教育背景注定这一老一少在许多政治理念上大相径庭。特别是对于民主共和的理解，顾维钧就无奈地发现袁世凯不懂得共和国是个什么样子，也不知道共和国为什么一定比其他形式的政体优越，他不只是不了解共和国需要什么或民主如何起作用，看来他根本没有实现共和或民主的愿望。不过话说回来，作为一名典型的技术型官僚，顾维钧也是不在其位、不谋其政，他的理想便是干好自己的本职工作。令人欣慰的是，在外交战线上，顾维钧得到了袁世凯的信任和支持，由此开始了自己职业生涯的辉煌起点。可以毫不夸张地讲，袁世凯堪称顾维钧进入外交职场后最大的一位"贵人"。在袁世凯身边工作的短短三年时间里，顾维钧就从一名普通的秘书火箭般蹿升为一名驻外全权公使，这样的官场奇遇简直是旷古未有，我们不妨通过当时的政府公报简要了解一下：

1912 年 12 月 12 日，临时大总统命令，批准国务总理赵秉钧等呈请，将外交部秘书顾维钧由五等进叙四等；

1913 年 3 月，全国禁烟研究会第一次会议，顾维钧代表大总统袁世凯到会发言，谓大总统对于此次会议甚为注意，望各代表研究一极善方法，各省一致进行，庶得铲除祸根永脱苦海；

1913 年 12 月 4 日，大总统下令顾维钧给予三等嘉禾章；

1914 年 6 月 9 日，大总统策令，批准将外交部参事顾维钧进三等；

1915 年 7 月 3 日，大总统策令，顾维钧特授为下大夫；

1915 年 7 月 15 日，大总统策令，顾维钧授为上大夫并加少卿衔；

1915 年 8 月 6 日，大总统策令，顾维钧给予二等嘉禾章。

自从被提拔为外交部四参事之一后，顾维钧一面在外交部工作，一面兼任总统

图1-5 由于袁世凯的赏识，顾维钧不但被提拔为外交部参事，还常常以其机要秘书的身份参与各项外交事务。

图1-6　新华宫袁世凯接待外宾处

袁世凯的英文机要秘书。得益于这层特殊的关系，顾维钧逐渐成为袁大总统身边最可信赖的角色。在随后短短两年的时间里，顾维钧惊奇地发现，表面上起起武夫的袁大总统，办理起外交事务来可真不简单。尽管他没出过洋，一句外国话也不会说，一个外国字也不识，但却知道怎样对付和外国人打交道的事。而就外交经验和重视程度方面来说，在民国的各位元首中，袁世凯更可谓特例。

　　由于自己的双重身份，顾维钧的人事关系虽然在外交部，但他几乎每天都去总统府办公。在中南海，他的工作包括受命起草在外文报纸上刊登的声明或公告，更多的是处理致总统府的信件和公报。尽管表面上这个年轻人只是扮演一种联络员的角色，但却经常得到总统的特别召见。特别是每当总统会见外交使节或外国的显要人物时，都会让他充当翻译。而在充当袁世凯幕僚期间，顾维钧亲身经历了一系列重大对外交涉事件，其中最重要的就是中英西藏谈判、中俄蒙古谈判以及中日"二十一条"谈判。

　　在1912年至1916年间，由于民国初年国内政局动荡，加上第一次世界大战的爆发，中央政府对一些敏感边境地区的管理也力不从心。于是长期以来就一直觊觎这些地区的列强便纷纷行动起来，一方面极力挑起事端，另一方面则悍然提出各种非法要求，企图扩大自己在中国的势力范围。

先是在 1913 年，英国政府要求就西藏问题与中国政府谈判。时任英国驻华公使朱尔典是个中国通，尽管号称对华友好，但在面对老朋友袁世凯时却一点儿也不客气，咄咄逼人地要求中方在西藏划界问题上让步。当时，顾维钧还是外交部秘书，因此便以翻译的身份参与了整个谈判过程。而实际上，他所扮演的角色可绝不仅仅是翻译那么简单。由于英国方面参与谈判的一位武官对西藏事务极其熟悉，因此顾维钧也私下花费了大量时间来学习西藏的历史、地理等知识。正因如此，当双方在谈判桌上唇枪舌剑时，中方才能在关键问题上坚持原则。据顾维钧回忆，当时中英谈判拖延的症结是前、后藏的划分问题。前藏与四川接壤，中国政府权力可及；后藏则不然，实际上完全不受中国管辖。后来，由于中方代表陈贻范在印度举行的西姆拉谈判中擅自签约[①]，加上英国方面勾结西藏上层分子，最终导致中国方面陷入极为不利的局面，只能竭力声明不予承认。

图1-7　1913年，中英西姆拉谈判代表合影。前排左3为中方代表陈贻范，左4为英方代表麦克马洪。

---

① 即著名的西姆拉会议。1913 年 10 月，试图干涉西藏事务的英国政府胁迫袁世凯政府派代表到印度西姆拉参加所谓的"中英藏会议"。会议从 1913 年 10 月 13 日一直持续到 1914 年 7 月 3 日，历时 8 个月 12 天，与会者包括中国中央政府代表陈贻范、中国西藏地方政府代表伦钦夏托拉、英国政府代表麦克马洪。1914 年 4 月 27 日，在英国方面的诱迫下，陈贻范在麦克马洪提出的条约草案上签字，但声明："如政府不认，尚可作废。"由于全国舆论的反对，袁世凯政府明令陈贻范拒绝在正约上签字。然而英国不顾中国政府的反对，竟擅自于 7 月 3 日同西藏代表签订《西姆拉条约》，袁世凯政府对此拒绝接受，谈判也以破裂告终。

就在中英西藏谈判处于僵局之际，俄国又跳出来捣乱。1912 年，俄驻华公使悍然提出中国不得在外蒙古驻兵、不得向外蒙古移民、外蒙古如取消独立则应自治三项条件。与此同时，俄国还与蒙古签订了俄蒙协约，提出"扶助蒙古保守现已成立之自治秩序"等。对于俄国人的狼子野心，当时的中国外交人员极其愤慨。留美幼童出身的时任外交总长梁如浩当即将俄国人的照会拿给顾维钧看，他异常气愤地认为，20 世纪竟还有这样明目张胆的恫吓敲诈行为，真是荒谬绝伦，并表示绝不办理这项交涉。果然，为了避免因谈判失败而落得个卖国贼的骂名，梁如浩不顾袁世凯的极力挽留而宣布辞职。为了对付俄国人，袁大总统又不得不让曾在俄国任职多年的陆征祥出任外交总长。此后两年多的时间里，中俄双方居然进行了多达 48 次的恰克图会议。直到 1915 年，由于俄国深陷第一次世界大战的泥潭而自顾不暇，中国才在有利的国际背景下与对方签署了协约，使得蒙古承认了中国的宗主权。作为外交部的参事，顾维钧亲身经历了这场马拉松谈判。而对于当时中国外交家们的处境，他后来深有感触地表示"我们是个弱国，处理外交事务确实困难；唯一的办法就是坚持维护国家利益，谈判中在原则问题上不屈服"，因为"屈服于沙俄之卑劣行为必将招致其他贪婪国家对我国领土之无理要求"。

英、俄两国的野心本就令政府焦头烂额，不想邻近的日本又趁火打劫，在袁世凯背后狠狠地捅了一刀。这一刀是如此之狠，以至于给袁世凯的政治前途造成了致命打击。其实自从中华民国建立以来，一向觊觎中国领土的日本就蠢蠢欲动，企图趁乱谋取各种利益，而第一次世界大战的爆发恰恰为其提供了良机。战争爆发后，由于西方列强基本都忙于在欧洲战场殊死拼杀，根本无力顾及他们在远东地区的利益。于是日本趁机利用这一有利形势加强在华的侵略势头，从而达到独霸中国的目的。更要命的是，当时日本的情报人员已获知袁世凯有做皇帝的念头，所以便抓住他的这一短处对中国方面步步紧逼。

1914 年 8 月间，欧战爆发还不到一个月，日本政府就以加入协约国为名向德国发出最后通牒，要求后者撤出在中国青岛的租借地及包括胶州湾在内的周围地区。当德国拒绝了这一要求后，日本军队便在山东龙口登陆，对德国租借地发动进攻。令人愤慨的是，肆无忌惮的日本公然违背国际法，直到其军队登陆后才由驻北京公使馆告知中国政府。而面对日本人的侵略行径，袁世凯急忙在总统府召集所有内阁总长开会商讨对策。为了集思广益、多方听取专家的意见，袁世凯特令外交部参事顾维钧与国务院参事伍朝枢、金邦平参加。伍朝枢是老牌外交家伍廷芳之子，毕业于牛津大学，是英国律师、伦敦林肯法学协会会员；金邦平则曾留学日本。宣布开会后，袁世凯首先向各位总长解释邀请3位参事与会，是因为他们曾在3个不同的国家留学，学过法律，懂得国际法。接着总统就让3位参事发表自己的见解，并请顾维钧第一个发言。对于日本人的蛮横无理，顾维钧自然义愤填膺。他起身口气坚决地表示："日军在龙口登陆是公然违犯国际法的行动，因为中国已宣布对欧战保持中立；根据国际法，交战国双方应尊重中国的中立。所以中国有义务保卫国土以维护其中立立场，抵御日本侵略。"接下来发言的伍朝枢也明确支持顾维钧的观点，认为中国必须履行其中立的义务，才能按照国际法保障中立国的权利。如果政府保持沉默，就等于是默许日本的行动。最后发言的金邦平则无奈地表示，日本人的行为超乎常理，他实在难以提出明确的意见。听完3位参事的意见后，袁世凯神情严峻地扭头问身边的陆军总长段祺瑞："如果真要保卫国土，中国军队能做些什么？"段祺瑞回答说："如总统下令，部队可以抵抗以设法阻止日军深入山东内地。不过由于武器、弹药不足，作战将十分困难。"袁世凯直截了当地问："假如抵抗，能维持多久？"段祺瑞回答说："48小时。至于48小时以后怎么办，那就得听从总统的进一步指示了。"接着总统又问外交总长孙宝琦有什么对策，老孙头却支支吾吾半天也没有一句明白话。至于其他各位总长，不是低头不语，就是摇头叹息。显然，以国家当时的实力而言，列位大员也不会有什么表态的底气。末了，袁大总统长叹一口气做总结性发言，他说自己非常清楚，根据国际法，几位参事的意见的确有道理。但是目前国家对应付日本人毫无准备，又怎么跟对方撕破脸对抗呢？而今唯一的办法恐怕就是模仿十年前清政府的一项外交"创举"了——1904年至1905年日俄战争期间，针对日、俄双方在中国境内交战的行径，同样无法阻止邻国行动的清政府无奈只好划出一块所谓的"交战区"。会议最终商定，在山东划出一条走廊，日本可通过走廊进攻青岛，中国不干涉日本在此区内通过，在此地区以外中国仍保持中立。就这样，具有讽刺性的一幕发生了：按照袁大总统的意见，3位堪称国际法专家的参事所能做的只能是凑在一起，起草划定所谓交战区的文件，以及在此区外保持中立的条例，然后作为官方政策予以公布。

再说山东那边，由于德国把全部精力投在欧洲无法分身，日军轻而易举就占领了青岛，接管了整个德国租借地，随后又不顾中国政府划定的"交战区"，进而控制了胶济铁路沿线。而面对这一切，中国政府只能忧心忡忡地暗自祈祷日本人就此罢手。

然而，日本人早已是欲壑难平，中国政府最担心的事还是发生了。1915年1月18日，日本驻华公使日置益[①]一反外交惯例，要求在秘密状态下特别会见总统。会晤时，他当面向袁世凯提交了日本方面的一系列要求，这就是后来臭名昭著的

图1-8　日本驻华公使日置益

"二十一条"。临行前，做贼心虚的日置益一再要求袁世凯保守秘密，并威胁说假如秘密泄露出去，日本将断然采取行动。在看完"二十一条"的文本后，袁世凯不禁倒吸一口凉气，日本这是要亡我中国呀！"二十一条"共分五号：第一号是关于山东，第二号是关于"满蒙"，第三号是关于长江流域，第四号是关于福建省，第五号是关于中国政府聘用日本顾问、中国武器的标准化以及全国警察聘用日本教官等问题。尽管心中恼恨不已，但袁世凯毕竟是见过大风大浪的"老江湖"了，他表面上不动声色地表示这些条款应当与外务部会商，届时将由外交总长与贵公使交涉。

打发走日置益这尊瘟神后，袁世凯赶紧召开高层会议商讨对策。面对这场民

---

①　日置益（1861—1926），日本外交官，1888年毕业于东京大学法科，进外务省。先后出任日本驻智利、阿根廷等国使节。1900年任驻华使馆头等参赞，参与八国联军侵华及镇压义和团活动。1914年，在日本驻中国公使任上，积极怂恿袁世凯称帝。1915年1月18日，代表日本政府向袁世凯递交臭名昭著的"二十一条"。5月25日，以全权代表身份与陆征祥签订"二十一条"。1925年参加关税特别会议，任日本首席代表，不久病死。

国建立以来最严重的外交危机，政府要员们也是人心惶惶，所幸袁大总统本人倒没有乱了分寸。为摸清日方的底牌，他首先派自己的日籍顾问有贺长雄返回日本，通过走访日本政界元老探查其中的内幕，并派人花重金收买日本间谍调查日方的有关情况，争取在谈判中取得一些主动。而在摸清日方的情况之前，袁世凯决定在谈判中采取拖延战术。为此，他不惜将自己的亲家、时任外交总长孙宝琦免职，改由更具专业背景的陆征祥出任外交总长。

历史资料显示，对于此次谈判，袁世凯基本上是亲自把关。他不但详细研究了"二十一条"的所有条款，并且还对每一项都有详细批示。例如，第一号关于旅大南满铁路展限问题，袁批示：此本于前清中俄协定东三省会议时，已允继续俄国未满之年限，由日本展续满期，今又要重新更定。但将来若能收回，对于年限没有多大关系，此条不必争论。对第二号至第四号，袁批示：对承认德国利益问题，应双方合议，何能由日本议定，由我承认，这是将来之事，不必先行商议，可从缓议；对于合办矿业问题，袁批示：可答应一二处，须照矿业条例办理，越少越好，可留与国人自办；对于建造铁路，袁批示：须与他国借款造路相同，铁路行政权，须由中国人自行管理，日本可允与以管理借款之会计审核权，唯须斟酌慎重；对于开商埠问题，袁批示：须用自开办法，并应限制，免日本人充斥而来，反客为主；对汉冶萍铁矿厂问题，袁批示：这是商办公司，政府不能代谋；对福建让与问题，袁批示：荒唐，领土怎能让与第三国；对内地杂居事宜，袁批示：治外法权未收回之前，不能允以杂居。对于第五号，袁批示：此项限制我国主权，简直似以朝鲜视我，这种条件岂平等国所应提出，实堪痛恨；日本自己亦觉不妥，故注"希望条件"，不理可也。万万不可开议，切记切记。

根据袁世凯的指示，陆征祥也充分施展了老牌外交家所练就的一些绝招儿。特别是他的"拖"字功，更是要得令日本人也无可奈何。譬如日本提出每天开议，而陆征祥则和颜悦色地提出，他的事务非常繁忙，每周只能开一次会，最后实在扛不住日本方面的压力，定为每周谈三次。但每次会谈，陆征祥都会想方设法缩短实际的会谈时间，两个小时的会谈，照例由东道主先说话，而每次开场白之后，陆征祥都会让仆人献茶，于是进入茶歇阶段，上茶、上点心。他自己带头慢吞吞地一口一口呷，一杯茶半晌也下不去，日本人生气，他赔笑脸，慢呷如故。

图1-9　袁世凯与其手下将领

　　当然，一味地拖延并不能解决实质问题，袁世凯也深知这一道理。就当时的情形来看，中国政府最大的指望便是西方列强的干涉。眼看日本人步步紧逼，丝毫没有回旋的余地，袁世凯便让身边的顾维钧扮演了一回关键角色：暗中将"二十一条"的有关消息透露出去，从而引起国际社会的关注。

　　关于袁世凯授意身边人故意将消息散布出去这件事，外界曾流传这样一种版本：

　　　　1915年2月5日，袁世凯突然召见他的澳大利亚顾问莫理循[①]。一见面，来不及寒暄，满脸愁容的袁世凯便将一份文件递给莫理循，并要求他不要做记录。打开这份神秘的文件，莫理循不禁大吃一惊。原来，这正是几天来在秘密谈判中日本强加给中国的"二十一条"。读完这些条款，莫理循不由倒吸一口凉气，日本这是要彻底将中国作为自己的殖民地啊。袁大总统对他表示，对于日本人的苛刻条件他是绝不接受的，并愤愤不平地说哪怕"日军打到新华门也不同意"。出于对中国政府的同情，莫理循随即便展开了一场特殊的行动，而其最终目的便是把日本人的野心向全世界公布。在当天告别袁

　　① 莫理循（George Ernest Morrison，1862—1920），澳大利亚出生的苏格兰人，1887年毕业于爱丁堡大学医科，曾任《泰晤士报》驻华首席记者（1897—1912），中华民国总统政治顾问（1912—1920），是一位与近代中国关系密切的旅行家及政治家。

世凯后，他即做了一份备忘录，记录下了关于"二十一条"的基本内容。对于日本人的狮子大开口，身为中国政府顾问的莫理循自然深感愤慨。可惜的是，鉴于自己的特殊身份，他是不能把这个消息透露给外界的。情急之下，莫理循想出了一招妙计。2月10日，他主动邀请同样来自澳大利亚的朋友端纳到家中做客，后者恰好是他离开《泰晤士报》之后的继任者。在二人简短聊了一会儿后，莫理循提到了中日正在进行秘密谈判。不过当端纳试图询问详情时，莫理循没再多说什么，而是装作不经意地将一叠文件放在了桌子上，然后对端纳说："对不起，比利·端纳，我要出去喝杯茶，过一会儿就回来。"精明的端纳自然心领神会，当即伸手抽出莫理循暗示的那些文件，然后拍成照片匆匆离开。至于莫理循，则颇为得意地在日记中写道："我尽可能地写好消息，他将在《泰晤士报》上发表。"果然仅过了一天，《泰晤士报》便以《21条纲要》为题进行了报道。不久上海的英文报纸《字林西报》、美国的联合通讯社也纷纷转载这条消息。一时之间，关于日本强迫中国签订不平等条约的新闻被炒得沸沸扬扬。消息公布后，美、俄、英三国乃电令各该国驻日公使向日本外务部要求，希望获知中日秘密谈判的内容，尤其是日方的条款。日本迫于国际压力，乃将其中较为普通的11款以正式文书通知各国，但仍然隐瞒第五号内容。由于日本向欧美列强公布的条款没有损害他们在华利益，因此，报刊舆论对欧美列强产生的影响没有达到袁世凯政府所希望的效果。于是莫理循在袁世凯的授意下，干脆将"二十一条"全部文本交与美、俄、英等各主要使馆，试图继续引起他们的重视。

"二十一条"要求曝光后，日本仍企图欺瞒欧美各国，同时日本报纸对莫理循大加攻击。但是莫理循并未停止

图1-10　袁世凯的顾问莫理循

图1-11 美国驻华公使芮恩施

对日本侵略野心的揭露，他还积极地向中国政府建议拍照复制"二十一条"全部文本的备忘录，从而保留了日本妄图灭亡中国的确凿证据。

不过更多的历史档案却表明，当时在故意泄密这一行动中，顾维钧所发挥的作用要远远大于莫理循。

原来在当时，眼看谈判步履维艰，为获得西方列强的干预，袁世凯一方面指示陆征祥采取拖延策略，另一方面则授意顾维钧出面把"二十一条"的内容透露给西方外交同行和新闻界。按照陆总长原本的意思，条约文本还是先交给英国的路透社效果可能会更好。但是由于同美国外交界的关系一向密切，并且认为美国人会比英国人更加"仗义"，顾维钧便将条约文本首先秘密送往美国公使馆。美国新闻界得到文本后，如获至宝，立即予以公布。结果，日本人在1915年1月18日提出"二十一条"，到2月13日，英国《泰晤士报》的有关社论就已出笼了。这些消息传出后，迅速引起了世界舆论的注意，更是深深地震惊了美、英等国政府。结果在随后几个月的中日谈判中，美国公使芮恩施①和英国公使朱尔典几乎都急切地在第一时间询问有关情况。眼看有关"二十一条"谈判的各种消息满天飞，日本人不禁对中国政府的"泄密"行为恼火万分，日置益甚至在第三次会谈时不顾外交礼节地质问这是否是中国政府故意为之，但中方代表自然推得一干二净。

当然，对于中国人长期以来在外交领域所不得不依赖的"以夷制夷"策略，

---

① 芮恩施（1869—1923），美国学者、外交官、著名远东事务专家。1898—1913年任威斯康星大学政治学教授，1913年出任美国驻华公使。1919年辞职后受聘为北洋政府法律顾问。1920—1922年又两次来华，病逝于上海。出使中国期间，经历了"二十一条"、中国参加"一战"、五四运动等重大事件。卸任之际，还推动了梅兰芳赴美演出京剧。著有回忆录《一个美国外交官使华记》。

日本人从一开始就有所防范。因此自交涉伊始，他们就"非常认真"地要求中国政府方面对有关"二十一条"的谈判严格保密，威胁一旦消息走漏，后果将非常严重。为了防止消息走漏，日本代表甚至非常强硬地坚持中国方面只能由外交总长和次长出席，顶多带一个秘书，这就直接把顾维钧排除在外了。尽管表面上不得不遵守日本人的约定，但中方代表自有对策。当时外交总长陆征祥在每次会谈之后，都会在外务部召开小型会议，顾维钧因此得以随时了解谈判的动向。随后在总统和总长的默许下，顾维钧便会在当晚或第二天把情况通报给芮恩施和朱尔典。不过为了掩人耳目，他有时不得不从后门溜进美国使馆。关于这一内幕，当事人芮恩施若干年后曾亲口承认："余对于华人虽不任劝告之责，但所见谈判中每星期发展之策战形势，不妨以余之印象告知华人。余会见中国外交部人员绝多，就中顾维钧氏（当时为外部参事），恒为外交总长陆征祥与余之间取不断之联络。顾氏与余，对于谈判中之外交策战与分析，费去许多有兴味之时间，以事接洽。日本使馆对于顾氏累次之访问，曾表示反对。然顾氏之往来，仍未尝稍有间断。"

在国内外舆论界的高度关注下，中日之间的谈判日趋艰难。更令日本人不安的是，美国方面就"二十一条"的内容公开照会中、日两国，声明中、日两国所缔结条约如果有违门户开放政策的话，将一概不予承认。在各方的压力下，中日谈判随之陷入僵局，一拖就是四个月。可惜的是，外交战线上的较量向来是靠实力说话的。最终，恼羞成怒的日本人失去了耐心，居然于1915年5月7日向中国政府发出最后通牒，限5月9日午后6时前做出答复，否则将采取"认为必要之手段"。接到日本人的最后通牒后，袁世凯大总统不敢怠慢，赶紧在第二天召集所有政治头面人物闭门磋商。在讨论之前，参与中日交涉的有关人员首先从头到尾汇报了整个过程。当袁世凯征求与会者的意见时，不少人的态度也相当激烈。据亲历者回忆，就连后来被指责为亲日派的陆军总长段祺瑞，也当即表示应该拒绝签字，宁为玉碎、不为瓦全，跟日本人死磕。而留美幼童出身，曾参加过甲午中日战争，时任总统府高级军事顾问和总统英文秘书的蔡廷干，更是痛心疾首地质疑，对日本人的退让何时到头呀？他建议政府断然拒绝日本人，哪怕是准备打游击也不应屈服。不过话说回来，此时的中国哪里是日本的对手？实力上的差距决定了大多数中国政治家在外交上被迫选择屈服。更令人心寒的是，此时的欧洲列强驻华使节也一致力劝中国政府接受日本的条件。的确，美、英等国尽管对中国表示同情，对日本的狼子野心极其反感，但它们绝不会天真到为了中国同日本撕破脸。要知道，此时欧战正处于最关键的时刻，而日本的任何举动都会直接影响欧美各国在远东的利益。正是出于这种考虑，英国公使朱尔典亲自面见袁世凯。他以三十年老朋友的身份劝说袁世凯屈服，并说了一番忍辱负重、韬光养晦的宽慰之词。最终，以袁世凯为首的北京政府决定，接受除第五号以外的"二十一条"所有条款。

当北京政府决定接受日本人的最后通牒后，年轻的顾维钧受命起草了递交日方的复文。按他本人的意思，复文对第五号条款表示不能接受。遗憾的是，在日本人的逼迫下，北京政府又同意对方加上了"容日后再议"的词句。5月9日，外交总长陆征祥、次长曹汝霖及中方谈判代表施履本将"二十一条"的最后修订本交给日本公使日置益，这场马拉松谈判至此结束。复文送交后，愤愤不平的顾维钧建议，就中日交涉的全过程及被迫接受最后通牒的情况发表一份声明，以给历史学家留下真实的记录，并自告奋勇地承担这一任务。当天夜间，尽管已经因发高烧住院，顾维钧仍在病床上连夜用英文起草了这份声明。

图1-12　中日双方签订"二十一条"情形

回头再说袁世凯。在日本的最后通牒面前被迫屈服，身为中华民国大总统的袁世凯可以说是"疾首痛心，愤惭交集"。为了铭记这次奇耻大辱，也为了给全国民众一个交代，他破天荒地以官方口气宣布以5月9日为"国耻日"。当然实事求是地看，当时中国的外交努力还是有所收获的。有心人不难发现，实际上当中日双方最终签订条约时，日本人所得到的权益要大大少于他们所期望的：在四个月的艰苦谈判中，日本人在各方压力下自行取消了最凶残的第五号要求；要求"所有中国沿海港湾、岛屿概不租借或让给他国"的第四号删除，改由中国自行声明；第三号中的两条删除一条；第一、二号中的十一条中日本所要求的无限移民及日商课税须得日本领事之同意，"中国方面绝对不能接受"。其他条文不是"留待日后磋商"，就是加进了限制条件，最后签订的实际上只有"十二条"。而即使是已经签订的几条，后来也大多被袁世凯设法破坏掉了。与此同时，由于中国民众的愤怒抗议，日本不仅在经济上遭到重大损失，在国际上也受到了美国和英俄等国的压力。关于这一点，著名美籍华人历史学家唐德刚的评价或许不无道理："日本虽然费尽心机提出灭亡中国的'二十一条'要求，弄得臭名昭著，后来也只落得个雷声大、雨点小的收场，为天下笑。"而在日本方面，他们内部的一些政治人物也懊恼地哀叹："大隈内阁向中国要求'二十一条'，惹中国人全体之怨恨，而日本却无实在利益。"当然无论从其内容还是对中国民族尊严的伤害而言，"二十一条"都堪称近代史上中国外交的奇耻大辱。作为当时的国家元首，袁世凯无论有过怎样的抗争，也只能落得个无奈与惭愧的局面。

　　或许正是由于在袁世凯身边的出色表现，顾维钧越来越得到他的器重。结果就在"二十一条"交涉结束后不久，在袁大总统的坚持下，他便如同坐火箭一般得到了升迁，年纪轻轻竟被任命为正牌驻外使节。

二、从圣约翰到哥伦比亚

　　多年以后，当回忆起自己的童年时，顾维钧依然感慨万千。毫无疑问，无论是就家庭出身还是出生地而言，这位19世纪的最后一拨儿"80后"是幸运的。这种美好的印象是如此之深，以至于顾维钧在他600余万字的回忆录的开篇就写道："一条明亮宽阔的马路从上海城里的商业中心延伸出去。马路尽头有一座拱式门楼，气派十足。两扇大门内，有前后相距约五十码的两幢房子。前面那所由房主自用。后面那所外观稍差，却更具中国风格，有一条阴暗狭窄的小弄堂和它相通。就在这后一幢房子里，我于1888年1月29日出生。父亲顾溶（字晴川），母亲蒋氏。我行四。生我那年，母亲23岁。"

作为嘉定县城（当时还不属于上海）首屈一指的大户，顾家祖上曾世代为官，不过在太平军掀起的战乱中一度败落，被迫举家搬到上海谋生。上海这样的大城市机会虽然多，但想出人头地也绝非易事。就在顾维钧出生之前，由于经济不景气，他父亲所供职的报关行被迫倒闭，一大家子顿时陷入困境。幸运的是不久之后经一位亲戚推荐，他的父亲居然进入大名鼎鼎的招商局工作，在一艘轮船上担任会计。身为大型国企的管理层，父亲顾溶的收入顿时有了质的飞跃。短短几个月后，顾家就搬进了上海城内繁华路段的一所大房子里，并且雇用了专门的厨娘和仆人，而顾维钧恰在此时出生了。此后几年，顾溶的事业更是突飞猛进：先是加盟上海滩大买办朱葆三的团队，不久后又在朱老板的举荐下成为苏松太兵备道袁树勋[①]的财政主管，1911年还曾出任大清交通银行上海分行总经理，一跃跻身于商界成功人士之列。

图1-13 清末民初的嘉定码头，顾家曾是该县城首屈一指的大户。

----

① 袁树勋（1847—1915），字海观，湖南湘潭人，1901年任苏松太兵备道道员。后任江苏按察使、顺天府尹、民政部左侍郎、山东巡抚、两广总督等职，1910年辞职定居上海。

说起这顾溶与朱葆三的关系，那也是相当的传奇。朱葆三（1848—1926）是买办出身，1878年在上海开设了著名的"慎裕五金店"。善于经营的朱老板听说顾溶精通账务而德才兼备，便马上通过熟人礼聘其为"慎裕"总账房，掌管全店账务。果然，在顾溶的筹划下，"慎裕"的财务井井有条，从无差错。因此短短数年间，"慎裕"的生意就迅速做大，不但朱老板成功掘得了"第一桶金"，就连顾溶也获得了优厚的红利。1901年，朱葆三当年的莫逆之交袁树勋出任苏松太道，成为上海的行政一把手。巧合的是，当时苏松太道还奉朝廷之命料理庚子赔款。由于庚子赔款数额庞大，袁树勋便托朱葆三帮忙找个理财能手，结果朱老板二话不说就将自己的账房先生顾溶拱手相让。作为这种交情的回报，袁树勋当即将庚子赔款的肥差"分配"给了朱葆三的钱庄。当时的情形是这样的，为了应付庚子赔款，各通商口岸都必须将海关关税如数交给上海关道，再由上海海关全权负责对洋人的赔款。要知道，如果将全国所有通商口岸的关税加在一起，那绝对是一个天文数字。在把款项支付给洋人之前，作为官方负责者的上海关道先将其分别存在上海各大钱庄保管。这就意味着，只要能得到这笔巨款，任何一家钱庄什么业务都不用开展，光靠放贷吃利息就能大赚一笔。为了获得这项肥差，当时上海滩各大钱庄几乎挤破了脑袋，然而朱老板却不费吹灰之力就得手了。当然，作为这项生意重要参与者的顾溶也跟着沾光，所得的回报肯定也相当丰厚。再后来，顾溶还一度出任大清交通银行上海分行的经理。身为国家银行的高管，回报之高同样不难想象。

　　不知是顾维钧的出生给家里带来了好运，还是家境的突然兴旺催生了顾家三少爷的降临，反正从一出生起，顾维钧的运气就似乎好得令大多数同龄人"羡

图1-14　顾维钧之父顾溶，字晴川，后来成为上海滩著名商人。

慕嫉妒恨"。对于身为"富二代"的顾维钧来说，优裕的家庭条件固然幸运，但更庆幸的是他有一位思想开明的父亲。诚然，受传统观念的影响，顾溶也曾经为儿子设计了一条人生道路，希望他在清朝的科举体制内按部就班地走下去，以图将来在仕途上光宗耀祖。但是既然身处上海这样一座最开放、最前沿的城市，上层人士对于新时代的适应能力还是很强的。当时，整个清朝明显气数将近，改革的呼声一浪高过一浪，传统的科举制正面临巨大挑战。于是在新潮流的影响下，顾溶开明地将11岁的儿子送进了当时上海滩著名的贵族学校——由基督教卫理公会主办的英华书院上学。而与此同时，在中国的广大内陆省份，同顾维钧情况类似的孩子们还正被迫坐在私塾先生面前背诵四书五经。尽管在全校学生中年龄最小，但天资聪明的顾维钧各科成绩都名列前茅。毕业考试结束后，著名的圣约翰书院（圣约翰大学前身）和官办南洋公学（即今上海交通大学前身）同时录取了他。最终在姐夫的建议下，13岁的顾维钧进入收费昂贵的圣约翰书院学习。

那么，这圣约翰书院又是怎样一所学校呢？

图1-15　20世纪初的上海华人居住区

图1-16　近代中国著名的教会学校——圣约翰书院,后升为大学。

事实上,由于其浓厚的西方教会背景以及特色鲜明的英文教学,圣约翰书院当时号称上海洋行买办的摇篮,培养的大多是外商经纪人。关于该校的教育特色,顾维钧的小师弟、民国著名文学家林语堂(1895—1976)后来曾深有感触地说:"我很幸运能进圣约翰大学,那时圣约翰大学是公认学英文最好的地方。"圣约翰书院由美国圣公会传教士施约瑟于1879年创办,校址在上海曹家渡附近沿苏州河以南一带。作为一所标准的教会学校,其办学宗旨本来是希望通过介绍西方近代教育改变中国的陈旧教育现状,以培养适应在华传播基督教的新型人才。不过自从1888年卜舫济出任校长后,圣约翰也与时俱进,办学方针发生了很大变化。卜舫济到任后,一方面提高圣约翰的入学标准,严格筛选入学新生,力求宁缺毋滥;另一方面他又对书院的课程进行大胆改革,大力推行英语教育,除中文外,其他课程一律使用英文教材,从而使得圣约翰书院成为"全中国最适宜学英语的地方"。1904年,圣约翰书院改名为圣约翰大学,次年又在美国注册,并获得颁发学位权。由于办学质量过硬,美国的耶鲁大学、哈佛大学、哥伦比亚大学、康奈尔大学、芝加哥大学、密歇根大学、南方大学等都承认圣约翰毕业生的学历。也就是说,凡是从这所学校毕业的中国学生去美国留学时,便可免试进入这些

图1-17 圣约翰书院校长卜舫济

图1-18 卜舫济及其夫人

名校继续深造。如果翻阅一下圣约翰历届校友录，我们很可能被这些名字吸引：邹韬奋、顾维钧、王正廷、宋子文、宋子良、刘鸿生、颜福庆、牛惠霖、陶行知、林语堂、俞大维、潘序伦、荣毅仁、陈鹤琴、贝聿铭、张爱玲、经叔平、丁光训……该校教育质量之牛，可以通过一个例子证实：1910年，在上海举行的第二次庚款留美生考试中，共录取了31名考生，其中竟有26名是圣约翰大学的学生！

在圣约翰书院，顾维钧再次成为幸运儿，因为当他进入这所学校时，恰逢卜舫济校长大力推行改革之际。得益于圣约翰全新的教学内容和方法，顾维钧的认知空间和求知视域迅速扩大。后来他曾回忆道："我认为主要是由于新教师的思想的缘故，我和同学们越来越感到需要变革，但这里所说的变革，并不是政府机构的变革，也不是重大政治制度的变革，因为我年岁太小，对这些还不能理解。我们只是感到有些事不对头，需要新方法和新思想。同时，有些学生对西方教育的兴趣日浓，一批接一批地到外国求学。这对我和同学们影响很大。"鲜为人知的是，正是在圣约翰大学求学期间，顾维钧为自己取了后来闻名世界的英文名字Wellington，而其来源据说是因为他在上历史课时偶然读到英国著名军事家威灵顿公爵的事迹，因而萌生感佩之情并取此英文名字。另据当时人披露，其实顾维钧少年时期也曾在这所学校留下一些不愉快的回忆。

1946年《泰山》杂志第6期曾刊出一篇题为《蝶恋花飞来横祸，小老虎一笔风流债》的文章，该文写道：

> 提到国际外交界中有名的顾维钧氏，许多人都知道他是圣约翰大学的毕业生。但是错了，顾先生虽在约翰念过书，但并没有毕业，读到一半就被学校开除了，约大给他学位，只是在他出门后，校方赠予提到的荣誉学位而已。顾维钧是约大的寄宿生，在校风流倜傥，颇多桃色新闻，约大学生在男女之间，本来染了太多的美国风俗，觉得一切都平淡得很。平时谈谈笑笑，吵吵闹闹，不算什么回事，就是在草坪上双双对对的携手同行，也是司空见惯，不足为奇。有一天顾氏想到女生宿舍区找女朋友闲聊，但是校方的规定，男生不准进女生宿舍里去，顾氏把他的女朋友唤到窗口，自己便爬到墙边的铁丝架上，与窗内的女朋友谈笑，一谈就是许多时候。那时候碰巧卜舫济校长走过，见顾氏趴在铁丝架上，太危险了，要是摔下来，一定要变成残废，就拍拍他的脚，喊他下来，顾维钧正谈得出神，以为是同学打扰，便一面骂着，一面使劲地踩了一脚，把卜校长的手踩得好痛。这时候，卜校长放开喉咙叫喊，等顾维钧认清是谁，已经来不及了。事后，卜舫济把顾氏叫到办公室，大大训斥一顿，要他悔过，否则，一定开除。但顾氏不服，一气之下，就走到香港去读书。

不管真相究竟如何，顾维钧无疑是圣约翰大学历史上最杰出的校友之一。1922年5月1日，结束从华盛顿会议谈判后的顾维钧载誉归国，第一站便选择了上海，并于13日参加了母校举行的恳亲会。据当时《申报》报道，当天到会的有两千多人，当顾维钧入场之后，他的老校长卜舫济亲自迎接并寒暄多时，周围拿照相机拍照者不计其数。欢迎仪式开始后，卜校长首先发表演说，略谓：学校为学生之母，唯学校似月，学生似日，故学校为学生所反照，同门会为学生之团结机关，其中包含尤广，除女界外，商界学界政治界，皆有本校同门，其中最有荣耀者，则为顾维钧博士，故予谓学校为同门所反照也，曾忆某演说家有学而不学学而不大二言，其意以为有良善之学校，而无优美之教习，则等于不学，有良好之校课，而无广大之校舍，则学即不大，唯约翰大学，得同学如顾君者，殊足荣幸，唯此后欲使约翰大学成为有势力之学校，则尚待同门诸君之勉力有以成之也。紧接着顾维钧起立发表演说称：诸位同学，弟七八年留居外洋，离沪迄今已有十年，远离祖国，焉有不做回国之想，尤愿与诸同学相聚，以解渴念，今日得复见母校，欣喜之至，刻闻卜校长有言曰，母校之于学生，犹父母之于子女，诚哉斯言，弟今日之回母校，犹新嫁娘之回母家，于此可想见予回校得见同学之欣慰矣，约翰今日远过于往昔，其发展之迅速，有令人不可料者，即英美人士亦无不啧啧称美，观约翰教育之影响中国政治，即可断言约翰大学者，为中国根本培养人才之机关也，虽然，凡此种种成绩，皆卜舫济校长一人之功也，卜校长远离母国，不殚劳苦，来华数十年，苦心培植人才，令人钦佩，弟深愿诸同学以卜校长为做人之模范，盖卜校长来华已有三十载，竭力经营，数椽小屋，至今已成大厦广场，若我华人，能以其为模范，亦以一身精力，力求进步，则吾人一世所得，更无可限量。这对师生之间，一捧一谦，真可谓其乐融融，而当年的肄业生此时也算是衣锦荣归了。

在圣约翰大学这所贵族学校里，顾维钧结识了另外一些不走寻常路的"富二代"，其中就包括著名外交家施肇基的两位侄子。1904年，当他们离毕业还有一年多时，两位施同学已决定效法父辈走出国门赴美留学。而在当时圣约翰广大师生的眼中，施肇基也的确是一个成功的样板。早年就读圣约翰书院的施肇基，1893年赴美，后进入康奈尔大学学习，获文学硕士、哲学博士学位。1902年学成回国后，很快便得到湖广总督张之洞的重用，1905年又受朝廷重托，进入著名的五大臣出洋考察团，级别是一等参赞，可谓官运亨通。正因如此，施肇基的两位侄子也一心想走这条捷径，并且以自家长辈的成功激励周围的同学。

在几位同学的鼓动下，在学长榜样的鼓舞下，不甘平庸的顾维钧决定一同前往美国接受新教育。出乎意料的是，原本他准备与家人展开一场拉锯战的，却没想到父亲在这个问题上格外通融。顾维钧的父亲爽快地表示，费用不是问题，让儿子不必担心。"他告诉我说，事实上，和他相识多年的两江总督端方曾为我提

供了官费，因为江苏省政府正在派遣一批
学生赴美留学。那时有一种风气，一些眼
光远大的高级官员都鼓励并支持派学生出
国。父亲告诉我，他已拍去电报婉言谢绝。
他告诉总督，他能负担我的费用，并希望
能把这笔官费授予家庭经济条件较差的其
他学生。"的确，由于垄断了资源，有些
官员便利用特权使自己的子弟成为官费留
学生，当然他们还没有发展到"裸官"的
地步。令顾维钧感慨的是，在巨额的花费
面前，父亲不但没有利用自己的关系网为
儿子谋取私利，反而把机会让给平民子
弟。关于顾维钧自费留学美国的花费，
前后大致在 1 万美元左右，这在当时可算
一笔巨款了，一名上海的中产阶级可能

图1-19　早年同样就读于圣约翰书院的
施肇基，后也成为民国著名外交家。

不吃不喝也得奋斗二十年才能挣到这个数。从这层意义上讲，顾维钧又多了一分
幸运。

　　就这样，顾维钧成为那个时代中国为数不多的幸运儿之一。1904 年 8 月，在
家庭强力后盾的支持下，他剪掉小辫子，脱掉长袍马褂，怀揣梦想踏上了赴美留
学的航程。而在大洋彼岸，著名的哥伦比亚大学将成为他"镀金"的地方。

　　若干年后，哥伦比亚大学的校长如此评价顾维钧："这所大学有史以来最有
才华的学生。"值得一提的是，哥伦比亚大学与近代中国似乎有着特殊的缘分。
早在 19 世纪 70 年代，清朝派出的三批留美幼童中，就有 6 人后来进入哥伦比亚
大学学习，其中就包括后来成为中华民国首任总理的唐绍仪。一百多年来，这所
大学为中国培养了一大批显赫的人物：蒋梦麟、胡适、马寅初、罗家伦、张伯苓、
陶行知、冯友兰、徐志摩、蒋廷黻、陈公博、宋子文、张奚若、侯德榜、李政道……
而顾维钧无疑是其中的佼佼者之一，并且资格也相当老。要知道，当胡适捧着哥
伦比亚大学哲学博士的头衔匆匆回国出任北大教授时，他的学长顾维钧已经是

堂堂的驻美公使了。实际上，由于为许多国家培养过杰出的政坛人物，后世一位历史学家曾这样调侃地说："美国的哥伦比亚大学是专门替落后地区制造官僚学阀的大学。（20 世纪）50 年代末期哥大校长寇克访问中东，所过之处，哥大校友设宴欢迎，宴席上座，在不知者看来，往往以为是各该国内官员商讨国事的聚餐会。"

话说在 1904 年 8 月，由于父亲的鼎力支持，16 岁的顾维钧与其他 6 名伙伴一起踏上了留美之路。除顾维钧之外，另 6 人包括：施家三兄弟炳元、赞元和厚元，朱榜生、孙嘉禄以及江苏省政府官费生杨诵清。为保证这 7 名少年顺利抵达美国，留美出身的施肇基特地向朝廷申请承担起了护送任务。

同样是"富二代"，下面我们看看顾维钧是怎样在美利坚度过之后八年时光的。事实表明，与当今一些在网络上炫富的人不同，顾维钧不但没有肆意挥霍钱财，反而通过努力将自己打造成了成色十足的金牌"海归"。当他八年后回到祖国时，手里捧着的可是美国常春藤名校的博士学位，绝非那些克莱登杂牌大学可比。

1904 年 8 月，顾维钧等 7 位同学抵达美国。在施肇基的安排下，顾维钧和孙嘉禄进入了私立的库克学院，其他人则进入其他预备学校。在顾维钧的记忆中，坐落在纽约郊区蒙图尔瀑布村中的库克学院虽然有约 900 名师生，但实际上是一所农村寄宿制学校。因为该校的学生都来自附近的村庄，而且收费低廉———一年总共才花费 900 美元。幸运的是，虽然当时美国的排华法案仍未废除，但或许是由于地处东海岸小地方的缘故，顾维钧仍得到了校方悉心的关照。在库克学院待了一年后，各科成绩都是满分的顾维钧甚至获得了保送直接上纽约州立大学的资格。不过就在选择上哪所大学以及选择什么专业时，顾维钧与他的好友孙嘉禄发生了分歧。希望将来靠技术吃饭的孙嘉禄极力劝顾维钧选择当时热门的工程学。因为按照他的理解，工程师在中国属于旱涝保收的"铁饭碗"，不必受官场潜规则的束缚。然而最终，一心想投身政界的顾维钧选择了政治学。在这一点上，他的选择与父亲的期望不谋而合。实际上，就像当时大多数富商一样，在中国几千年来官本位思维的影响下，顾溶好几年前就已经花钱为儿子捐了官。也就是说，尽管顾维钧还在上学，但他已经成了体制内的后备力量。不过与父亲光宗耀祖的想法不同，他准备投身政界的根本原因在于爱国意识的驱使，即希望通过做官来为国家做事。

图1-20　库克学院

就这样，当好友孙嘉禄选择去康奈尔大学时，顾维钧考入了以政治系著称的哥伦比亚大学。1905 年 9 月，他开始在这所名牌大学主修政治和国际外交。此后的六年间，顾维钧在哥大众多名师的指导下学习，其中不乏古德诺、穆尔这样的大师级学者。而进入大学后，这位来自中国的青年又凭借自己出色的表现向美国人证明了什么才叫精英。他成绩优秀、思维活跃，积极参加各类集体活动，不但成为校刊《旁观者》的编辑，还参加了好几个社团，并在校际辩论赛中大出风头。显然，这类口才的训练为他日后的外交生涯奠定了坚实的基础。尤其值得一提的是，彻底融入了美国文化的顾维钧还热衷于各类体育运动。他参加过划船队，加入了田径队，喜欢网球运动，甚至曾对足球产生过兴趣。作为哥伦比亚大学历史上最杰出的毕业生之一，顾维钧的成就足以令后来的中国学弟们自豪、羡慕。据说哥伦比亚大学曾有一个杰出校友排行榜，其中有 3 位中国人，就是顾维钧、胡适和吴健雄。多年以后，著名的海外历史学家何炳棣在回忆录中说，他于 1945 年入住哥伦比亚大学研究生大楼时，一进门就看见楼底橱窗内陈列着一个中国人的纪念银盾，而盾主正是顾维钧，以纪念他在1910年哥伦比亚大学大胜耶鲁大学的辩论比赛中充当头号辩手。何炳棣看后极为兴奋，当天还特意点了一份最贵的菜，以表示对师兄的敬意。

图1-21　20世纪初的哥伦比亚大学

更令人叹服的是，当其他学生正为四年的本科学业头疼时，顾维钧却已经完成了研究生的课程。在1909年大学毕业时，他居然同时获得了学士与硕士学位。随后，顾维钧又在国际法大家穆尔教授的指导下进行博士论文的写作。到1912年初，国内政局已发生了巨变，清朝覆灭，中华民国建立。就在顾维钧的博士论文已进行到一半时，一次意外的事情发生了。

那是1912年2月中旬的一天，正在埋头准备博士论文的顾维钧突然收到中国驻华盛顿使馆的一封公函，邀请他去拜访驻美公使张荫棠 [①]。当顾维钧几天后应邀前去时，张公使竟告诉他，说袁世凯临时大总统要聘请他到总统府任英文秘书。可以想象，对于还没有毕业的顾维钧而言，这个消息简直太出乎意料了，以至于他竟慌乱地当场谢绝了这一破格邀请。不过张公使却语重心长地劝他再慎重考虑

---

① 张荫棠（1866—1937），字朝弼，广东新会人。清光绪举人，捐官为内阁中书。其兄张荫桓1885年至1887年间曾任清朝驻美公使。1909年8月，张荫棠以外务部左丞的身份出任驻美、墨、秘、古四国公使，为清朝最后一任驻美公使。

考虑，毕竟这样的机遇对一般年轻人来说几乎是梦寐以求的。

回到学校后，顾维钧仿佛还在梦中。后来他才得知，自己之所以能得到袁大总统的青睐，正是得益于时任内阁总理唐绍仪的鼎力推荐。那么，堂堂的民国总理又怎么会对一个远在美国留学的小青年另眼相看呢？此事还得从三年多前说起。

话说在1908年11月，为了磋商美国退还庚子赔款一事，清政府派留美幼童出身的唐绍仪作为特使赴华盛顿拜会总统西奥多·罗斯福。《纽约时报》当年是这样报道的："在获悉美国政

图1-22 唐绍仪，近代中国最早的留美学生之一，这是他当年出国前与同学梁如浩（右）的合影。

府将免除大清国将近1400万美元的对美欠款后，为了表达清国人民对美国政府的感激之情，清国特使唐绍仪，一位处理大清帝国涉外事务的重量级人物，于近日乘'蒙古'号汽轮抵达旧金山。和他同行的还有一位清朝皇室成员，以及50名清国使团成员。"值得一提的是，作为最早的一批"海归"，唐绍仪时刻留意为政府搜罗海外人才。在访美期间，他特地邀请了40余名在美留学生代表来到华盛顿，与他们进行交流。在这次宴会上，顾维钧作为学生代表进行了发言。令顾维钧没有想到的是，他的这次亮相当即引起了唐特使的赏识。会后，唐特使还专门私下接见了顾维钧，并对他表示欣赏与鼓励。短短三年后，唐绍仪又成了中华民国的首任内阁总理。国家初创，正是用人之际，唐总理很快便想起了当年那位才华横溢的留学生顾维钧，于是便向临时大总统袁世凯郑重推荐。就这样，顾维钧还没毕业就接到了总统府的聘书。

虽然顾维钧当时并没有接受来自国内的任命，但在导师穆尔教授的开导下，他最终提前完成了博士论文，然后便匆忙取道欧洲回国，于1912年4月底经西伯利亚铁路前往北京报到。

图1-23 归国后的唐绍仪历任要职

对顾维钧而言，自1904年远赴大洋彼岸留学至今已有八年之久。想当初离别父母时，清朝还正处于一场颇有新气象的改革大潮中，而如今却已被中华民国取代了。回想起往事，顾博士不禁感慨万千。当然，就如同那个年代大多数留美精英一样，此时的他还是踌躇满志。

如今可能已很少有人知道，在民国初年曾经有"三大博士"之说，这3人便是顾维钧、胡适和张竞生[①]。其中留法出身的"性学博士"张竞生不太为人所熟知，而同样毕业于哥伦比亚大学的顾维钧和胡适则堪称民国史上大名鼎鼎的人物。想当年，顾维钧的小学弟胡适在1917年回国前，曾在自己的日记中写下这样一句话："如今我们回来了，你们看便不同了（出自荷马史诗）。"由此可见当时留美"海归"们有多么踌躇满志。其实，平心而论，与胡适这样的大腕级学术界人物相比，顾博士的成色甚至要更足些。要知道，胡适那批留学生之所以能在同代人中脱颖而出，主要归功于当时政府的庚款留学计划，他们的人数也比较多。而顾维钧则大为不同，因为他选择赴美留学的时代，正逢清政府官派留美幼童计划夭折、庚款留美高潮到来之前的空白期。据统计，在1900年至1908年间，中国留美学生总共才300余人，而像顾维钧一样自费留学且成绩优异者更是屈指可数。事实证明，这一代留美学生个个堪称精英。例如，在1906年清政府举行第二次"考验游学毕业生"会试时，前9名竟有8名是留美生（另外1名为留英生），其中就包括颜惠庆、陈锦涛、施肇基等后来享誉民国政坛的人物。

---

① 张竞生（1888—1970），广东饶平人，近代哲学家、美学家、性学家、文学家和教育家，20世纪二三十年代中国思想文化界的风云人物。早年加入同盟会，被孙中山委任为南方议和团首席秘书。后赴法国留学，是民国第一批留洋博士，被称为"三大博士"之一。1921年至1926年任北京大学哲学系教授。他在中国最早提出和确立风俗学，最早翻译卢梭的《忏悔录》，最早发表人体裸体研究论文，率先提出计划生育，首倡爱情大讨论，征集出版《性史》，毁誉参半。

图1-24　1909年，第一批庚款留学生合影。此时自费留学的顾维钧已大学毕业，准备攻读硕士。

图1-25　1910年中国留美同学会合影

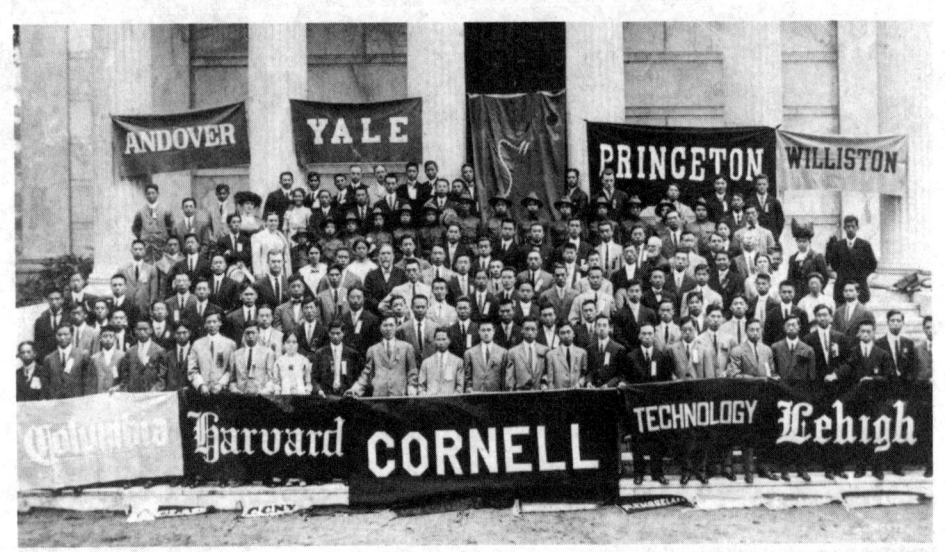

图1-26 1911年中国留美同学会在普林斯顿大学合影

图1-27 胡适（前排坐者右1）与康奈尔大学中国学生俱乐部成员合影。

　　早在清朝末年，为数不多的留美学生一旦选择回国便会受到重用。面对这一可喜的现象，就连美国媒体也情不自禁地大肆渲染。1910年10月16日，《纽约时报》就曾刊登长篇报道，向民众介绍这些"海归"：唐绍仪、梁敦彦、梁诚、梁汝浩、唐元湛、詹天佑、罗国瑞等。民国建立后，国家正是用人之际，而像顾维钧这样刚刚学有所成的"海归"佼佼者自然成了香饽饽，以至于这个还略显青涩的毛头小伙一到北京便被任命为袁大总统的英文秘书，同时又被聘为唐总理的八大秘书之一，火速进入了中央权力核心层。对于自己刚出道时所受到的超常规待遇，时隔多年后，顾维钧仍不无自豪地回忆道："唐先生对总统说，我除了在总统府任职外，还须兼做他的秘书，这个意见看来总统不大高兴，他声调有些激动地说：'我请顾先生来是你保荐的呀，他应该在我这里做我的秘书，帮我的忙。'唐先生说：'你这里事情不多，我想他可以两边跑。'关于我，袁大总统和唐总理似乎有一点小小的并无恶意的争执。自然，我恭恭敬敬地保持沉默。最后，唐先生提出折中办法，总统说：'恐怕只好这样了。'"今天的年轻人，有谁敢想象这样的情景会发生在自己身上？

其实，在整个民国历史上，但凡是留美出身的"海归"，往往在事业起点上就领先了一大步。有研究表明，大约从 20 世纪 20 年代起，社会上便有"西洋一等，东洋二等，国内三等"的说法，又有英美留学生是"镀金"、日本留学生是"镀银"的说法。这种区别可不单是说说那么简单，而是实实在在体现在物质待遇方面。例如，在那个年代最牛的国字号"事业单位"——上海商务印书馆，因为网罗了大批知识精英，便更凸显出学历、出身不同所导致的"不平等"待遇。例如，一度出任国民党中宣部副部长等要职的陶希圣，当年就曾在商务印书馆做过编辑。由于他仅仅是北京大学的法科毕业生，待遇就要比那些有"海归"背景的同事差上了好几个档次。以至于多年以后，他还耿耿于怀地抱怨道："（按照当时商务印书馆的内部规定）凡是国内大学毕业而有教书经历的，月薪 80 元，坐的是三尺长、半尺宽的小桌子，加一硬板凳，桌上的墨水是工友用开水壶式的大壶向一个小瓷盂注入的；若是日本明治大学一类学校毕业回国的人，月薪是 120元，桌子长到三尺半，宽到二尺，也是硬板凳；若是日本帝国大学毕业回国者，月薪可到 150 元，桌子长到四尺，宽到二尺半，藤椅子，桌上有水晶红蓝墨水瓶，另加一个木架子，内分五槅，可以分类存稿；若是欧美一般大学毕业回国的留学生，月薪可至 200 元；若是从英国牛津、剑桥或美国耶鲁、哈佛毕业，且回国后有大学教授经历，那就是各部主任，月薪 250 元，在待遇上顶了天。"也就是说，同样一个单位，同样的岗位，"海归"与非"海归"的待遇存在巨大差别，即便同属"海归"，留美、留英又比留日者高一截。而顾博士就是在这样的氛围中回到祖国，准备在所热爱的外交战线上奉献自己的青春与才智。

三、外交部街的新气象

北京旧东城区的东南部有一条长 700 多米的小街，名为外交部街。从地图上我们可以看到，这条看起来并不起眼的小街道东起朝阳门南小街，西至东单北大街，南临西总布胡同，北与协和胡同相通，与周围那些著名的干道相比，显得局促而破旧。如今的人们恐怕很少知道，在 1912 年至 1927 年间，这里可是中华民国外交部所在地，并且见证了近代中国外交史上一系列重大事件。虽然历经沧桑，当年的外交部大楼却幸运地保留了下来。那是在 1908 年，为了迎接德国皇储访华，清政府特地在石大人胡同宝源局的旧址上兴建了一座迎宾馆，据说还是当时北京城内最豪华的西洋建筑。辛亥革命后，袁世凯一度在此居住，并将这里作为临时大总统府。直到 1912 年 8 月孙中山抵达北京时，慷慨的袁世凯为了表示尊敬，自己带着一家老小迁往铁狮子胡同陆军部居住，而将迎宾馆作为孙中山的临时行辕。二十五天后孙中山离京南下，袁世凯却再也没有回迁，而是下令将原先设在东堂子胡同的外交部迁至此处。从那以后，石大人胡同便改名叫外交部街了。

1912 年 4 月底顾维钧抵达北京后，很快就被任命为袁大总统的英文秘书，但正式的官方职务却是内阁总理唐绍仪的八大秘书之一。5 月 8 日，民国政府发布临时大总统令，任命许宝、欧赓祥、恩华、顾维钧、刘元梓、雷延寿、曾文玉、但焘 8 人为国务院秘书。尽管身为"海归"佼佼者，但对于任何一个年轻人而言，刚刚毕业回国便受到如此重用，还真有些受宠若惊。要知道，在唐总理的秘书班子中，另外 7 位同事最年轻的也有四十好几了，有些甚至五十多岁了，而且人家几乎全都是前清科举出身。更令同事们侧目的是，眼前这位小伙子居然一进秘书班子就被排在第四位，而他所负责的工作却仅仅是处理与外国政府、外国友人和外国官方的一切来往函电。各位前辈同事纵然"羡慕嫉妒恨"，却也只能怪自己没有一张过硬的洋文凭。

图1-28　1912年袁世凯成为大总统后，所任命的首任内阁总理便是唐绍仪。图为唐绍仪与内阁成员合影。

不过刚在国务院待了还不到两个月，一场突如其来的政治风波就让顾维钧体会到了什么叫官场。原来在1912年6月初，由于在任命直隶都督的人选问题上互不相让，本来是拜把子兄弟的袁大总统与唐总理居然反目成仇，后者最终愤然辞职，躲到天津当寓公去了，民国首届内阁就此解散。如此一来，实习期都还没结束的顾维钧顿时陷入了尴尬。因为按照中国官场的惯例，他既是唐绍仪的属下，就算是人家的"人"，因此也理所当然地辞去国务院秘书的职务。7月9日，政府发布临时大总统令，国务院秘书欧赓祥、刘元梓、雷延寿、曾文玉、顾维钧呈请准免本官。由于在北京举目无亲，顾维钧便去天津找他的老领导，二人的关系由此迅速升温。面对这位年轻人的义气，唐绍仪深感欣慰。感动之余，他不但经常邀请小顾来自己家做客，甚至颇有远见地将自己的掌

图1-29　刚刚回国时的顾维钧，在担任袁世凯英文秘书的同时还兼任国务院秘书。

图1-30 民国首任外交总长陆征祥，他对近代外交领域的改革颇有贡献。

上明珠唐宝玥介绍给顾维钧认识。正是在他的极力撮合下，一对才子佳人次年便宣布订婚，原先的下属转眼又成了乘龙快婿，唐绍仪这回辞职也算值了。毕竟放眼当时国内，像顾维钧这样的青年才俊可绝对称得上是"绩优股"呀。

话说回来，尽管唐绍仪对顾维钧的义气非常感动，不过为了这位年轻人的前途着想，他随即又语重心长地劝告说："你辞去国务院的职务倒没什么问题，但不必连总统秘书的职务也辞去。"恰在此时，袁大总统的亲信梁士诒也专程来天津找顾维钧，说总统希望他回北京继续担任原来的职务。而唐绍仪还很有把握地向顾维钧透露，外交部也准备于近期内重用他。既然前途重现光明，顾维钧便在回嘉定老家短暂省亲后再度返回北京。果然如唐绍仪所言，一回到北京，顾维钧便被任命为外交总长的秘书，成为外交部街那栋大楼里的重要一员。于是在 8 月 16 日，政府又发布临时大总统命令，批准国务总理兼外交总长陆征祥呈请，任命翟青松、张煜全、许同范、顾维钧为秘书。作为外交部新来的年轻人，顾维钧很快就欣慰地发现，与印象中的前清外务部相比，如今中华民国的外交部可真是不一般。而说到这里，有一位外交老前辈便不得不提，他就是民国首任外交总长陆征祥。

说起来，民国初年的外交部脱胎于前清外务部。众所周知，由于对外交事务长期处于懵懂无知的状态，当年的总理衙门几乎很少有专门的外交人才。直到清朝倒台前几年，总理衙门才在时代潮流的推动下被改为外务部，并且开始吸纳一些具有专业知识背景的新型外交人才，而陆征祥就是其中的佼佼者。

陆征祥（1872—1949），原名增祥，字子兴，一字子欣，上海人，也算是顾维钧的半个老乡了。陆征祥早年先后在总理衙门主办的外语学校——广方言馆和同文馆学习，主修法语。虽然不像后来的小同事顾维钧等有过海外留学经历，但良好的外语水平已足以使他成为当时国内难得的外交人才了。1892 年从同文馆毕业后，陆征祥被总理衙门任命为驻俄使馆的四等秘书兼译员，此后便一直在外交界服务，堪称中国第一代职业外交家。

图1-31　陆征祥时期的外交部

　　辛亥革命爆发时，陆征祥本来已被清政府任命为驻俄公使，但却因这次突如其来的改朝换代居然一直得不到国内的正式任命书。就在他彷徨之际，竟意外地接到通知，要求他出任新政府的外交总长。要知道，在中华民国建立之初，几乎所有的部级干部都分配给了革命功臣。就陆征祥来说，他既不属革命阵营，也不是袁世凯的嫡系。然而或许正因如此，首任内阁总理的唐绍仪看中了这位外交元老的专业知识和超然背景，极力推荐其出任外交总长，这一提议也得到了袁世凯的首肯。当这一任命在参议院表决时，几乎是全票通过。接到国内的邀请后，陆征祥当即提出了三项条件：一、外交次长应为一长于英语者，因为他本人是学法语出身；二、将来外交部不会向其他部推荐官员，希望其他部也不要向外交部推荐官员，哪怕大总统袁世凯也不能例外；三、外交总长应该对外交部拥有完全的自主权和指挥权，别人不得干涉。没想到，袁大总统和唐总理对这些条件一口答应，于是陆征祥便欣然回国就职。

尽管陆征祥此人性情温和甚至有些偏软，但由于得到了中央的大力支持，在对外交机构进行大刀阔斧的改造方面，陆总长绝对称得上是魄力十足。概括起来，在其首任外交总长的半年时间内（1912年3月30日至9月22日），他主要做了以下几件大事：

　　第一件事便是下令将外交部门前的下水道疏通。那时，民国外交部还在位于东堂子胡同的前清总理衙门内办公。因为过去几十年间疏于管理，胡同里的下水道经常淤塞，每逢雨天就有很深的积水，当外交部的官员们来上班时，竟不得不由差役们背进大楼。面对这样贻笑大方的情形，陆总长刚一到任便下令疏通下水道，保持外交部门外的整洁，免得损害国家形象。据说当时这件小事就受到了各国驻华使节的好评，洋人们纷纷表示："于今不怕到外交部了。于今到外交部，也像到巴黎、华盛顿的外交部哩。"

　　第二件事就是断然宣布将部内所有人员一律就地免职，由他亲自考察后再重新上岗。令舆论界诧异的是，虽然陆总长一向为人低调谦和，但在这件事上却显示出了非凡的魄力与勇气。在这次人事改革中，他始终坚持宁缺毋滥的原则，以至于新组建的外交部竟缺员150名，就连袁大总统的侄子也被他毫不客气地裁掉了。更令人叫绝的是，陆征祥还对个别处于基层的"钉子户"进行了清理。据说当时外交部有一位余厨师，自慈禧太后时就甚为得宠，就连大名鼎鼎的李鸿章都让他几分。由于多年盘根错节的关系，余厨师不但靠各种手段积累了巨额财富，居然还能活动关系使自己的儿子混上外务部秘书一职，甚至能操纵个别驻外使节的任命，当时号称"厨子社会中之大总统"。陆总长到任后，余厨师错误地估计了形势，以为新领导照样会买他的账。后来他发现陆总长果然行事与前清的老爷大不同，又赶紧带了几十根火腿送到新领导家中，不料却被骂了个狗血淋头，最终不得不乖乖地卷铺盖走人。这件事看起来很小，但却引起了社会各界强烈的反响，就连海外媒体都将这件事当作新闻登了出来。

　　第三件事就是整顿纪律，狠抓干部作风。在前清时，中国官场的最大习气就是自由散漫，既不点名打卡，也不按时到单位办公，外交部也不例外。因此在重新组建外交部后，决意清除这种恶习的陆总长要求外交部人员必须按章办事。虽然他本人身体不好，但却以身作则，每天坚持按时早到办公。他还语重心长地对所有员工说："我陆某无能无德，实愧任外交总长一职，但某有一长，即能按点办公，故敢要求各位亦如此办。"在他的带领下，当时的外交部很快就呈现出一派新气象。

第四件事就是调整机构、理顺关系。虽然陆征祥本人并没有海外留学经历，但却在多年的驻外经历中开阔了视野。回国后，决意对外交机构进行现代化建设的他凭借多年在欧洲工作时积累的经验，着手革除清朝官场遗留下来的陈规陋习，引进了一整套全新的管理制度。他按照西方资本主义国家外交机构模式拟订了新的外交部组织法——《外交部官制》，设总长、次长各1名，日常事务由一厅四司一室负责，即总务厅、外政司、通商司、交际司、庶政司、参事室。此外他还要求所有使领馆馆员、领事、副领事必须经过北京外交部委任，而不再由驻外公使自行携带和任命，并且使领馆的经费开支必须编造预算，报部批准。

第五件事就是培养后备力量，重用人才。陆征祥认为，外交战线在国家各行政部门中是极为特殊的，要想办好外交，最重要的就是用好人才。为此，他参考欧洲一些国家外交人员录用管理制度，定出民国外交部录用人员几大原则，实行公开考试和选拔，甚至还强制性地要求所有外交部官员必须学会一门外语。为了将政策落到实处，陆总长顶着压力公开宣称，只要被推荐的人没有受过外交专业训练，他绝不接受。果然在他担任外交总长期间，就连袁大总统都从未把自己的手下或亲友推荐给外交部。正是由于陆征祥这波大刀阔斧的改革，民国前期的外交战线上涌现出了一大批杰出的人才，其中就包括顾维钧。这些职业外交官都受过西方新式教育，他们具有丰富的国际政治知识和外交知识，具有比较强烈的民族和民主意识，敢于以西

图1-32 经过唐绍仪辞职风波后，顾维钧进入外交部担任总长秘书，后又被提拔为总统的机要秘书。

方国家通行的国际法准则为依据，将向列强争取收回中国所失去的主权，使得当时软弱腐败的中国居然能在外交领域出现难得的新气象。

对于陆总长缔造的外交新气象，顾维钧无疑有着切身体会。1913年初，他在兼任袁世凯英文秘书的前提下进入外交部工作，最初是担任陆总长的秘书。由于陆总长本人学的是法语，因此他对于这位正牌留美高才生非常器重，经常派顾维钧去东交民巷走访说英语的各国使节。因为交际能力出众，顾维钧还负责代表外交部和外国记者打交道。就在这一年，袁大总统府闹出的一次外交"乌龙"事件使人们明白了人才的重要性。原来在当时，日本刚刚即位的大正天皇在新年期间向全世界各国元首发出了"恭贺新禧"的通电，各国元首也依礼复电。诡异的是，国际外交界如此大的新闻传开后，却唯独没有北京政府的份儿。按理说，即便中华民国受到日本的轻视，但对方也不至于如此不把中国放在眼里吧？一时之间，刚刚登上临时大总统宝座的袁世凯不禁如坐针毡，心想是不是日本人准备跟他翻脸了？对于此事，外交部上下也是百思不得其解。有心向日本人问个明白吧，又怕引起东京方面的奚落。就在大伙乱成一团又尴尬万分之际，熟悉国际外交惯例的顾维钧不经意间提出，或许是我国政府的邮电发放系统处出了问题，既然外交部和国务院都未收到此电，那么电文有可能直接发到了大总统府。在袁世凯的命令下，顾秘书开始在总统府仔细查找有无此电。果然一经查看，这份电报事实上早就发来了。令人啼笑皆非的是，电报上居然还有大总统府机要秘书的批注——"东京来电，姓名地址不详，免复"。原来，这位秘书竟不知道英文电报里的"YOSHIHITO"便是日本大正天皇！而更令人难以置信的是，该秘书居然是哈佛大学的毕业生！查明真相后，恼怒的袁大总统将此人罚薪一月，不久干脆将其调离岗位，并将顾维钧由兼职秘书提拔为机要秘书。

到了1914年，外交部又破格提拔顾维钧升任外交部参事。外交部参事室共有4名，主要任务是研究有待批准公布的法令，负责对这些法令从法律的观点加以审查，并在草稿上签字，然后呈次长和总长审批。对于业务熟练的顾维钧来说，这是一项轻松但却很重要的工作，因为他经常有机会参与外交事务的讨论，进而进一步崭露头角。果然没多久，顾维钧便因其表现得到了袁大总统的青睐。

四、美利坚，我回来了！

1915 年 7 月 11 日，一条爆炸性的消息在国际外交界流传开来——年仅 27 岁的顾维钧被任命为中华民国驻墨西哥公使，接替上月调任库伦办事大员的陈箓，成为近代中国外交史上最年轻的全权正使。更有内部人士透露，其实顾维钧任驻墨西哥公使只不过是个过渡，很快他将被任命为中华民国驻美国兼驻古巴公使。果然仅过了三个月，10 月 25 日，北京方面就发布正式公告，中华民国驻美公使兼古巴公使夏偕复回国候任，遗缺以顾维钧继任。这样一来，顾维钧还未到墨西哥便转赴华盛顿就任驻美公使。要知道，即便在

图1-33　民国政坛元老孙宝琦，袁世凯的密友。尽管如此，当他的女婿夏偕复在驻美公使任上闹出乌龙事件后，恼怒的袁世凯仍不顾情面地将其撤职。

整个国际外交界，驻节华盛顿都堪称每名外交官的梦想。对于今天的年轻人而言，在 27 岁这样的年纪便成为驻美全权公使，真是连想都不敢想啊！诚然，在民国初年那个极为特殊的时代，尽管年纪轻轻就飞黄腾达的例子并不在少数，但像顾维钧这样，1888 年出生，留学回国仅仅三年多的工夫便一跃成为驻美公使，着实令广大圈内人士艳羡了好一阵子。

说起来，顾维钧能创造外交界的纪录，还要归功于袁世凯大总统的一双慧眼呢。

用顾维钧的话说，在当时中国外交部中，人人羡慕的职位就是在华盛顿任职。在此之前，担任驻美公使的夏偕复不是别人，正是外交总长孙宝琦 [①] 的内弟，而孙

---

① 孙宝琦（1867—1931），字幕韩，浙江杭州人。清末山东巡抚、北洋国务总理。1902 年任出使法国大臣，1907 年任出使德国大臣，1911 年任山东巡抚。1913 年 9 月任北京政府外交总长，1914 年 2 月代国务总理，1915 年日本提出"二十一条"后辞职。1924 年 1 月任北京政府国务总理，兼外交委员会委员长。1926 年任中法大学董事长，1931 年 2 月在上海去世。

图1-34 夏偕复

总长又是袁大总统的铁哥们儿和儿女亲家。想当初，袁世凯本来就看不上夏偕复的工作能力，不想他又不争气，居然在美国惹出了一场令人匪夷所思的外交事端。

事情的原委是这样的：夏偕复到任时，第一次世界大战已经开打。1915年初，因听说美国民众希望世界和平，夏公使居然天真地以为，凭借中华民国袁大总统的国际威望，肯定比美利坚总统威尔逊更适合扮演调停人的角色。于是他抱着立下奇功一件的急切心情，在既未征得袁大总统的同意，也未事先请示政府的情况下，竟自作主张径自前去拜访美国国务卿，提议应当邀请袁大总统居间斡旋，并说这是袁本人的意愿。而在大洋彼岸，北京方面对夏偕复的举动却一无所知。因此当美国驻华公使前来中南海探询袁大总统的意图时，后者一头雾水之余不禁勃然大怒，当即下令孙宝琦将夏偕复撤职。眼见自己的女婿干出了如此糗事，孙总长也是又羞又气，但为了保住女婿的乌纱，也为了保住自己的颜面，仍旧硬着头皮向袁大总统多次求情，可惜后者态度坚决，毫无回旋余地。不仅如此，袁大总统干脆让老朋友也暂时靠边，由陆征祥出任外交总长。这样一来，由顾维钧接替夏偕复就被提上了日程。

经过一番商议，在袁世凯的坚持下，北京政府先于7月宣布任命顾维钧为驻墨西哥公使，接着又在10月任命其为驻美国兼古巴公使。为了避免美国方面可能对其年资太浅产生不满的考虑，袁世凯还特意安排顾维钧赴欧洲游历数月，而后在途中转任驻美公使。8月初，在匆匆准备后，顾维钧便风风光光离开北京。由于任命的程序需要一段时间，他在赴美途中又绕道伦敦逗留了几个月，直到11月中旬才启程赴纽约。时隔四年，顾维钧再度登上了美国的土地，而昔日的哥伦比亚大学高才生，居然这么短的时间就成为国际外交界最年轻的明星，实在是令人感慨万分。

有意思的是，到达华盛顿递交国书后，新任中国驻美公使顾维钧的第一次正式亮相居然是在美国总统威尔逊的婚礼上[①]。

在驻美公使任期内，顾维钧凭借着在美国外交界的人脉和出色的才干，无论是在招商引资方面还是国家大政方针方面，屡屡有突出的表现，他的言行有时甚至直接影响到国内在一些重大事务上的决策。

1916年5月28日，美国《纽约时报》刊登了这样一则报道，标题为"顾维钧表示欢迎美国来华投资"：

图1-35　由于袁大总统的赏识，年纪轻轻的顾维钧竟被破格任命为驻美公使。

几天前，中华民国驻美公使顾维钧接受了《纽约时报》驻华盛顿外交使团记者的采访。他预测，假以时日，美国对华贸易将会增长百倍。公使先生在采访伊始就说，欧战打乱了欧洲工商业格局，世界贸易形势发生了新变化。这样一来，供应远东市场的重任大部分落在美国身上。

"中国人对自己同胞怀有的强烈而真诚的友谊，这也是美国商人和企业家们值得珍惜的品质，这是金钱也买不来的。一位美国上层人士最近在东方游历，归国后他感慨道，不论他走到中国的哪个地方，都能感受到中国各阶层人民对美国人所怀有的友善之情。他说：'我只需要告诉中国人，我是个美国人，马上就会获得所需要的服务。'"

从中不难看出，在西方国家忙于"一战"厮杀的背景下，顾维钧敏锐地意识

---

① 威尔逊于1885年与艾伦·路易丝·阿克森结婚，生有三女。1915年艾伦病故后，威尔逊一度打算和玛丽·佩克举行婚礼。不可思议的是，在结婚喜帖刚刚发出，这位总统就搭上了华盛顿一名珠宝商的遗孀伊迪丝·博林·高尔特。1915年12月18日，两人在伊迪丝家中举行了结婚仪式。

到了中国的商机，因此上任后便不遗余力地在美国招商引资。不仅如此，他有时还能凭借自己在美国的人脉为政府解决一些财政危机。1916年6月，当时的北京政府因国库空虚而陷入财政危机，连公务员的工资都兑现不了。困窘之下，耶鲁大学哲学博士毕业的财政总长陈锦涛找到了顾维钧，希望他在美国设法弄到至少500万美元的贷款。经过顾维钧的努力，北京政府如愿获得了一笔基本不带政治色彩的贷款，从而暂时渡过了难关。能够轻描淡写地做到这一点，顾维钧在国内政界许多人眼中几乎算得上是神通广大了。

除了在经济事务上为国家尽心尽力外，顾维钧在任期间还极力促成北京政府参加"一战"。关于这件中华民国史上的大事，我们还是先看一篇《纽约时报》的报道。该报于1918年10月2日报道：

> 昨天，在纽约格林伍德公墓的自由坛举行了一场纪念活动，数千人兴高采烈地聚在一起。人们无不被现场的中国客人所展现的东方风采和东方精神所打动。中国驻美公使顾维钧博士在活动上阐述了中国对于自由事业的贡献。

> 出席活动的中国客人无论男女老少都穿着中国传统服装，行为举止也是中国式的。然而，他们都接受了美国现代思想的熏陶。顾公使先生本人以学贯中西著称，我们有时甚至忘记他是来自东方的使节，因为1909年时，他就是哥伦比亚大学的杰出演说家。

> 顾维钧注视着中国国旗冉冉升起。升旗仪式后，顾公使说："1917年8月14日，中国宣布参战。这不是一个随意的决定，而是理性的选择。尽管中国远离战场的中心，但一直认为自己对于世界大战负有实际责任。德国自1897年起就侵犯中国山东省沿海地区。这里是孔子故里，一直是中国的圣地。

> "如同伟大的美利坚合众国一样，中国参战并非出于一己之私，也不要求物质回报。中国业已收回德国在华权益，日本与中国同为协约国成员，也已承诺会将德国权利归还中国。"

显而易见，当时的中国政府之所以选择加入协约国参战，主要出于外交诉求的考虑。然而在这一决策出台的背后，却有太多的曲折。

自从 1914 年欧战爆发后，还在袁世凯身边任职的顾维钧就对国际局势密切关注。随着战局的发展，他早早就意识到中国必然要卷入欧战，进而又呼吁主动参战。而在当时，梁启超、张君劢等著名学者以及段祺瑞、张国淦、梁士诒等政府要员也有类似的主张。到华盛顿任职后，顾维钧在华盛顿时常拜访交战双方的驻美公使，了解核实欧战的真正情况及他们各自政府对战争前景的看法，并及时电告北京方面。基于对形势的判断，他逐渐成为坚定的参战派，希望政府能抓住这个机会走向国际舞台，从而为今后谋求国家利益另辟蹊径，他的立场也对北京方面的决策产生了举足轻重的影响。

值得一提的是，在顾维钧春风得意地出任驻美公使不久后，国内发生了一场政治地震。而在这场地震中，那个欣赏并破格提拔他的袁大总统沦为了历史的弃儿。正如顾维钧所担心的，虽然袁世凯表面上是中华民国的大总统，但他对民主、共和这些政治概念的实质茫然不知。果然在 1915 年 12 月，也就是顾维钧刚刚抵达华盛顿不久，袁世凯便宣布恢复君主制，并于 1916 年元旦正式称帝，改年号洪宪。然而出乎袁世凯意料的是，就在他宣布实行帝制的三天后，著名将领蔡锷等人在云南宣布独立并发起护国运动。一时之间，全国各地纷纷响应。更令袁世凯伤心的是，当他下令昔日的得力干将段祺瑞、冯国璋等率军征讨叛军时，竟吃了闭门羹。与几年前迅速解决二次革命大相径庭的是，这次袁世凯的军队已经威风不再。短短三个月间，贵州、广西、广东、浙江、陕西、四川、湖南等省也继续宣布独立。不料就在此时，冯国璋竟然联络李纯、靳云鹏、朱瑞、张勋等大将向北京发出密电，呼吁袁世凯"取消帝制，以安人心"。无奈之下，众叛亲离的袁世凯被迫于 3 月 22 日宣布撤销帝制，次日又废除洪宪年号。掐指一算，袁世凯只做了八十三天皇帝梦，可怜他都还没来得及举行登基大典就梦想破灭了。而作为一名深受西方民主观念影响的外交家，顾维钧此时也挺身而出，反对老上司开历史的倒车。1915 年 11 月 7 日，当袁世凯就改革国体问题征求各大员意见时，顾维钧就明确回复表示主张暂缓此事。对于袁世凯而言，最悲哀的是皇帝做不成，大总统也做不成了。尽管重新恢复了民国，但由于遭到了段祺瑞等心腹干将的背弃，忧惧之下，心力交瘁的袁世凯竟于 6 月 6 日暴病身亡，时年仅 57 岁。

图1-36　袁世凯最终因搞复辟而落了个身败名裂的下场。图为袁世凯在天坛举行祭天仪式。

　　袁世凯撒手西去，北京政坛立即陷入纷乱之中。昔日的民国副总统黎元洪虽然被扶正为国家元首，但政府的实权却掌控在出任总理的段祺瑞手中，于是在总统府与国务院之间便长期矛盾重重，一方说向东另一方便偏要向西，几乎所有国家大计方针都会争得面红耳赤。而与此同时，孙中山也在广州建立了与北京对立的军政府。这样一来，中国的内政就变得极其复杂了。而围绕着参战与否这个外交问题，国内却演变为一场各方政治力量的博弈。

　　到了1917年，眼看欧战形势日趋明朗，美国又于4月参战，为了搭上末班车，中国政府必须抓紧时间早做决策。对此，远在美国的顾维钧是看在眼里急在心里。还在美国参战前，他就拜访了美国总统威尔逊，后者允诺称如果中国对德作战，美国政府将按援助协约国的成例援助中国。因此顾维钧极力主张与美国结盟，而他的观点在国内看来也是最具权威性的。4月9日，顾维钧在致段祺瑞的一封长电中，着重强调美国因素对中国新式外交的重要性。他向段祺瑞建议，如果中国决定参战，就应该跟随美国，他的建议还得到了副总统冯国璋的支持。在顾维钧看来，以当时的局势，如果中国选择参战，那么在一定程度上必将提高国际地位，并且有机会与日本人解决山东问题。然而令他万万没有想到的是，原本纯属外交事务的参战问题竟在国内激起了轩然大波，导致了"府院之争"和"张勋复辟"丑剧等一系列政治事件的发生。而即使在张勋复辟失败之后，孙中山所领导的南方政权依然反对参战。虽然远在美国，但顾维钧一些昔日的朋友却因选择了黎元洪一派或南方政权而对他进行指责。例如，当时身为北洋外交总长的伍廷芳，虽明知参战对改善中国国际地位有利，但出于对段祺瑞为首的北洋军人势力膨胀的担心，他在"府院之争"中，站在黎元洪一方，由支持中国参战转变为坚决反对参战。对此，顾维钧后来十分委屈地感慨道："从中国的国际地位来看，这项让中国参战的建议完全是为了中国在世界上的利益，我不明白为什么会遭到反对。"

图1-37　在第一次世界大战的末期，顾维钧力主中国参战，从未谋求战后收回部分权益。图为当时北洋政府编练的参战军。

令顾维钧感到欣慰的是，国内的政治风波最终总算平息了。随着段祺瑞重新掌握实权，北京政府于 1917 年 8 月 14 日，对德奥宣战。中国参战之后，顾维钧立即在驻美公使馆内建立了一个研究小组，收集各种有关资料，对战后中国可在和会上提出的问题进行研究。他认为，战后和会将为中国提供一个非同寻常的向各国鸣不平，以争回某些失去的权利的有利时机，中国应该借此谋求某种程度的公平待遇，并对过去半个世纪以来所遭到的惨痛后果加以改正。为此，当 1918 年春美国向欧洲派出第一支远征军后，顾维钧立即建议政府开始为战后必定要召开的和会做好准备。他还把研究小组的报告书陆续发往国内，请政府及早考虑。政府很快采纳了顾维钧的建议，由外交部正式成立了一个委员会，任务就是以他的报告书为基础全面研究中国将要向和会提出的问题。

时至今日，人们几乎一致认为当时中国选择参战是一件具有深远影响的大事，因为这标志着中国人争取平等国际地位梦想的开始。而在这一过程中，顾维钧功不可没。

只是，在接下来将要拉开大幕的国际舞台上，中国究竟能否实现自己的设想呢？

第二章
1919，巴黎没有春天

"出名要趁早，来得太晚的话，快乐也不是那么痛快。"

——张爱玲

"中国不能放弃山东正如西方不能失去耶路撒冷一样！"

——顾维钧

"中国现代史表明，先父顾维钧是在国际会议上对列强说'不'的第一人。"

——顾菊珍

"无论什么时候想起顾维钧博士，人们都会情不自禁地联想到光芒四射的星星。"

——温源宁

　　在顾维钧漫长而传奇的外交生涯中，巴黎和会堪称是他人生中最重要的一个节点。自鸦片战争以来，中国的外交官们总是身负沉重的历史包袱，在国际舞台上被压得喘不过气来。然而在1919年的巴黎，尽管中国代表团再次遭到了当头棒喝，几乎所有的努力都付诸东流。不过对于顾维钧个人而言，驳斥日本人的一番精彩演讲却在世界范围内给他带来了巨大的声誉。正如他的女儿顾菊珍所言："中国现代史表明，先父顾维钧是在国际会议上对列强说'不'的第一人。"

　　与此同时，巴黎和会失败在国内所引发的震动也使这位年轻的外交官意识到，外交永远是内政的延伸。令人欣喜的是，在那个特殊的年代，顾维钧并不是一个人在战斗。正是由于一个职业外交官群体的涌现，近代中国外交才一步步走出困境，迎来曙光。

一、一寸山河一寸泪：说"不"其实不容易

　　1918年岁末，"公理战胜强权"的旗帜飘扬在全球。在整个欧洲、美洲和亚洲，从西伯利亚矿井到加利福尼亚，从巴黎到北京，不分国籍、不分肤色，到处都传扬着威尔逊这个名字。

　　威尔逊是谁？居然能触动整个世界的神经？他便是时任美国总统托马斯·

伍德罗·威尔逊。

　　事实上，作为美国历史上最著名的总统之一，威尔逊常被称为"书生总统"。出任总统之前，他曾担任普林斯顿大学校长及法学和政治经济学教授，著有《国会政府》《美国政治研究》《美国人民史》和《论国家》等。他于1913年当选美国第28任总统，后获得连任。在第一次世界大战期间，这位"书生总统"雄心勃勃地提出了一整套理想主义的政治主张，而其关于国际关系和对外政策的理念就是"和平与正义、国际法律和国际组织，应当也可能是国际社会大家庭共同追求的一种目标和架构"。1918年1月8日，他在国会发表演说，即著名的"十四点计划"，其中包括公开外交、民族自决以及建立国际联盟等。1919年，由于在国际政治方面的努力，威尔逊荣获诺贝尔和平奖。

图2-1　巴黎和会期间的"四巨头"。右起：美国总统威尔逊、法国总统克莱蒙梭、英国首相劳合·乔治、意大利总理奥兰多。

　　实事求是地讲，在当年那个丛林法则盛行的国际政治环境下，威尔逊的主张是非常具有吸引力的。当1918年11月第一次世界大战结束时，全世界人民都厌倦了打打杀杀，厌倦了弱肉强食，同时又极度渴望新的曙光。正因如此，威尔逊一下子就成为国际政治舞台上最闪耀的明星。战争结束后，按照协约国首脑们的安排，决定在法国巴黎召开一次所有交战国参加的和平会议，而会议的主题便是建立全新的国际政治秩序。

图2-2　威尔逊（右2）抵达欧洲时受到民众欢迎的情形

　　然而明眼人一望便知，所谓的和平会议从一开始便注定难有作为。别的不说，单是这次会议所选定的日期与地点，就暴露出政治大腕儿们所隐藏的阴暗心理。众所周知，此次国际和平会议的地点选在了法国巴黎郊外的凡尔赛宫，这可是一项意味深长的决定。曾长期作为法兰西宫廷的凡尔赛宫，原本是法国辉煌历史的见证，但令法国人耿耿于怀的是，在1870年的普法战争中，法国被邻居普鲁士王国打败，他们的皇帝和元帅、将军等十几万人沦为普鲁士的俘虏，法兰西

图2-3　巴黎和会举办地凡尔赛宫

第二帝国宣告结束。1871年1月18日，为了羞辱法国人，普鲁士国王威廉一世以征服者的姿态在凡尔赛宫举行加冕仪式，成为德意志第二帝国的皇帝。可以想象，这件事给法兰西人民的心理造成了多么大的伤害，法国决心寻找机会一雪前耻。第一次世界大战结束后，作为胜利者的法国人终于找到了复仇的机会。真是"三十年河东，三十年河西"啊！为了一雪当年之耻，当协约国讨论举行和平会议的时间及地点时，法国代表强硬地坚持会议要在1919年1月18日于凡尔赛宫召开，其目的很简单——羞辱德国，一雪1871年1月18日威廉一世于此日此地加冕之耻。

1918年12月4日，威尔逊率领着美国代表团从纽约出发驶往欧洲。临行前，美国民众为代表团举行了盛大的欢送仪式：码头上人头攒动，人们欢呼雀跃，鸣枪致礼；水上拖船汽笛齐鸣；空中军用飞机和飞艇来回盘旋。12月13日，美国代表团乘坐的"乔治·华盛顿"号抵达法国布列斯特港口。面对眼前的场景，刚刚抵达欧洲的美国人惊呆了：街道上、屋顶上、树上挤满了欢迎的人群，甚至连路灯杆也被占了，成千上万的群众狂热高呼："美国万岁，威尔逊万岁！"而前来迎接的法国外交部长则动情地对威尔逊说道："非常感谢你的到来，感谢你带给我们真正的和平。"到达巴黎后，威尔逊受到了更加热烈的接待，欢迎人群的规模更大，民众几乎是成群结队地围着他欢呼。目睹此情此景，一位居住在巴黎的美国人深有感触地说："这是我所听过的，当然更是我所见过的，巴黎市民最富激情的一次游行。"

当威尔逊在巴黎享受着无上荣耀时，他肯定不知道，远在万里之外的北京，同样有无数中国人也在为他欢呼。

随着第一次世界大战的硝烟散尽，由于搭上了协约国的末班车，中国一下子成为战胜国，这可是自鸦片战争以来的头一遭。所以停战的消息和威尔逊的呼声传至北京后，随之而来的便是举国欢庆，消息灵通的知识界更是热闹非凡。为庆祝胜利，民国大总统徐世昌宣布全国放假三天，下令将象征民族耻辱的东单克林德牌坊移至中央公园，并将上面的字改为"公理战胜"。而当初力主参战的总理段祺瑞，也踌躇满志地戴上了政府颁发的大勋章。在知识界，北大教授、新文化运动的旗手陈独秀兴奋地撰写文章，为公理战胜强权而欢呼，并称威尔逊是"世

图2-4，图2-5，图2-6　第一次世界大战结束后，作为战胜国的北洋政府举行了盛大的庆祝活动。

界第一好人"。时为北大校长的蔡元培兴致也特别高，甚至出面向政府借用天安门的露天讲台，与众多同事在那里向民众做了一整天的公开演讲。为了表示对威尔逊的感激，一群北大学生还特意游行到美国使馆外高呼"威尔逊大总统万岁"。而此时还在北大读书的傅斯年甚至自豪地宣称：自己可以把威尔逊的"十四条"一字不漏地背诵下来！

那么，威尔逊这位"大好人"究竟能否给中国带来福音呢？关于这个问题，国内沉浸于喜悦与幻想中的人们显然不曾认真考虑。

如前所述，虽然当时的北洋政府在战争快要结束时才宣布参战，但若论对协约国的实际贡献，也应该是有发言权的。众所周知，在整个第一次世界大战中，曾先后有几十万华工在欧洲战场做苦力，他们挖战壕、修工事、运物资、抬伤员，相当于一支庞大的后勤部队。这种贡献与同为协约国的日本相比毫不逊色，后者只不过是居心叵测地攻占了青岛的德国据点以及个别太平洋中的小岛。如今，经历了四年之久的殊死拼杀，各交战国最终坐到谈判桌上来。按照英、法、意、日、美等战胜国的安排，决定 1919 年 1 月 18 日在巴黎召开所谓的和平会议。但实际上，在当时的国际游戏规则下，这次和会将注定成为

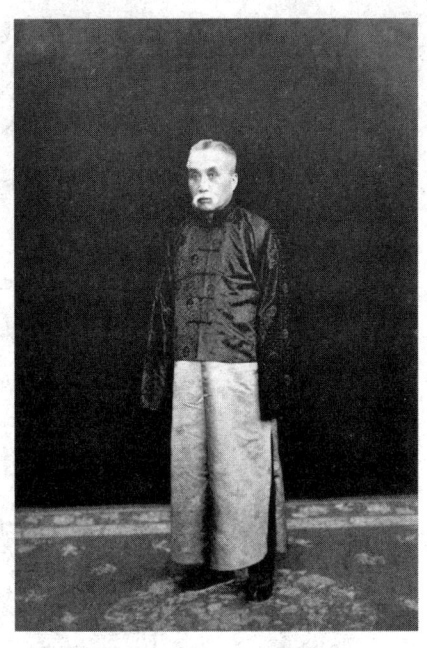

图2-7　当时的民国大总统徐世昌

图2-8　为纪念胜利，北洋政府将象征民族耻辱的东单克林德牌坊移至中央公园，并将上面的字改为"公理战胜"。

列强的分赃会议。尽管这次世界大战的主战场远在欧洲，似乎对东方的国际局势不会有什么影响，但由于当时的中国政府毕竟加入了协约国阵营，再加上美国总统威尔逊向众多弱小国家许诺了一个美妙的世界，因此社会各界都开始关注即将召开的巴黎和会。更有许多人开始天真地遐想，在巴黎和会结束后，中国将彻底走出"东亚病夫"的阴影，屹立于世界之林，一跃成为有影响力的东方大国。

图2-9　在欧洲战场上考察的北洋政府军官

图2-10　在欧洲战场上采访的中国记者

就在国内民众欢呼雀跃之际，远在华盛顿的驻美公使顾维钧却显得格外冷静。

还记得十几年前有一部名为《我的1919》的电影吗？

电影《我的1919》的剧情是这样的：1919年初，年轻的驻美公使顾维钧作为中国政府的全权代表赴法国参加巴黎和会。中国虽然是第一次世界大战后的战胜国，但在巴黎和会上却处处受到歧视。日本野心勃勃地准备继承德国在山东的特权。在和会的辩论会上，面对日本咄咄逼人的攻势，顾维钧以他特有的机智、幽默，巧取日本全权代表牧野的一块金怀表，激怒牧野，牧野斥之为盗贼，这正落入顾的圈套。顾维钧反诘：日本掠夺了中国的山东省，是不是世界的盗贼呢？一块怀表竟让牧野如此愤怒，那么山东3600万百姓丢失山东该不该愤怒，四万万中国人民该不该愤怒呢？继而，顾维钧慷慨陈词，从历史、人文、主权、经济等诸方面阐明中国必须收回山东的严正立场。发言获得全世界及全国民众的一致称赞。但是和会最终仍然拒绝了中国的正义要求，决定由日本继承德国在山东的特权，导致国内爆发了声势浩大的五四运动。顾维钧和中国代表团多方斡旋，试图扭转和会决定，均遭失败。软弱的北洋政府竟逼代表团屈从列强旨意，在和约上签字。代表团团长陆征祥等人既不愿签字，又无力抗争，只好避走巴黎，最后代表团只剩下顾维钧和南方军政府代表王正廷二人。此时，连同对中国始终冷漠、轻视的让娜母亲也同情中国，她向顾维钧表示："中国不应该签字，那是不公平的！"她赞赏顾维钧的智慧和爱国情怀，她说："年轻人，你有一句话，我非常欣赏，中国不能失去山东，就像西方不能失去耶路撒冷。"最后，顾维钧和王正廷以民族大义为重，拒绝在《凡尔赛和约》上拒绝签字。

在影片中，扮演顾维钧的演员展现出了精彩的演技，而实际上，顾维钧本人当年也因其精彩的"演出"在国际外交舞台上一举成名。

1918年底，当接到出席巴黎和会的通知后，在一派盲目乐观的氛围中，中国国内社会各界迅速行动起来。连见多识广的外交总长陆征祥都一厢情愿地以为，中国作为一个大国，理所当然将在和会上被列为第一等级，因此未加细想就向政府提交了5位全权代表名单：外交总长陆征祥、南方军政府代表王正廷、驻英公使施肇基、驻比公使魏宸组、驻美公使顾维钧，这5人都熟谙国际事务、精通外语又胸怀壮志，堪称众望所归的外交精英。此外，中国代表团还包括驻法公使胡惟德、驻丹麦公使颜惠庆、驻意公使王广圻等，另有专家 17 人、外籍顾问 5 人、行政技术人员 20 人，总计 52 人，可谓阵容豪华。而在接到政府的任命后，这些代表都能暂时摒弃政见，克服个人困难，从世界各地会聚到巴黎。

图2-11　全权代表顾维钧

图2-12　中国参加巴黎和会代表团团长陆征祥

图2-13　全权代表施肇基

图2-14　全权代表王正廷

图2-15　全权代表魏宸组

图2-16　中国参加巴黎和会代表团合影

对于时任驻美公使的顾维钧而言，能够被任命为5位全权代表之一，既是荣誉，也是压力。鲜为人知的是，就在奔赴巴黎之前，他的妻子唐宝玥刚刚因患西班牙流感在使馆去世。顾夫人去世时留下了2个年幼的孩子，其中第二个孩子出生仅几个月。丧妻之痛尚未平复，如今却接到了北京来的电报。尽管顾维钧一度向政府递交辞呈，但因考虑到巴黎和会的重要性，出于民族大义的考虑，最终他毅然接受了任命。与其他外交界同仁一样，顾维钧也认为对于中国而言这是一个讨回主权的良机。临行前，他还利用自己与美国各界所建立的良好关系，专程拜访了总统威尔逊。后者许诺愿意支持和帮助中国，这也让顾维钧对即将开幕的和会多了一份信心和期望。

1918年12月4日，在北京方面的催促下，顾维钧带着4名秘书从华盛顿启航，十天后顺利抵达巴黎。中央政府之所以要他先期出发，是希望他能参加最高委员会的一切会议，并负责为该委员会准备行将召开的和会的指导原则和政策。而实际上，顾维钧一到巴黎就抓紧收集资料，积极为中国代表团草拟计划，准备在和会上系统地阐述中国政府的诉求，希望能一举取消列强在华的一切不平等条约，当然最核心的诉求是从日本手中收回山东主权。次年1月11日凌晨，外交总长陆征祥一行经过漫长的旅途，终于到达了巴黎，同行的还有国内各界代表以及新闻界人士。出乎意料的是，当陆征祥走下火车，发现在前来迎接的人群中，不仅有顾维钧、王正廷等先期抵达的代表，有中国驻欧洲各国的公使、领事，甚至还有大批自发前来迎接的华侨代表。由此可见，当时的中国民众对和会抱有很大的期望。

然而在现实面前，中国人多少显得有些天真，实际上，国际舞台上发言权的大小并非以各国对战争的贡献大小来衡量，凭借的乃是自身的真正实力。结果代表团到了巴黎才知道，中国被排在最后一个等级，只能派2个人出席和会。具有讽刺意味的是，会议开始之后，巴西、比利时和塞尔维亚等原先被列为第三等级的国家，也经过力争增加了1名全权代表，而中国居然位列其后。想当初，英、法等国在邀请中国参战时曾经许诺：如果中国参战，战事结束后将在和会上以大国相待。就在中国代表团出发前，英、法等国驻北京使节又以照会的方式对这一许诺进行了确认。因此当北洋政府组建代表团时，便参照英、法等国代表团的人数，任命了5位全权代表。但是中国代表团刚到巴黎，就被告知：各个国家被划分为三等，一等的5个大国英、美、法、意、日可以有5席，其他一些国家有3席，一些新成立、新独立的国家有2席，中国则被划为最末一等，只能有2个席位。尽管中国代表团也曾四处奔走，要求增加席位，但都无法改变组委会的决定，和会只答应 2 个席位可以轮流派代表参加。这样一来，中国代表团到巴黎后所做的第一件事，便是在内部先来一番"竞争上岗"。最具讽刺意味的是，这样一来就导致了代表团内部的纷争。起初，按照外交总长陆征祥的意思，5 位全权代表的排序依次为他本人、王正廷、顾维钧、施肇基和魏宸组。对于这一安排，顾维钧表现得比较低调，他表示："在外交界，施博士资历比我深，魏公使年龄比我大。而且，魏公使在 1912 年曾任国务院秘书长，是我的顶头上司，我那时只是他手下的一名秘书。不管怎样，名次对我是毫无影响的，我将继续工作，一如既往。我所感兴趣的只是即将开展的工作。"在顾维钧的推让下，陆总长又对 5 位全权代表重新进行了排列：陆、王、施、顾和魏。然而出乎意料的是，北京方面却推翻了这一安排，根据大总统徐世昌的训令，代表团的名次又变成了陆、顾、王、施和魏。经过如此几番折腾，一个简单问题的复杂化不仅让代表团沦为国际外交界的笑柄，更引发了窝里斗。尽管顾维钧一再谦让、一再表态，但他的排名前移仍引起了施肇基、王正廷的不满。就这样，时年 30 岁的顾维钧便成了代表团中的二号人物。1 月 28 日，中国代表团的名单正式向外界公布，而此时和会已正式开幕十天了。

1919 年 1 月 18 日，万众期待的巴黎和会终于在凡尔赛宫隆重开幕了。和会共有 27 个国家参加，会议形式分为三种：一是全体大会，各国代表都参加；二是最高会议，由 5 个大国首脑和外长组成，也称"十人会"，后来又成立"四人会"，由美国总统威尔逊、英国首相劳合·乔治、法国总统克莱蒙梭、意大利首相奥兰多组成；三是专门委员会，各有关国家参加。克莱蒙梭被选为和会主席。对于参加此次会议，北洋政府给代表团的任务是：1. 收回战前德国在山东的一切利益，这些利益不得由日本继承；2. 取消《中日民四条约》的全部或部分内容；3. 取消外国人在中国的特殊权益，如领事裁判权、协议关税等；4. 结束德、奥等战败国在华的政治与经济利益。

那么，中国的外交官们究竟能斩获怎样的成果呢？

在从作为战胜国的喜悦中冷静下来后，代表们很快就意识到，中国虽然名义上是"参战国""战胜国"，但实际上仍是一只被豺狼欺凌伤害的羔羊。所谓的和会，不过就是列强的一次秘密分赃会议。大会完全把持在由英、美、法、意、日代表组成的10人委员会手中，包括中国在内的其他国家基本上没有发言权。所以从一开始，中国就完全处于被动地位，至于谋求收回国权，则只能是水中捞月。事到如今，中国代表团只有将主要目标定在山东问题上。

如前所述，在第一次世界大战期间，日本借口对德宣战，竟悍然出兵中国山东，占领了原本由德国控制的青岛等地，并企图以既成事实逼迫中国承认，从而达到其在"二十一条"谈判时未得逞的阴谋。当战争结束后，中国既然同样身为战胜国，自然应理直气壮地要求日本撤军，收回在山东的一切权利。不料，一向狡猾的日本居然凭借其在巴黎和会上的特权，公开要求继承战前德国在山东的一切特权，简直漠视中国的存在。围绕这一棘手的问题，中国代表团不得不在和会上与列强进行周旋与抗争。而他们的直接对手，便是日本方面的5名全权代表，以西园寺公望①为首，包括枢密顾问官牧野伸显②、驻英大使珍田舍己、驻法大使诵经庆四郎、驻意大使伊集院彦吉。

正所谓"弱国无外交"，在那个强权至上的国际环境下，中国的抗争从一开始就带有几分悲壮色彩。正当中国代表团准备向和会提出收回山东权利问题时，日本方面却先发制人，率先在5个大国组成的"十人会"上提出德国在山东的权利应直接由日本继承。

1月27日中午，正当中国代表团的代表们准备共进午餐时，美国国务院远东司司长、美国代表团顾问威廉斯突然来电话悄悄告诉顾维钧：在上午召开的10人会议上，日本已提出将由它接替德国在山东的权利；午后的会议将听取中国代表团对山东问题的立场，通知即将发出，中国代表应立即准备发言。顾维钧一看表，离开会只有短短3个小时的时间了。在经过内部紧急磋商后，代表团一致推举顾

---

① 西园寺公望（1849—1940），日本帝国时期最后的元老、著名政治家。早年参与明治维新运动，后赴法国留学，1882年随伊藤博文赴欧洲考察，后历任日本驻奥地利、匈牙利、德国特命全权公使。1906年、1911年两度出任内阁总理大臣。1919年以日本政府首席全权代表的身份，率团参加了巴黎和会，签署了《凡尔赛和约》，回国后晋升公爵。

② 牧野伸显（1861—1949），日本帝国时期著名政治家，从一位勋一等伯爵。11岁便与父亲和哥哥一起随岩仓遣欧使节团赴美留学，1880年进入外务省。历任奥地利大使、意大利大使、文部大臣、农商务大臣、外务大臣等。1919年以次席大使的身份参加第一次世界大战后的巴黎和会，手握实际指挥权，在巴黎和会上风云一时。1935年因病辞职，被授予伯爵。其女婿吉田茂战后曾担任日本首相。

维钧和王正廷出席下午的会议，并由准备充分的顾维钧发言。

下午二时半，离会议召开只有半小时，和会秘书处的正式通知才姗姗而来，声称日本代表已经在上午的会议上阐述了自己要求接替德国在山东的所有权益的观点，希望中国代表能够做好充分阐述自己观点的准备，并要求中国代表团报送出席下午会议的代表名单立刻赴会。下午三时，会议在法国外交部的会议厅召开。法国总理乔治·克里孟梭是10人会议的主席，右边坐着英国首相劳合·乔治和外相贝尔福、美国总统威尔逊和国务卿蓝辛、意大利总理奥兰多和外长索尼诺，在主席对面就座的是一大群日本人，包括首席代表西园寺公望和牧野伸显，中国代表被指定在主席的左边就座。

图2-17　日本参加巴黎和会代表。左起：牧野伸显、西园寺公望、珍田舍己。

会议开始后，首先由日本代表牧野发言。牧野老调重弹，非常傲慢地指出：山东租借地早已由德国转移到日本。日本是战胜国，有权处理这个问题，总之这一问题已无须赘言。紧接着，克里孟梭根本就不给中国代表思考的余地，把手向他们一指，问中国代表是否准备发言。顾维钧和王正廷商量后，由王正廷起立发言："我们代表团的顾维钧博士将予以答复，但应当给予时间准备中国的声明。"好在有威尔逊和蓝辛的支持，克里孟梭这才宣布休会，明天上午复会时将听取中国的立场。

图2-18　巴黎和会上顾维钧的主要辩论对手，日本代表牧野伸显。

图2-19　日本参加巴黎和会首席代表西园寺公望。

　　据说在这天散会后，心情沉重的顾维钧特地去了一趟巴黎郊外的华工墓地。"一战"期间，中国共向欧洲战场输送了14万名华工，以及大量的粮食，为协约国的胜利作出了巨大的贡献，近万名华工死于那场战争。顾维钧深知，如果山东问题不能公正解决，不仅会有上万个灵魂在地下哭泣，世界也将不得安宁，因为这些华工大多来自山东。

　　1月28日上午十一时，会议仍在法国外交部的会议厅召开。按照昨天的决定，会议主席克里孟梭请中国代表团发言。这时王正廷起身说："我要求由我的同僚顾维钧先生来阐述中国政府的观点。"只见顾维钧缓缓起身，神色凝重地向四周致意。与会的各国代表惊奇地发现，顾维钧的手中并没有发言稿。正当大家都在私下猜测时，顾维钧已经开始用流利的英语发言了，他出口成章，辞藻准确，顿时吸引了所有人的注意力，当时国内各大报刊的报道中称其"初似发言稍颤，既乃侃侃而谈"。针对日本代表的无理要求，顾维钧的答复如下：

　　　中国代表团要求和平会议将德国战前在山东的租借地、铁路和其他一切权益归还中国。因为不愿意浪费会议的宝贵时间，我只愿提出广泛的原则。至于技术细则，我将送至照会，详细说明。

有关领土是构成中国领土的一部分，也是山东省的一部分，有三千六百万人口。他们是中国人种，说的是中国语言，信仰的是中国宗教。无疑，大家都知道这片租借地是德国用武力夺去的。德国舰队曾占领山东海岸，其军队随即侵入内地。它敲诈勒索租借地，充作撤军的代价。它借口有两位传教士在中国内地遇害，便出此行动。而遇害实非政府所能控制。基于和会接受的民族自决与领土完整的原则，中国实有权利要求归还这些领土。中国代表团认为这是正义的和平条件之一。反之，如和平会议采取不同的见解，将这些领土转让给其他国家，这在中国代表团看来无异以错就错。

就经济而言，这是一个人口稠密的省份。在三万五千平方英里的面积上，住有三千六百万人民。人口的稠密产生强烈的竞争，而极不适宜于殖民。外力的侵入足以引致剥削当地人民，而非真正的殖民。

就战略而言，胶州控制华北的门户，即控制由海岸至北京的捷径。一条铁路直达济南府，与津浦铁路相接即可通达北京。为中国国防利益而言，中国代表团不能答应任何外国拥有这生死攸关的地段。

说到动情处，顾维钧站起身面对四周代表问道："西方出了圣人，他叫耶稣，基督教相信耶稣被钉死在耶路撒冷，使耶路撒冷成为世界闻名的古城。而在东方也出了一个圣人，他叫孔子，连日本人也奉他为东方的圣人。牧野先生你说对吗？"牧野不得不承认："是的。"顾维钧微笑道："既然牧野先生也承认孔子是东方的圣人，那么东方的孔子就如同西方的耶稣，孔子的出生地山东也就如耶路撒冷是东方的圣地。因此，中国不能放弃山东正如西方不能失去耶路撒冷一样！"

接着，他又有理有节地继续说道：

中国很明了日本英勇海陆军曾驱逐德国的势力于山东省之外。中国也很感激英国在这方面的协助，虽然当此之时，它自己在欧洲也遭受重大的危险。中国也不忘其他盟国在欧洲的贡献，因为如果没有它们牵制德国，这个敌国很容易调遣援军赴远东，而使山东的战事延长。中国尤其感谢这些协助，因为山东的人民为了夺回胶州的军事行动，曾遭受痛苦和牺牲，尤其在征募人工和各种给养方面。

尽管我们满怀谢忱，但中国代表团深感对祖国和世界均难疏职责，如果我们为了感恩而出售同胞与生俱来的权利，从而将种下未来冲突的根源。因此，中国代表团深信会议在考虑处理胶州租借地和德国在山东的其他权益时，必会郑重顾及中国的基本权益，即政治主权和领土完整的权益，以及顾及他力谋世界和平的热忱。

显然，顾维钧在进行辩护时，所参考的完全是西方人所制定的国际法理原则，可谓理直气壮，因此他的滔滔雄辩刚刚结束，会场顿时响起热烈的掌声。在场的除日本代表之外的其他代表都为中国代表的风采所折服，他们纷纷上前与顾维钧握手，对他的发言表示祝贺。威尔逊和蓝辛急走过来跟他握手祝贺，威尔逊还称赞道："这是阐明中国立场的最好演说。"英国首相劳合·乔治、法国总理克里孟梭等人也前来握手道贺，称他为中国的"青年外交家"。更出人意料的是，日本代表西园寺公望也从主席对面的位置上过来和顾维钧握手。离开会场时，中国代表们又被守候在门外的记者团团围住。第二天，法国、英国、美国的报纸都在最显著的版面报道了中国代表团的成功发言，而"中国的孔子尤如西方的耶稣，中国不能失去山东正如西方不能失去耶路撒冷"也迅速成为传遍世界的名言。国内各界闻讯也纷纷发来贺电，刚刚而立之年的顾维钧则一举成为巴黎的头号新闻人物。一时之间，在巴黎，人们纷纷议论顾维钧这个名字。当时在会场目睹了全部经过的美国国务卿蓝辛事后追述称："顾氏堂堂正正之演说，实使日本委员垂头丧气，哑口无言。"而绰号"老虎"的法国总理克里孟梭也对顾维钧非常佩服，公开称赞其"不愧为中国的小猫"。

可惜的是，巴黎和会并不是一场辩论赛，言辞的精彩固然吸引人，但外交必须靠实力说话。事实证明，顾维钧的成功演说并不能扭转不利的局势。在接下来漫长的等待中，巴黎和会又风云突起。

眼看本国代表在外交论战中落得个灰头土脸的下场，恼羞成怒的日本人便转而向北京施压。2月2日农历大年初二，日本驻华公使小幡酉吉①居然趁中国人都在过年之际面见外交次长陈箓，声称中国代表在巴黎和会发言反对日本，全失友谊，要求向顾维钧等下达封口令，并威胁将取消去年9月签订的参战借款合同，索还已付的300万元。另据一些小道消息称，日方甚至要求中国撤换顾维钧和王正廷。为了达到自己的目的，日本方面甚至公然威胁一度同情中国的美国。美国国务卿蓝辛回忆称："（1919年）1月27日之十人会忆，日本委员曾陈述该国之主张，28日顾维钧亦有陈述。顾氏堂堂正正之演说，实使日本委员垂头丧气，哑口无言。顾维钧演说之翌日，日本委员某氏特来访予曰'美国对于胶州湾问题，因未曾相约援助日本之主张，而反对日本，日本固亦无法，但若果将胶州湾直接交还中国，则美国将为日本国民非难之的，盖关系于此问题，日本朝野之感情，已非常激昂'云云，不问而知此系日本暗示，谓若日本之要求不能贯彻时，则美日国交，将陷于危险之间接的示威矣。"

到4月时，由于列强分赃不均，意大利宣布退出和会。利用这一形势，日本借机要挟英、法、美等国：如果山东问题得不到满足，就将效法意大利。为了自己的利益，几个大国最终决定牺牲中国的合法权益，先后向日本妥协，将胶州租借地和《中德条约》中所规定的全部权利划给日本，并强迫中国无条件接受。就连曾被中国舆论界称为"大好人"的美国总统威尔逊，面对中国代表团的求助，也只能耸耸肩表示无能为力。

5月6日，巴黎和会正式向协约国公布对德和约，其中规定将德国在山东的权益转交日本。对此，中国代表团团长陆征祥当即提出抗议。鉴于西方列强偏袒日本的不利局面，他只好向北京政府建议"隐忍签字而将山东条款保留"，也就是说中国可以在和约上签字，但和约内必须加入中国不承认山东条款的保留意见，

---

① 小幡酉吉（1873—1947），日本外交官。1897年进入外务省，次年被任命为日本驻天津领事。此后历任日本驻新加坡领事、驻奥匈帝国使馆参赞、驻英国大使馆参赞。1918年10月至1923年任日本驻中国公使，1922年负责山东问题的对华谈判。1929年11月被外相币原喜重郎提名再任驻华公使，但被南京政府外长王正廷拒绝，理由是他长期从事侵华活动，对中国人民极其不友好。

图2-20 巴黎和会实际上是一次列强分赃会议

此即"保留签字"。但即便是如此屈辱性的保留签字，在一开始也遭到西方列强的拒绝。无奈之下，5月23日，北京政府向代表团发出"如果保留实难办到，只能签字"的电令。然而，作为代表团最坚定的拒签派，顾维钧仍在寻求最后的机会。6月24日和25日，他连续三次会见和会秘书长。25日晚他又与美国总统威尔逊会晤，但"保留签字"的要求仍被回绝。26日，在会见法国外长毕勋时，顾维钧提议，鉴于和约内保留已难办到，那么可否退一步让中国将保留意见附于和约后？不料毕勋竟一口回绝说："附于约后，仍为条约之一部分，亦万难办到。"顾维钧接着又提出，希望最起码让中国在签约前发表一项保留山东问题的声明。然而第二天，毕勋向顾维钧转告了和会主席的意见，明确拒绝了约外保留的建议。面对列强的冷漠和傲慢，顾维钧愤然表示："中国为顾重和会全局，已一再让步至于极点，会中尚不能承认，深为可惜。准此情形，恐中国委员团未能签约。"当天晚上，顾维钧又提出了一个让步至极点的方案，即希望在签字前发表一个不带"保留"字样的声明，以便在将来重新提议山东问题。然而在6月28日清晨，列强再次拒绝了顾维钧的方案。稍后，中国代表团又派魏宸组向和会递交希望将来能重议山东问题的非正式临时声明，然而同样遭到拒绝。事已至此，无路可走的中国代表团只有断然拒签。与此同时，他们在第一时间致电北京，以悲愤的语气讲述屡屡被拒的经过："此事我国节节退让，最初主张注入约内，不允；改附约后，又不允；改在约外，又不允；改为仅用声明，不用保留字样，又不允；不得已改为临时分函声明不能因签字而有妨将来之提请重议云云。岂知至今日午时完全被拒……不料大会专横至此，竟不稍顾我国家纤微体面，曷胜愤慨！弱国交涉，始争终让，几成惯例。此次若再隐忍签字，我国前途将更无外交之可言。"西方列强恐怕不会想到，再柔弱的"小鸟"也有愤怒的时候，于是，近代中国外交史上最重要的一幕发生了。

　　1919年6月28日，当巴黎和会签约仪式在凡尔赛宫举行时，人们惊奇地发现为中国全权代表准备的2个座位上竟一直空无一人。显然，中国人用这种无奈的方式表达了自己的愤怒。据顾维钧后来回忆，签约仪式举行的同时，他正乘坐汽车经过巴黎的街头。他在回忆录中说："汽车缓缓行驶在黎明的晨曦中，我觉得一切都是那样黯淡——那天色，那树影，那沉寂的街道。我想，这一天必将被视为一个悲惨的日子，留存于中国历史上。同时，我暗自想象着和会闭幕典礼的盛况，想象着当出席和会的代表们看到为中国全权代表准备的两把座椅上一直空荡荡无人时，将会怎样的惊异、激动。这对我、对代表团全体、对中国都是一个难忘的日子。中国的缺席必将使和会、使法国外交界，甚至使整个世界为之愕然，即使不是为之震动的话。"

图2-21　无奈之下，在顾维钧的极力坚持下，中国代表团做出了缺席签字仪式的重大决定，这也是中国人在外交舞台上第一次对列强说"不"。

　　的确，对于近代中国外交而言，巴黎和会上的拒签绝对具有里程碑式的意义。

要知道，自鸦片战争以来，在历次与列强的谈判当中，中国都无法摆脱"始争终让"的宿命。而这次巴黎和会，中国虽然没能争回多少权益，但却首次没有在最后退让，第一次坚决地对列强说"不"，从而开创了历史的新起点。果然，不久后，在1921年华盛顿会议上，经过艰难的谈判，中日签署了《解决山东悬案条约》及《附约》，日本无可奈何地交出了强占的山东权益。而负责与日方交涉的，正是顾维钧。后来，顾维钧始终活跃在国际外交舞台上，为维护中华民族的权益作出了巨大贡献，得到了几乎所有政治派别的敬佩，被誉为"民国第一外交家"。有人曾问过晚年的顾维钧，搞了一辈子外交，最得意之举是什么？他回答说是巴黎和会。其女儿顾菊珍也曾自豪地说："中国现代史表明，先父顾维钧是在国际会议上对列强说'不'的第一人。"

事实上，中国代表在巴黎和会上的拒签行为顺应了民意，不仅得到了国内民众和舆论的支持和欢迎，同时也赢得了国际社会的尊敬和钦佩。正如美国驻华公使芮恩施所说："顾维钧等人拒绝在巴黎和约上签字，给了中国一个挽救山东的机会。"1919年8月3日，《纽约时报》上刊登了一封读者来信，其中写道："签字还是不签字，这是个问题。自从英、法、美'三人会议'决定将德国在山东的权益和租借转让给日本而非归还中国那一天起，中国代表团就面临这一问题。6月28日，当这一历史性的时刻来到时，中国代表团集体缺席，场面十分引人注目。如果我们更深入地仔细思考一下，就很容易看出中国拒绝与德国签署和约的政治智慧。我们必须承认，中国不签署和约就几乎得不到任何好处。然而，中国也没有什么可失去的了。综上所述，对于中国来说，唯一安全的方法就是现在中国代表团所做的，拒绝在对德和约上签字，由此决绝承认《和约》中有关山东条款的合法性，通过中国现正在广泛使用的经济手段来纠正这一错误。这可能需要花费几个月甚至几年的时间，但只要中国人学会坚持，他们将会赢得最后的胜利。"

二、"五四"大潮中的苦涩与喜悦

美联社东京5月7日电：星期天（5月4日）晚上，一群中国学生攻击了被控亲日的民国内阁成员宅邸。他们的行动在北京乃至全国都激起了强烈的反响，民众情绪十分激昂。

美联社东京5月21日电：今天，东京的中国留学生领袖割破自己的手指，用鲜血联名签署决议，号召在日本的4000名留学生立即返回祖国，共同抗议巴黎和会关于山东问题的决议，抗议日本对华侵略野心。

1919年的春天，当顾维钧在巴黎奋起抗争列强的丛林法则时，他并不是一个人在战斗。因为就在中国代表的外交努力失败后，世界各地的华人立刻掀起了抗议的浪潮。如前所述，尽管顾维钧等外交代表据理力争，并一度赢得了列强表面的同情，但是在列强钩心斗角的过程中，中国再度成为牺牲品。最终，英、法等国居然决定将先前德国在山东的权益转交给日本。消息传到国内后，顿时舆论大哗，而反应最强烈的当属北京激进的学生们。几乎没有什么犹豫，这些愤怒的青年便决定以自己的呐喊来唤醒国民，同时向全世界传达中国的声音。

5月2日，时任北洋政府外交委员会事务主任的林长民在北京《晨报》上刊文《外交警报敬告国民》，正式宣布中国外交失败的消息。5月3日晚七时，北京各校的学生代表便在北大法科大礼堂举行了全体学生大会，参会者除了北大学生之外，还包括法政专门学校、高等师范学校、中国大学、朝阳大学等13所大专学校的学生。会上，著名报人邵飘萍以北大新闻学会导师、《国民》杂志顾问、《京报》社长的身份，介绍了中国代表团在巴黎和会上失败的经过，最后他振臂疾呼，号召同学们起来抗争："现在民族危机系于一发，如果我们再缄默等待，民族就无从挽救而只有沦亡了。北大是最高学府，应当挺身而出，把各校同学发动起来，救亡图存，奋起抗争。"在接下来的学生发言过程中，北大预科一年级学生刘仁静甚至拿出一把菜刀要当场自杀以激励国人，而法科学生谢绍敏则当场咬破中指，撕裂衣襟，在上面血书了"还我青岛"四个大字！在如此悲壮的气氛中，大家一致决定第二天即5月4日全体上街游行示威。

图2-22，图2-23，图2-24，图2-25　当顾维钧等外交代表在巴黎和会上举步维艰时，国内爆发了轰轰烈烈的五四运动。

　　5月4日上午，北京大学新潮社负责人罗家伦执笔起草了宣言书，并赶在下午一时前印刷了2万份。宣言书以简洁明朗的白话文写道："现在日本在国际和会，要求并吞青岛，管理山东一切权利。他们的外交，大胜利了！我们的外交，大失败了！山东大势一去，就是破坏中国的领土。中国的领土破坏，中国就要亡了。所以我们学界，今天排队到各公使馆去，要求各国出来维持公理。务望全国农工商各界，一律起来，设法开国民大会，外争主权，内除国贼。中国存亡，在此一举。今与全国同胞立下两个信条：一、中国的土地，可以征服，而不可以断送；二、中国的人民，可以杀戮，而不可以低头。国亡了，同胞起来呀！"

　　下午二时许，13所大专学校的3000多名学生会聚在天安门前，他们挥舞着小旗，高举标语牌抗议。标语牌上写着"外争国权，内惩国贼""取消二十一条""宁为玉碎，勿为瓦全""拒绝和约签字"等字样，有的标语牌上还画着山东省地图或者宣传画。其中最引人注目的标语，便是谢绍敏血书的"还我青岛"四个大字。另外在金水桥前的两个华表下还竖起了一副由高师学生张润芝所撰的对联"卖国求荣，早知曹瞒遗种碑无字；倾心媚外，不期章惇余孽死有头"，落款为"北京学界同挽。卖国贼曹汝霖、章宗祥遗臭千古"，将矛头指向当年出卖山东权益的曹汝霖、陆宗舆、章宗祥3人。在行进的过程中，学生们不断高呼口号，并将传单发给沿街的民众。在天安门演讲后，游行队伍又向东交民巷的使馆区列队进发，拟向各国公使请愿并求争取国际公义之同情。由于遭到巡捕的阻拦，愤怒的学生便决定改道前往卖国贼曹汝霖家示威。

下午四时左右，大批游行学生来到长安街东端路北赵家楼的曹宅门口，他们一边高呼"打倒卖国贼"的口号，一边冲击曹宅大门。混乱之中，曹宅大门被打开，学生冲破警察的阻挡蜂拥而入。在痛打了藏匿在曹宅的章宗祥之后，几名学生又放火烧了赵家楼。闻讯赶来的大批巡警最终将学生驱散，并当场抓捕了32人。事后，北大校长蔡元培等教育界人士积极交涉，北京学界又展开罢课运动，最终迫使北洋政府释放被捕学生，一场学生风潮就此渐渐平息。

图2-26 曹汝霖　　　　　图2-27 陆宗舆　　　　　图2-28 章宗祥

当时参与游行的学生一定不会想到，他们出于民族义愤而掀起的这场游行，将在近代中国史上留下浓重的一笔，并拉开了五四运动的大幕。而他们中的许多人，将因其独特的身份彪炳史册。

而此时，对于身处巴黎的顾维钧等人而言，学生们的举动既是一种助力，更是一种压力。若干年后顾维钧回忆说："在巴黎的各界人士代表，他们全都每日必往中国代表团总部，不断要求代表团明确保证，不允保留即予拒签。他们还威胁到，如果代表团签字，他们将不择手段，加以制止。"

图2-29 民国初年几位北京政坛要人合影。左起：章宗祥、陆征祥、周自齐、朱启钤、曹汝霖。

当时的情形是这样的：4月30日，"四人会"对山东问题做出最后裁决，决定在对德和约中将山东问题从中国问题中单独列出，即《凡尔赛和约》第一百五十六条至第一百五十八条，批准由日本接管德国在山东的所有特权。至此，中国在山东问题上的交涉完全失败，而顾维钧等在巴黎和会上艰苦卓绝的努力也付诸东流。面对如此现实，各位全权代表心灰意冷，有的人黯然离开了巴黎，而团长陆征祥干脆称病住进了巴黎郊外的圣·克卢德医院，只有顾维钧独自担负起了为中国做最后努力的职责，一直坚持到和约签订前的最后一刻。然而无论他如何努力，中国的正当要求均一再被拒绝。保留签字不允，附在约后不允，约外声明又不允，只能无条件接受。如此情况下，顾维钧深感退无可退，只有拒签以表明中国的立场。

毋庸置疑，无论是巴黎华人的活动还是国内学生们的抗争，都在很大程度上影响了顾维钧的决定。尽管当时北洋政府一度训令代表团签字，后来又模棱两可地授权陆征祥自行定夺，但在做最终决定的过程中，顾维钧却力主拒签，并且表现出了敢于承担责任的气概。据记载，在巴黎和会签字日的前一天，还发生了一段小插曲。6月27日，当德国前来签约的代表到达巴黎时，在法华工、学生万余人纷纷集会，要求中国代表拒绝出席次日举行的签字仪式，并宣称，如果代表签字，将会受到像北京学生对待曹汝霖等卖国贼一样的惩罚。当天晚上，顾维钧等人去圣·克卢德医院看望陆征祥。代表团秘书长岳昭燏在看完陆征祥后先行告退，几分钟后却又急匆匆返回来，说在医院外面受到了袭击。原来花园里聚集着数百名中国男女，拦住他质问为何要签约。人们将他看作是陆总长的心腹，认为陆征祥已决定签约，遂威胁说要杀死他。值得一提的是，一位名叫郑毓秀的女留学生，把一段枯枝藏于衣袖内冒充手枪对准了岳昭燏，后者吓得战战兢兢，赶紧跑回陆征祥的病房。顾维钧临危不乱，送他返回。当他们与岳昭燏一起走到楼下时，立刻又被人群围住。好在人们看清是顾维钧时，气氛才缓和下来。面对群情激昂的同胞，顾维钧明确表示："中国当然不会签字！"尽管如此，人们依然围在医院外面，一直持续到次日凌晨。而在第二天签字仪式举行之日，另有许多留学生包围了代表团驻地，他们甚至情绪激动地表示，如果有谁敢去签字，将情愿用3个人去偿命把他杀掉，并且当场写好了准备偿命人员的名单。直到下午三时签字仪式结束，学生们才陆续散去。

关于这段阻止住中方签字的公案，一直以来有好几种说法。一说当年顾维钧坚决反对签字，但恐个人之力难以控制局面，于是便在与华侨谈话中故意透风，致使全体旅法华侨闻讯愤然群起，围困陆征祥所住圣·克卢德医院，阻止住代表签字。一说顾维钧有意把口风透露给时在法国的汪精卫，汪精卫留法多年，人脉极广，当即以专稿广泛告知旅法华人，致使旅法华人围困医院，陆征祥被逼不得签字，代表团最后签字未成。再有一种说法便是郑毓秀发挥了关键作用。郑毓秀（1891—1959）是广东人，出身于官宦之家，年轻时因反抗包办婚姻而离家出走，后考入天津"崇实女塾"接触西式教育，不久东渡日本，经廖仲恺介绍加入同盟会。回国后她积极开展革命活动，1909年曾协助汪精卫实施刺杀载沣计划。辛亥革命后成为第一批留法勤工俭学生，先入巴黎大学主修法律，1917年获巴黎大学法学硕士学位，随即加入法国法律协会，成为该协会有史以来第一位中国人。巴黎和会期间，郑毓秀因说得一口好法语，被任命为巴黎和会中国代表团负责会议联络和翻译工作的成员，她当时还是留法学生组织的负责人。会议中，她得知代表团有签字的意向，便将该消息转给留法学生，并积极组织学生和华侨游行请愿，要求代表团拒绝签字。当时陆征祥躲进巴黎郊区的圣·克卢德医院装病，巴黎和会签字前一天，郑毓秀组织数百名华人和学生包围了陆征祥所住的医院。据说当时旅法华人一部分围在医院外，一部分由郑毓秀带领进入医院与陆征祥谈判，此时陆征祥已经接到北京密电，准备次日在和约上签字。郑毓秀进屋前，急中生智，从花园里顺手折了一段玫瑰枯枝，藏在衣袖里面，趁陆征祥不注意，顶在他的腰上，严厉告诫陆征祥："你如果签字，我手中的枪不会放过你。"当天晚上，华侨和留学生日夜守候在医院外，最终成功阻止了代表团签字。这件事当年在巴黎轰动一时，号称"玫瑰枝事件"。据说，后来郑毓秀获巴黎大学法学博士学位回国，这段枯枝曾挂在她的客厅里许多年。回国后，郑毓秀先担任北京女子师范大学校长，后在

图2-30　岳昭燏（1920年摄于法国）

上海法租界开设律师所，成为中国第一名女律师。南京国民政府时期，她曾出任国民党立法委员、建设委员会委员、教育部次长等职。

图2-31　郑毓秀（右3）在法国留学时与友人合影

就在爱国学生掀起抗议浪潮时，国内许多社会名流乃至地方实力派军阀也纷纷"亮剑"，从而进一步给远在巴黎的中国代表团施加压力。例如，当时的日本内阁就曾在会议纪要中感慨道："目前在中国最具势力的，是由全国中等以上学校学生所组织的所谓学生团体。这些学生多少有些新知识，节操、志向较为纯洁，其努力固不可忽视，今后我方亦应需给予相当的考虑。虽然他们的运动'努力'实基于本身的自动而发，但除此之外，仍有林长民、熊希龄、汪大燮等政治家的唆使，乃至英、美二国人的煽动。"虽然日本人是站在自己的立场上说话，但事实确也如此，因为在1919年巴黎和会交涉以及五四运动的背后，始终活跃着一些著名政治家的影子，其中最典型的莫过于梁启超了。

第一次世界大战结束时，梁启超虽然没有担任官方职务，属于在野名流，但他却利用自己的威望为中国参加和会做了多方面的策划。他向当时的大总统徐世昌建议，成立了以政界元老、前外交总长代理国务总理汪大燮为委员长，进步党主要领袖、前司法总长林长民为事务长的总统府外交委员会，负责和会特定期间的外交事务。他又筹措了10万元经费，挑选了刘杰、丁文江、张君劢、蒋百里、

图2-32　被认为在五四学生运动中发挥了重要作用的梁启超

徐新六等一批著名专家学者作为随员，于年底动身前往欧洲。关于此行的目的，梁启超说得很清楚："想拿私人资格将我们的冤苦向世界舆论申诉申诉，也算尽一二分国民责任。"临行前，他还建议国内报界紧密配合和会上的外交努力，希望全国舆论保持一致。1919年2月18日，梁启超一行抵达巴黎，随即便展开了他在欧洲的国民外交活动。他作为中国参加和会代表的会外顾问，先后会见了美国总统威尔逊及英、法等国的代表，请他们支持中国收回德国在山东权益的立场。此外，他还作为民间代表进行了频繁的游说活动，发挥了出席和会的中国外交代表所起不到的作用。

遗憾的是，就如同顾维钧的遭遇一样，尽管梁启超等进行了一切努力，但仍然无济于事。4月30日，在听到列强关于山东问题的决议后，梁启超当即致电汪大燮、林长民，建议警告国民和政府，拒绝在和约上签字。在接到梁启超的电报后，林长民于5月1日连夜写成《外交警报敬告国人》一文，第二天便刊登在北京《晨报》上。不仅如此，当天的《晨报》还特地刊登了国民外交协会发给巴黎和会英、法、美诸国和中国代表的电文。国民外交协会按照梁启超的建议，严词警告中国专使："和平条约中若承认此种要求，诸公切勿签字。否则丧失国权之责，全负诸公之身，而诸公当受无数之谴责矣。……诸公为国家计，并为己身计，幸勿轻视吾等屡发之警告也。"接下来，事态进一步向激化的方向发展。5月2日，北大校长蔡元培从汪大燮处得知有关巴黎和会的最新消息，立即返校告诉了学生领袖许德珩、傅斯年、罗家伦、段锡朋等人。5月3日晚七时，北京大学全体学生和十几所其他学校学生代表在法科大礼堂召开大会，决议联合各界一致力争；通电巴黎专使，坚持不签字；通电各省5月7日国耻纪念举行游街示威运动；定于4日齐集天安门举行学界之大示威，而中国近代史上划时代性的五四运动便由此爆发了。

爱国学生与社会名流们的抗议刚刚进入高潮，来自北洋政府体系内的实力派军阀也开始"呛声"。顾维钧回忆，"当时国内公众团体以及某些省份的督军省长们甚为焦急，纷纷致电代表团，坚请拒签"，要求"代表团应采取明确的爱国立场，拒绝签字，以符民意"。尤其是直系军阀吴佩孚，更是由于对爱国学生的强力支持而人气飙升。

当时，吴佩孚正率所部在湖南衡阳与南方政权作战。五四运动爆发后，身为山东人的吴佩孚公开与北京的中央政府唱反调，他不断通电指责大总统徐世昌和总理段祺瑞同意签字的决定，同时对闹事的学生表示支持和同情，并首先呼吁罢免曹汝霖、

图2-33　五四运动中以支持学生而闻名的吴佩孚

陆宗舆和章宗祥。事隔多年，当我们阅读吴大帅的这些电文时，依然会感到热血沸腾："窃维天视自我民视，天听自我民听，民心即天心也。士为四民之首，士气即民气也"；"此次外交失败，学生开会力争，全国一致，不约而同。民心民气，概可想见"；"大好河山，任人宰割，稍有人心，谁无义愤"；"彼莘莘学子，激于爱国热忱而奔走呼号，前仆后继，以草击钟，以卵投石，既非争权利热衷，又非为结党要誉；其心可悯，其志可嘉，其情更有可原。确要求立即释放学生，收回青岛，并准备对日抗战到底，请政府对日宣战，愿效前驱"；"此后如再有勾申外人，仍请签字割地者，以卖国论"……关于吴佩孚等实力派军阀对爱国学生的支持，自由派学者胡适也曾发出这样的惊呼："现在中国专使居然不签字了。将来一定有人说这是'电报政策'的功效。"

令人遗憾的是，由于那个年代特殊的中国国情，导致以顾维钧为代表的外交官们同爱国学生之间产生了难以言说的纠葛。而各种言辞激烈的舆论，又在这当中扮演了重要的角色。

在巴黎和会期间，《大公报》总编辑胡政之就亲自赶赴巴黎进行采访，并发回了大量报道。为了引起国内民众的关注，《大公报》刊登了许多新闻漫画，以幽默讽刺的形式分析当时的态势，尤其是五四运动开始后的一个月时间里，关于巴黎和会形势和中国政府态度的漫画尤为突出。例如，2月该报发表了一篇题为《国内外形势将如此》的新闻漫画。在这幅漫画中，一个人贴着"专使"的标签，嘴却被日本国旗封住了，它暗示了作为"专使"的中国外交代表将被日本所收买。1919年5月5日，《申报》刊登一篇题为《青岛问题之悲观》的报道称："巴黎讲和会议日来正多事之秋……日本之于青岛其名义上虽为驱逐在华德国势力，而其有名无实之交还，等于占领夫我国之青岛，苟不能无条件交还，则东洋之危险固有甚于欧洲者也。总之，此次大战讲和，乃为世外和平之故，苟所谓军国主义侵略野心犹自存在，则将来破坏和平之机终将自此发轫。……如顾维钧氏之在巴黎颇能自重，而此间报纸又信其有与曹汝霖联姻之谣，而故夸大其辞，以为顾氏态度已变矣。我国上下不明事理者不乏其人，且以党派关系，未能一致对外，彼即将致力于此弱点，以小试焉，此又日人旁攻之一法也。夫外交在存亡危急之际，舆论最宜一致。"不难想象，这类报道定然会对顾维钧等外交官形成巨大的压力。

一时之间，在中国国内迅速出现了国民外交的高潮。所谓国民外交，是指国民通过外交舆论、民众运动等手段，监督、支持、影响政府的外交决策和对外交涉，以实现自身的外交意愿和要求的活动。关于这种国民外交对当时中国政府的影响，旁观者可能是最清醒的。

五四运动爆发时，美国学者杜威恰好应胡适等人邀请前来访问，因而得以在现场见证。在目睹了广大学生上街游行示威，以及社会各界人士对学生的同情和支持后，他不禁感慨地说："这是一个奇怪的国家。……从某些方面说来，它们比我们有更多的民主。……当舆论像这样真正表达出来时，它却有着显著的影响。"6月1日，杜威夫妇在家信中说："我们正好看到几百名女学生从美国教会学校出发去求见大总统，要求他释放那些因在街上演讲而入狱的男学生。要说我们在中国的日子过得既兴奋又多彩的确是相当公平，我们正目击一个国家的诞生，但通常一个新国家的诞生并不是一件简单的事。……今天早上我们所见到的那群演讲的学生，听说后来全都被捕了，而他们的口袋里早已带好了牙刷和毛巾。有的传言则说事实上不只 200 人被捕，而是千余人，只北平一地就有 10 万人罢课，方才出发的那些女孩子显然是受了老师的鼓励，许多母亲都在那里看着她们走过。"6月5日，他们在写给女儿们的信中说："此刻是星期四的早晨。昨天晚上我们听说，大约有 1000 名学生在前天被捕了。北京大学已做了临时'监狱'，法学院的房子已关满了人，现在又开始关进理学院的房子。"同一天晚上，他们又给女儿们报告了一个最惊人的消息："今天傍晚，我们从电话里知道，把守北京大学周围的那些兵士，都撤走了；他们住的帐篷也都拆掉了。接着，在那里面的学生们开了一个会，决议要质问政府能不能保证他们的言论自由。如果政府不能保证言论自由，他们就不离开那里。因为他们是打算还要讲话的，免得再度被捕又关进来。这些学生不肯离开这个'监狱'倒让政府很为难。"在北洋政府被迫释放被捕学生后，他们在信中说："这是一个奇怪的国家。所谓'民国'，只是一个笑话。可是，在某些地方，又比我们更民主些。这里有完全的社会平等，但妇女除外。议会，十足的是个虚晃的滑稽剧，但自发的舆论，现在这样，却有异常的影响力。"6月20日，他们又告诉女儿："顺便说一下，我发现我上次把这里学生们的第一次示威活动比作大学生们的起哄闹事，这是有欠公允的；整件事情看来是计划得很周密的，并且比预计的还要提早结束，因为有一个政党不久也要举行游行示威，学生们怕他们的运动（在同一时间内进行）会被误认为被政党利用，他们希望作为学生团体独立行动。要使我们国家 14 岁多的孩子领导人们展开一场大清扫的政治改革运动，并使商人和各行各业的人感到羞愧而加入他们的队伍，那可是难以想象的。这真是一个了不起的国家。"7 月 4 日，在获悉中国代表拒绝在和约上签字后，杜威夫妇在家信中写道："中国不签和约，这件事所含的意义是什么，你们是不会想象得到的。不签约这件事是舆论的胜利，而且是一些青年男女学生们所掀起的舆论。"

　　1919 年 9 月，同样亲身经历了五四运动的美国驻华公使芮恩施在卸任前就曾深有感慨地说："今年中国发生了一种国民舆论的大警觉，即以这事本身而论，已是一大进步……这一次中国民意的大觉悟，总括看来，可以使我们断定中国将来的重要国事必须要先得国民的意见，必须要合乎国民的需要……一个政府若没有国民的公意与帮助做一个基础，决不能做一个强有力的政府。"后来他在回忆录中还谈道："从巴黎和会的决议的祸害中，产生了一种令人鼓舞的中国人民的民族觉醒，使他们为了共同的思想和共同的行动而紧密地结合在一起。全国各阶层的人民都受到了影响。……中国在历史上第一次奋起，并且迫使它的政府屈服。这个教训非常深刻。"而当时和芮恩施有同感的法国驻华公使波勃也说："我们正面临着一种前所未有的、最令人惊异的事情，那就是中国为了积极行动组织了一种全国性的舆论。"相比之下，日本人当时对于这场学生爱国运动却忧心忡忡，参加巴黎和会的日本代表牧野伸显就表示："世人不察，以为在巴黎之中国委员，为血气所驱使，为功名所激发，致有此等行动。而余观察则不如是。余深信此种感情早已浸润于中国一般国民，酝酿已数年之久，有触即发，巴黎和会不过其表现之机会耳……此次中国委员既非激于意气，出于偏爱，而为代表国民全体之活动，则留意中日根本关系而欲图永久亲善者，又乌可漠然视之乎？我国或因中国问题而陷入意外之难境，未可知也。"

　　不过同时我们也应该看到，由于诸多因素的影响，国民外交自身也必然存在弱点和缺陷。实际上在五四运动期间，一些舆论就客观地指出，国民"盲从而好动，于事之真伪，不肯细为研究，只需稍稍传布流言，肆其挑拨"。在缺乏信息资源的情况下，一些媒体对外交事件未经核实的报道，往往会导致国民的行为贻误外交。就在巴黎和会尚未结束时，北京许多学生听信一些坊间谣言，居然认定陆征祥和顾维钧都属于北洋政府派入和会专使团内的"卖国贼"。更有流言说，刚刚丧偶不久的顾维钧即将与曹汝霖的三女儿订婚。例如，在1919年4月，国内多家报纸曾多次刊登出有关这则绯闻的报道。《大陆报》称："昨日上海得骇人听闻之政治消息，盖证实上星期北京所传出日本束缚巴黎和会中国代表，业已得手之说，而尤足惊人者，此举之成功非全出日本压力，乃出于中国袒日派之运动，闻巴黎已有电报传来记述此事，闻曹汝霖党堵塞中国代表之口已达目的，一说中国代表顾维钧已附曹党而受曹指挥，此说颇确但尚未绝对证实，盖顾近赋悼亡后尝与曹女订婚之故，而王正廷之辞职即为反对代表之更变态度也"；《字林西报》称："近今北京传出消息谓巴黎和会中国代表已被迫放弃对抗日本代表之态度，现专以拥护北京曹汝霖所主持之袒日派利益云云，本埠华人昨已得有证实消息，并闻前以干能博众钦佩之顾维钧博士，近由驻巴黎北京代表为冰人，已与曹汝霖之女订婚一切事宜似出于此故也。"这种凭空捏造的桃色新闻，显然是别有用心的政治势力在推波助澜。尽管当时政府方面第一时间出来澄清，"声明顾维钧聘定曹汝霖女鸿继室一说并不确实，再顾氏对于日本问题之态度未有改变"，而最终的事态发展也证明了顾维钧的清白。但种种迹象已经表明，即便顾维钧在和会期间一心为国，并在外交舞台上以精彩的演讲打击了日本代表，有时却仍然要蒙受不白之冤，成为一些爱国学生责骂的"卖国贼"。结果，即使在巴黎和会之后的一段时期内，以顾维钧等为代表的外交官仍时不时面临尴尬的境地。

1920年春，在巴黎和会上结束了使命

图2-34　在五四运动的冲击下，即便是力争国权的顾维钧也难免受到牵连。

的王正廷、陆征祥等人自欧洲返国。由于中国代表团断然拒绝签字，因此他们所到之处受到了当地群众的热烈欢迎。特别是力主拒签的王正廷，更是得到了国内知识界人士的称赞。著名言论家叶楚伧甚至在《欢迎王正廷博士》一文中写道："我国欧洲议和专使王正廷博士，昨天于万众欢迎声中，到了上海，从王正廷博士列席欧会后，国内的人民，每天向往着，祝他的健康，并祝中国依据公理所提出各条的胜利。"然而仅过了两年，由于在同日本交涉山东问题时的策略不合国内激进民众的心意，曾经被视为民族英雄和国家救星的王正廷，立刻成了社会舆论中的"民族的罪人""卖国贼"。在举国唾骂声中，只有"老好人"胡适挺身而出为王正廷打抱不平，"我们当这个时期，不能不对山东人士贡献一次忠告：山东人监督王正廷，是应该的，山东人在这个时候仇视王正廷，是应该慎重的，到这个时候，鲁案督办公署已渐渐地成了一个专门的技术机关了。接受之期已近，即使山东人此时能把王正廷攻倒，试问赶走王正廷之后的第二步又该是什么？"结果可想而知，以胡适当时巨大的威望，居然也因此遭到嘲讽："未吃得羊肉，

图2-35　与顾维钧境遇颇为类似的外交家王正廷

反惹一身膻气，王正廷是什么一种人，胡适还要为他说话，恐怕人家未必因此而相信王正廷，却更因此而怀疑胡适了。"

与王正廷相比，顾维钧的处境有时也好不到哪里去。1922年5月初，由于在华盛顿会议上顾维钧成功地从日本人手中索回了山东的绝大多数权益，当他返回国内时，所到之处，无不受到民众的热烈欢迎，并且一度成为众多青年学生学习崇拜的偶像。6月6日，北大校长蔡元培为顾维钧到北大讲演刊登启事，称赞后者为"青年外交大家，实我国大学生之模范人物也"。然而仅过了一年，由于顾维钧接受了贿选总统曹锟的邀请出任外交总长，民众对他的看法立刻来了个一百八十度大转弯。与北京政权对立的南方革命阵营纷纷指责顾维钧与曹锟等同流合污，劝其弃职南下，与北

京政府脱离关系，《民国日报》也指责他"还是不成器的青年"。有趣的是，就连顾维钧那没有受过多少教育的母亲也打电报称："儿不来，此生勿复相见。"

三、新时代，新希望

民国时期同顾维钧共过事的外交官温源宁[①]曾这样感慨道："无论什么时候想起顾维钧博士，人们都会情不自禁地联想到光芒四射的星星。"对于当年的中国外交界而言，这话可一点儿也不夸张。巴黎和会上的惊艳亮相，虽无法从根本上改变中国外交惨败的局面，但年纪轻轻的顾维钧一举成名，奇迹般跻身于具有世界影响的著名外交家之列。

细心的人不难发现，其实在顾维钧所处的时代，与他经历类似的中国外交家并不在少数，但他无疑是最闪耀的那颗星。

早在民国时期，外交史专家洪钧培还曾有这样一番评论："今日之世界，一外交的战争之世界也。一国有特出之外交人才，其国之外交往往博得胜利。否则其国外交，无有不失败者。我国闭关数千年，对外素少往来，外交学识素不注重。是以对外通商之后，对于他国不发生交涉则已，一旦发生交涉，无不败于外交官之手。故考我国外交失败之原因，一言以蔽之曰，缺乏外交人才而已。"

就拿顾维钧赖以成名的巴黎和会来说，还在会议召开期间，就有不少人对中国外交界的种种弊病屡屡予以指责，即便顾维钧也未能幸免。当年，为了对和会进行追踪报道，天津《大公报》特地派著名记者胡政之赶赴巴黎采访。然而没过多久，眼光锐利的胡政之就发现了当时中国外交所存在种种弊端，其中一些内幕简直令人哭笑不得。在一篇发回国内的报道中，胡政之以讽刺性的笔墨揭露说，驻法公使胡维德在任五年，除了每年国庆日使馆开一茶会招待本国留学生，绝不宴请其他国家外交界人士，人家也因此很少和他交往，法国新闻界甚至根本没有

[①] 温源宁（1899—1984），广东陆丰人，英国剑桥大学法学硕士。1925 年起在北京大学、清华大学任教。1936 年任立法院立法委员，1937 年任国民党中央宣传部国际处驻香港办事处主任，1946 年被选为制宪国民大会代表，1946 年起任国民政府驻希腊大使，1968 年以后定居台湾。

听说过他的名字。结果由于地位低下，堂堂的胡公使每当去法国外交部办事，竟落魄地只能与一般科员接洽，不要说人家的总长、次长，就是司长、科长都不容易接触。而胡公使之所以甘愿这样低声下气，原因很简单：当时中国的驻外使节都实行经费包干制，外交活动越少自然就越省钱。据内部人士透露，胡公使本人每年都能节省下10万法郎的经费。

图2-36　顾维钧（1920年5月摄于法国）　　图2-37　曾任驻法公使的胡维德

　　或许是了解的黑幕太多的缘故，对于当时国人寄予厚望的5位全权代表，胡政之也持悲观态度："所派五专使固极一时外交人才之选，然陆征祥谦谨和平而绌于才断；王正廷悃愊无华而远于事实；顾维钧才调颇优而气骄量狭；施肇基资格虽老而性情乖乱；魏宸组口才虽有而欠缺条理。"从某种程度上讲，胡政之的批评确有几分道理。因为他看到，首席专使陆征祥才具太短，加上人才缺乏，随员中都是九等以下人才，到了法国，从驻欧洲各使馆中调用多人帮忙，亦无特出之士。驻意大利公使王广圻才华卓然，是驻外公使中有数的人物，也是陆征祥以往所信任的，本可让王广圻担任秘书长。可惜陆征祥为了敷衍胡维德，起用了一个办事极为紊乱的驻法使馆秘书，用人不当导致笑话百出。

胡政之的一时之愤或许不无道理，但时人也欣喜地看到，巴黎和会上那些不愉快的内部纷争毕竟不是主旋律。因为自从巴黎和会之后，在那一代外交官的努力下，中国的国际地位的确开始上升。

应该承认，就所继承的外交遗产而言，北洋政府的确没有值得欣慰和自豪之处。前清政府所留给后世的外交成果，几乎只是一大堆屈辱的不平等条约文书，还有来自外人根深蒂固的歧视，以及国民对政府日甚一日的咒骂和质疑。因此，从起跑的那一刻，北洋政府就接过了一根烫手的接力棒，而踏上的则是一条荆棘丛生的跑道。

进入 20 世纪以后，中国人开始意识到，在内政难修的前提下，要想谋取民族利益，如果遵循西方列强的游戏原则（即国际公法），或许可以得到其认可和尊重。的确，在革命思想还没有广泛动员起民众的时期，这未尝不是一种有效的方式。事实证明，中国人开始懂得国际公法并开始尝试使用它时，着实令西方人大吃一惊，以至于"当国际法最初被介绍到中国来的时候，法国代办就气急败坏地说：'谁使中国人了解到我们欧洲国际法？杀死他，绞死他，他将给我们制造无穷麻烦。'"西方人常常使用的武器，中国人被迫借来以抗争西方人。1920 年前夕，中国外交领域的新气象集中体现在新一代外交官身上。作为近代中国外交史上最具特色的现象，这一大批职业外交官的涌现已为当代学者所关注。

可喜的是，随着教训的增加、经验的积累，中国外交界逐渐出现了一些勇于赶超时代的有识之士。早在清朝末年，洋务大僚们已着意培养精通外文、熟谙外情的人才以服务于国家外交。而新式教育的推广及留学热潮的高涨，又使这支队伍到 20 世纪初期更为壮大，这就使得北洋政府在进行外交时，手中握有强于前清时期的底牌。北洋政府时期涌现出了一大批职业外交家，这种现象既不是偶然的，也不是个别的。而以顾维钧等为代表者，不仅在整个国家被动的情况下，做出了一次次力挽狂澜的精彩"扑救"，还成为整个民国时期的外交主角。

据 1936 年出版的《中国外交年鉴》中《现任重要外交官及领事官略历》统计，在 86 位外交官及领事官中，有 36 人为归国留美生，约占 42%。特别是在北洋时期，一大批外交精英先后凭借良好的声誉进入政府最高权力中心。与此同时，虽然北京政权实际操控在各系军阀手中，但这些主政者却也有自知之明，不敢轻易对外交事务指手画脚，于是便将外交大权放手交给职业外交官办理。如此一来，这些职业外交官反倒成了北京政坛上的常青树。特别是像顾维钧这样的外交才俊，无论哪个派系掌权，通常都会邀请他参加政府工作。因此在巴黎和会及华盛顿会议以后，王正廷、顾维钧、王宠惠等人先后回国参政，并在北京政府中多次担任要职，甚至一度成为左右中国政局的一支重要力量——外交系。

我们也应该看到，以顾维钧为代表的这批外交精英，几乎都是坚定不移的爱国者，这一点是绝对不容置疑的。正如专门研究顾维钧的学者所说："即使他的政敌也不能否认他是一个忠诚的爱国者，终生致力于在民族之林谋求中国的权力和地位，即'将中国置于地图上'"，而"像诸如'毫无任何政治倾向地为中国奋斗工作'以及'废除不平等条约不受任何党派的限制'之类的口号成为他的格言"。他们所具备的外交素质以及他们不懈的努力，甚至在国际上都得到了很高的评价。

可以毫不夸张地说，民国，尤其是北洋时期的外交舞台上，可谓群星璀璨，包括施肇基、颜惠庆、伍廷芳、王宠惠以及后来的顾维钧、王正廷、陈友仁、伍朝枢等人，都堪称顶尖人才。也正是在这批职业外交家的推动下，当时的中国才能在国力虚弱的情况下维持起码的国际尊严。关于这一点，单单是巴黎和会及华盛顿会议上诸位全权代表的职业履历就是很好的说明。巴黎和会上的 5 位全权代表，除陆征祥与顾维钧之外，另 3 位是施肇基、王正廷、魏宸组。华盛顿会议的3 位全权代表则包括施肇基、顾维钧与王宠惠。

施肇基 (1877—1958)，江苏吴江人。早年就读上海圣约翰书院，算是顾维钧的正牌学长了。1893 年任驻美使馆翻译生，后入康奈尔大学学习，获文学硕士、哲学博士学位。1912 年任中华民国唐绍仪内阁交通总长、财政总长。1914 年至1921 年任驻英全权公使，其间作为全权代表出席巴黎和会。1921 年至 1929 年任驻美全权公使，其间出席华盛顿会议。1923 年一度回国任张绍曾内阁外长。1930 年出席国际联盟会议，任中国全权代表兼国联理事会全权代表。1933 年再任驻美公使，1937 年辞职回国。巴黎和会时，尽管资格仅次于陆征祥，但施肇基的位次却排在顾维钧之后，因此他的态度曾一度消极。不过在代表团内部就是否签字问题分裂时，他却与顾维钧一道力主拒签和约。华盛顿会议召开时，施肇基被任命为首席代表，顾维钧、王宠惠则为全权代表。由于在此次会议上收回了部分山东权益，施肇基等人在国内广获赞誉。1931年九一八事变爆发后，中国国联全权代表兼国联理事会中国全权代表的施肇基在国联与日本代表展开了外交斗争。关于其中的细节，虽然许多国人并不关心，但却体现了这位老牌外交家的爱国之情。著名的《时代》周刊当时曾这样报道："中国代表团在上周于日内瓦举行的国联理事会上完全无所作为。事实无可争辩，是日本在为所欲为，军队和飞机攻占满洲(中国领土)，这些军队造成中国人流血。流血无疑就是战争。上周在日内瓦，中国代表团团长施肇基再次要求国联干涉。中国全权代表施肇基与日本代表团团长吉泽几乎要掐对方的脖子。为拉开他们，国联秘书长德拉蒙德把发怒的东方人暂时安排到分开的房间。第三个房间里坐的是美国的'观察员'、美国驻瑞士大使威尔逊，国联理事会的欧洲代表坐在第四个房间。"由此不难看出，在民族危难之际，这些职业外交家表现出了多么令人动容的血性啊！

图2-38　施肇基

图2-39　参加华盛顿会议的施肇基（左2）与各国代表合影

图2-40　华盛顿会议开会情形

　　巴黎和会上几乎与顾维钧齐名的另一位青年外交家王正廷，当时虽然是南方孙中山政府的代表，但后来却一直活跃在北洋政坛上。王正廷（1882—1961）比顾维钧大6岁，浙江奉化人，也是美国名牌大学留学生。他1910年毕业于耶鲁大学法律系，与王宠惠、王景春合称"耶鲁三王"。1912 年任唐绍仪内阁工商部次长兼代总长，1917 年赴广州参加护法运动，署理军政府外交总长。1919 年为中国出席巴黎和会全权代表之一，由于同顾维钧一道坚持拒签对德和约，获得国内舆论好评，而这次经历也成为他一生当中最得意的一桩事。在 1922 年收回山东权益的外交交涉中，王正廷作为鲁案善后督办主持了整个谈判。当时的总统黎元洪为表彰王正廷交涉收回山东权益的贡献，曾颁令授予其一级大绶宝光勋章一枚。值得一提的是，由于个性、政见等方面的冲突，王正廷与顾维钧却长期不睦。顾维钧当年的一名下属曾回忆这样一件事："1936 年夏，世界运动会在柏林举行，中国也参加了，那时带队的是王正廷。我借此机会去游览了柏林。当我离开巴黎时顾维钧和我说：'会着了儒堂（王正廷的号）先生时，请

图2-41　尽管同为民国时期的杰出外交家，但王正廷与顾维钧却长期不睦。

转达我的意思，请他到巴黎来住几天。'我向王正廷表达了顾维钧的意思。王正廷一笑说：'那怎么可能？我带着队，没有工夫去，请替我谢谢顾大使的好意。'事后据顾维钧左右说，他们两人是政敌，王正廷纵有工夫，也是不会来的。"当时曾有人公开评价说："顾氏英文之佳，西人有口皆碑，据说他的英语流利而有文学意味，较为典雅，王正廷英语亦好，但与顾氏不同，是一种普通西人常用说话。"或许二人的才能各有千秋，但遗憾的是相互间的嫌隙却似乎持续了一辈子。甚至曾有人爆料说，当年在巴黎和会期间关于顾维钧与曹汝霖之女订婚的谣言，其背后推手就是王正廷，至于其真假与否，后人或许永远不得而知了。

　　如果说顾维钧在北洋外交中扮演了主角的话，那么王正廷则堪称南京国民政府初期的外交主角。由于是蒋介石的同乡，北洋时期始终居顾维钧之下的王正廷在南京政府成立后备受重用，主持了 1928 年开始的"改订新约"运动。

　　相比之下，身为巴黎和会上五代表之一的魏宸组（1885—1942）则要低调些。这位清政府选派的比利时留学生很早就追随孙中山加入了同盟会，1912 年任驻荷兰

公使，1919年任驻比利时公使。巴黎和会后，他的经历与陆征祥类似，先是在1928年脱离官场，后又一度定居比利时。不过在抗战爆发后，他又响应南京政府的号召短暂出任驻波兰公使。

图2-42　有趣的是，尽管顾、王二人长期不睦，但却都是欧美同学会的主要发起人。合影中1为王正廷，2为顾维钧。

华盛顿会议时与顾维钧同为全权代表的王宠惠（1881—1958）也是一位杰出

图2-43　巴黎和会五位全权代表之一的魏宸组

的职业外交家。而与顾维钧类似的是，作为著名法学家和外交家，王宠惠在民国政坛上一直官居高位，曾出任外交部长、代总理、国务总理等职。巴黎和会召开时，他虽然没能入选代表团，但却在国内同汪大燮、熊希龄、林长民、张国淦等人一道担任外交委员会委员，为政府提供有关巴黎和会的政策、方针、措施等咨询和建议。华盛顿会议上，他作为全权代表之一发挥了重要作用。1922年9月，在吴佩孚等人的支持下，王宠惠还曾组建了著名的"好人政府"内阁。1923年，被国际联盟选为海牙常设国际法庭正法官，1931年再次出任此职，在国联这个外交舞台上展开对日较量。例如，在1933年日本扶植伪满洲国政权之后，王宠惠奉命出席"国联"大会。会上，骄狂的日本代表以轻蔑的口吻挑衅王宠惠："你是代表南京国民政府呢，还是代表东北满洲国政府？"王宠惠立即站起来，义正词严地大声回答："我代表贵国承认的那个中国政府。"一时各国代表掌声雷动，日本代表自讨没趣，悻悻而退。1937年3月，王宠惠曾任国民政府外交部长，并一度兼代主持行政院，后来还曾随蒋介石出席开罗会议，以及代表中国出席《联合国宪章》制宪会议。

图2-44　顾维钧（左）、施肇基（中）、王宠惠（右）在华盛顿会议时的合影。

作为民国外交舞台上声名赫赫的人物，王宠惠堪称忠贞的爱国主义者。据说当年曾有人戏言，如果他保留在香港出生的证明，那他就可以持有英国护照了。而王宠惠却正言厉色地回应道："我早年追随国父革命，主要在推翻清朝，打倒帝国主义。我最痛恨的是依附外国势力，我的出生证在早年离开香港时，即自行销毁了。"在国际外交舞台上，此公也留下了不少佳话。有一次在伦敦参加外交界的宴会时，席间有位英国贵妇人问王宠惠："听说贵国的男女都是凭媒妁之言，双方没经过恋爱就结成夫妻，那多不对劲啊！像我们，都是经过长期的恋爱，彼此有深刻的了解后才结婚，这样多么美满！"只见王宠惠从容不迫地笑着回答："这好比两壶水，我们的一壶是冷水，放在炉子上逐渐热起来，到后来沸腾了，所以中国夫妻间的感情，起初很冷淡，而后慢慢就好起来，因此很少有离婚事件。而你们就像一壶沸腾的水，结婚后就逐渐冷却下来。听说英国的离婚案件比较多，莫非就是这个原因吗？"

综观上述这些外交精英的经历，在那个国家虚弱的年代，他们均能尽量施展自己的外交才能，从而在外交领域取得难能可贵的成就。遗憾的是，长期以来，后人对于他们的评价却有欠公正，往往以"弱国无外交"的简单结论概括。而在大多数教科书中，这些外交精英甚至被贬称为妥协投降主义的代表人物，甚至被斥骂为"投降派""卖国贼"等。

第三章
风雨飘摇中的一束光：一枝独秀的外交事业

"你们什么时候学过外交？顾先生在巴黎和会上发言的时候，你们在干什么？我不懂外交，把这摊工作委托给顾先生，就完全听顾先生的。这件事完全由顾总长决定！"

——曹锟

"少川，因为你在国内、国外受过教育，并且已经建立了你现在的声望，无论哪个派系当权，都会邀请你参加政府工作。但对我们来说，情况就不同了。如果曹三爷（曹锟）下台，我们就要失业。"

——吴毓麟

"不，如你不介意的话，我愿告诉你，在你担任财政总长的任期内，我们都完全乐于提供贷款。我们的这次帮助并不完全因为你是财政总长，而是看在你顾维钧博士本人的面上。我们知道，顾维钧博士是不会令我们失望的。"

——中美商业银行美方董事卫家立

"我一向对中国的外交政策和外交关系感兴趣，我的夙愿是实现修订中国的不平等条约，而无意于卷入政治活动和政治竞争。"

——顾维钧

著名美籍华人历史学家唐德刚认为，顾维钧只能算是近代以来最杰出的"半个"外交家。正是这特殊的"半个"外交家，在民国政坛上几乎始终屹立不倒，时间长达半个世纪。北洋军阀时代，他多次出任外交总长、内阁总理等显赫的职位。南京国民政府时期，他依然能得到国民党政权的重用，常年活跃在外交舞台上。无论政局如何动荡，他总是怀着单纯的民族意识为国家谋求权益。在国力衰微的大背景下，尽管其个人努力有时显得有些苍白，但放眼近代中国外交史，仅就所付出的心血和获得的成果而言，顾维钧绝对是难以超越的。

一、秀才与武夫的"蜜月"

1922年顾维钧返回国内述职时，按他本人的设想，希望接下来继续从事自己的老本行，回到伦敦担任驻英公使兼驻国联代表，却不料竟阴差阳错地进入了北洋政府的权力中枢，在北京一待就是七年的光景，成为北洋政坛上著名的"不倒翁"。而地处铁狮子胡同11号的那座豪宅，则成为他这段传奇政治生涯的见证者。

简要回顾一下顾维钧在这一时期的政治履历，我们不禁会感叹其个人的际遇实在令许多同行"羡慕嫉妒恨"呀！

从1922年至1928年间，除了1924年10月至1926年4月期间靠边站外，顾维钧先后在七届内阁中出任外交总长，两度出任财政总长，并两次代理内阁总理，一次实任内阁总理和北京政府三人摄政之一，堪称北洋时期最风光的政坛"不倒翁"。

图3-1　顾维钧组阁时与内阁成员们合影

众所周知，北洋军阀统治时期，军人干政成为北京政治生活中的常态。内阁作为北京政府的最高行政机构，不仅掌握着中央财力的分配权和地方督军、巡阅使的任命权，且作为正统的合法性来源，成为军阀竞相角逐的竞技场。在此情形下，如果没有实力的保障，任何政客都随时会面临"下课"的危险。据统计，1916年至1928年，北洋政府的内阁变更了37次，改组24次，有26人担任过总理，此外还有4个摄政内阁在短时间内行使了执政权，任期最长的十七个月，最短的仅两天，内阁成员更是如走马灯般变动，当时政坛动荡混乱的局面可见一斑。正因如此，当时的舆论界就讽刺历届内阁为"妾妇内阁"。

那么，一介书生的顾维钧，作为纯粹的"技术官僚"，他是如何创造个人政坛奇迹的呢？

有一点自然很重要：在那个国力虚弱的年代，外交事务始终是北洋政府的头等大事，而顾维钧恰恰又是享有国际威望的外交家。巧合的是，自从华盛顿会议结束之后，顾维钧、颜惠庆、王宠惠、施肇基、王正廷等有英美留学背景的外交家纷纷投身政坛，开始在国内谋求实现自己的政治理想。他们一改此前外交家只在国外任职的局面，力求通过直接参与国内中央政府的政治决策来实现其外交理想，并进而通过外交来谋求国家的发展和进步，因此被国内舆论归为"外交系"。而在"外交系"诸人中，顾维钧无疑又是最成功的。由于他的外交才干、学者风度和超党派影响力，加上其一向以对外大局为重，稳健自重、周旋有方，具有政治家的独特风范，故能长立政坛。顾维钧历经袁世凯、黎元洪、冯国璋、段祺瑞、曹锟、徐世昌、张作霖各期北京政府，以及各届内阁，总能身居要职，在各派斗争中始终吃得开、玩得转，可谓不折不扣的官场"不倒翁"。不过多年以后，当有人向他请教为何能在风雨飘摇的北洋政坛角逐中左右逢源且官运亨通时，他却淡定地回答说："问题很简单，我从不介入派系之争。我的活动纯粹以国家民族利益为依归。凡是有益国家的事，我必尽绵薄之力。反之，有害的事，我宁愿挂冠而去。"

图3-2 北洋政府时期，内阁往往沦为军阀角逐的竞技场。

从顾维钧晚年的回忆来看，无论是同北洋时期哪一届"领导人"之间，他都基本能保持较为融洽的关系。那些在我们想象中祸国殃民的粗鄙武夫，却对外交家顾维钧礼敬有加。因此即便在后世历史评价再低的军阀，他都能在其身上发现闪光与可爱之处。做人如此，难怪顾维钧能创造政坛"传奇"呢。

1922 年 5 月初，顾维钧在华盛顿会议之后衣锦荣归。当时，包括他在内的几位华盛顿会议外交代表威望可谓如日中天，国内各界一致希望他们早日回国加入

图3-3　民国大总统徐世昌　　　　　　　图3-4　曹锟

图3-5　段祺瑞　　　　　　　　　图3-6　黎元洪

内阁。而直系军阀领袖之一的吴佩孚就公开主张，应该由参加过华盛顿会议的代表们组成内阁。在这样一种氛围中，顾维钧、王宠惠等人一经回国，便立刻成为炙手可热的政坛新势力。据顾维钧回忆，在他回国后抵达北京当天，几乎所有政坛大员都前往正阳门火车站迎接。6月2日，根据大总统徐世昌事先的安排，政府专门为他在中南海居仁堂举行了盛大的欢迎午宴，参加宴会的宾客约 40 人，其中有内阁各部总长、副总统以及军警首脑，如卫戍司令、警察总监、宪兵司令等都有出席。

8 月 5 日，在吴佩孚的强力支持下，王宠惠被任命为代理内阁总理（8 月 5 日至 9 月 19 日），一个多月后又再度组织新一届内阁（9 月 19 日至 11 月 29 日），而顾维钧在这两届内阁中均被任命为外交总长。特别是王宠惠正式任总理的那届内阁，尽管仅仅维持了一个多月的时间，但由于多数内阁成员都是当时各领域享有盛誉的专家学者，因此被后世称为"好人内阁"。本届内阁的组成如下：国务总理王宠惠、内务总长孙丹林、财政总长罗文干、外交总长顾维钧、陆军总长张绍曾、海军总长李鼎新、司法总长徐谦、教育总长汤尔和、交通总长高恩洪、司法总长高凌蔚，其中顾维钧、王宠惠、罗文干等人都参加了华盛顿会议。虽然这届内阁持续时间很短，但却得到了学界的鼎力支持，著名的知识界领袖胡适、蔡元培等人更是对他们赞誉有加。

值得一提的是，或许正是因为这次愉快的合作，吴佩孚给顾维钧留下了良好的印象。实际上，早在巴黎和会时，刚刚崛起的吴佩孚就以地方军阀的身份登高一呼，强烈呼吁中国代表团就青岛问题说"不"，从而给顾维钧等人以巨大的支持。顾维钧回国参政之初，控制北京政权的直系首领名义上虽是曹锟，但吴佩孚却同样是最具发言权的人之一。正是在他的坚持下，顾维钧等外交精英得以进入权力中枢。因此，尽管直系在北京的统治地位后来被奉系取代，但在顾维钧出任内阁总长或总理的 1926 年至 1927 年间，他与在前线对抗北伐军的吴佩孚之间的关系依然密切。对于吴大帅的各种要求，顾维钧总是尽力满足。而当顾维钧遇到麻烦时，吴大帅也鼎力支持。多年的交往中，二人之间留下了许多往来函电，我们不妨"晒"几封：

其一：吴佩孚致顾维钧密电（1926 年 9 月 18 日）

财政部顾总长勋鉴：通密。现各军云集，需饷甚急，望设法速为筹拨。至盼。

其二：吴佩孚致顾维钧函（1926 年 9 月 19 日）

少川仁弟惠鉴：吴秘书来，奉诵手书，询悉兴居安佳为慰。饷需承先筹十万元，至感垂注。惟军事正急，财用实为命脉。当此调集援军数逾十万，非得大宗款项，深恐运用不灵，关乎全局安危，自宜急其所急。敬希无论如何先筹三百万汇下应用，以鼓士气而策万全，不尽祷盼。

其三：吴佩孚致顾维钧密电（1926 年 10 月 5 日）

北京顾总理勋鉴：通密。江电奉悉。各部总长去、进、退，请即照尊意妥为办理，此间无成见也。

其四：顾维钧致吴佩孚密电（1927 年 1 月 7 日）

吴玉帅（吴佩孚，字子玉）勋鉴：通密。前奉尊电敬悉。我公维护中枢之盛意，不胜感佩。顷雨帅（即张作霖，字雨亭）来都，接谈数次，仍殷殷以维持相责，经钧将困难情形详细披陈。雨帅谓：前因军事与玉帅约同合作，政事本推玉帅主持，今玉帅电属就近主持，我自仍本玉帅之意旨及合作之精神，公同策划。中枢为国本所系，于军事方面亦大有关联，自当尽力辅助政府力量，拟用通电发表此意。阁员现不在京者甚多，自应补充改组，总须整齐完全在职，庶政令可以进行，观瞻亦可维系。至于财政问题，若附加税实行，则中央政费自可无虑。等语。钧以雨帅意肫语挚，枢务又不容中断，在未得替人以前，只得勉力维持。然责重事繁，终虑陨越，仍望我公赐以指授，俾得有所遵循，不胜企幸之至。

可以说，自回国以后，在北洋集团诸位领袖级军阀中，吴佩孚可能是顾维钧最早有较深接触的。毫无疑问，作为一名典型的军阀，吴佩孚同样有顾维钧不适应的军阀通病——性情专横的独裁者。不过总体上看，顾维钧对这位大帅的印象颇佳："我对吴将军的印象是：他不仅是个干练的军人，还是个严肃的纪律执行者。他对部下要求很严格，用过去的标准衡量，他可以说是个第一流的军人。他执法严明，办事公正。我另外一个印象是：他操守廉洁，想把中国的事情办好。"令顾维钧感动的是，作为一名手握重兵的显赫人物，吴大帅虽然对自己手下的将领们居高临下，但对他这位文官却极其尊重。多年以后他回忆说："我记得他在北京建立司令部后出发去前线之前，有一次邀请我去讨论日本方面的最新发展和中、日两国的外交关系。我去拜访他时，他正笔写忙碌，因为他喜欢亲自书写命令。吴将军和我交谈中，北京的3位军界首脑来求见他，一位是京师卫戍司令王怀庆将军，一位是步兵师师长，另一位是执法处长车将军。吴将军看到他们后，让他们站在一边等了很久，他继续和我谈话。我想告辞，他说：'让他们等一会儿。'这3个人等了好几分钟。我对他说，这3位等候着的将军一定有重要军情要向他报告，我是个文人，最好马上离开。吴将军说：'不必。'于是他没有请3位将军坐下就向他们发布命令。"

图3-7　直系军阀领袖吴佩孚　　　图3-8　晚年的吴佩孚

　　万万没有想到的是，在第二次直奉战争中，由于冯玉祥的临阵倒戈，吴佩孚统领的直系集团迅速土崩瓦解。而就在此前，他还被举世公认为最有希望实现中国统一的政治强人呢。后来虽然在张作霖控制北洋政权时曾短暂复出，承担起了对抗北伐军队的重任，但此时的吴佩孚已丧失了从前的影响力。随着北洋集团覆亡、张学良东北易帜，自知东山再起无望的吴佩孚于1932年初应张学良之邀来北平居住。有趣的是，虽然张学良为他提供了住房、仆人和生活费用，但吴佩孚仍然毫不客气地在火车站劈头盖脸将这位晚辈奚落一番，斥责其九一八事变时对日本人采取的不抵抗政策。6月初，吴佩孚在其北平寓所接见了老朋友顾维钧。当时顾维钧正随李顿调查团辗转各地，途经北平时，他特地与李顿一道前来拜访昔日的吴大帅。出于对日本侵略行径的义愤，尽管已经在政坛上没有了发言权，但秀才出身的吴佩孚仍当场草拟了一篇《致国联调查团书》交与李顿，呼吁国际联盟按《九国公约》之规定制裁日本，确保中国领土之完整与主权独立。

当然，由于工作的关系，顾维钧打交道最多也最了解的北洋军阀当属直系领袖曹锟了。

曹锟（1862—1938），字仲珊，直隶天津人，北洋时期直系军阀首领、中华民国第五任大总统，绰号"曹三傻子"。据说少时由于家中贫穷，曹锟曾干过卖布的营生，因性情豪爽，做生意不甚算计而得此诨名。正所谓傻人有傻福，自从20岁起投身行伍后，本没什么文化也缺乏心计的曹锟竟一路高升，

图3-9　以贿选闻名的直系军阀首领曹锟，顾维钧却能与其保持良好的个人关系。

靠着种种机缘得到袁世凯的器重，1907年被任命为北洋军第三镇统制官。进入民国后，曹锟任陆军第三师师长，袁世凯死后又成为直系军阀首领。1922年4月第一次直奉战争后，直系军阀控制了中央政权。为了抵制南方成立的护法政府，在曹锟的支持下，1917年灰溜溜下台的"黎（泥）菩萨"二度复职。不过在大约过了一年的光景后，曹锟突然犯了总统瘾，跃跃欲试想当一回有头有脸的领导人。于是他便不耐烦地将"黎（泥）菩萨"赶下台，继而策划了一场喧嚣一时的"贿选丑闻"。

1923年6月，在直系军阀的逼迫下，屁股还没坐热的"黎（泥）菩萨"乖乖下台，接下来就该曹锟演出了。与北洋集团内许多起起武夫不同的是，曹锟虽然是个粗人，但兵权在握的他却不愿硬靠枪杆子的威力来攫取总统，而是准备完全在民国约法的范围内实现这一梦想。为了在接下来的议会选举中获得足够的票数，他这次可着实犯了回傻劲儿——拿钱买选票。经过竞选班子的评估，曹锟最终决定在选举时给出席的每名议员5000元贿赂，为此他总共花费了1300余万元的巨款。据当时的媒体披露，共有480名议员收受了曹锟的贿赂。在这场闹剧般的

总统选举过程中，还发生了许多趣闻。10 月 5 日选举当天，兴致勃勃的曹锟亲自到国会督选。据称他公然对议员们说："谁又有名又有钱，谁就可以当总统。"不料某议员立刻戏言道："大帅，梅兰芳既有名又有钱，我看可以当总统。"顿时惹得满堂大笑，而曹锟竟毫不生气。曹锟虽然如愿坐上了中华民国大总统的宝座，但却被国人讽为"贿选总统"，而那些收受贿赂的议员则被蔑称为"猪仔"。

10 月 10 日中华民国的国庆日这天，曹锟正式就任中华民国第五任大总统。虽然包括国民党及段祺瑞、张作霖等在内的政治势力都通电反对，但曹锟却依旧乐呵呵地搬进了中南海，一门心思扮演起了大总统的角色。可惜曹大总统做梦也想不到，他在新的岗位仅仅待了一年，一场突如其来的政变就迅速改变了自己的人生。在 1924 年 10 月的第二次直奉战争中，趁着北京兵力空虚，直系将领冯玉祥突然发动政变囚禁了曹锟，也使得整个直系军阀遭到重创。此后经过各方势力的激烈角逐，段祺瑞控制了北京政权，他自任临时执政，大总统一职便从此空悬下来，而曹锟也由此成为民国历史上最后一位有名有分的大总统。1926 年 4 月，曹锟获释，随即宣布辞职，1927 年 2 月他又逃往天津英租界做寓公去了。值得一提的是，曹锟一辈子虽然做了不少傻事儿，但在晚年时却英明了一回。原来日军侵华后，曾多次对曹锟进行威逼利诱，企图拉他出任伪组织的首脑，但是由于其本人的民族气节，加上夫人的鼎力支持，曹锟始终不为所动，并宣称："就是每天喝粥，也不能出去为日本人办事。"1938 年 5 月，曹锟病逝于天津，终年 76 岁。能有如此的结局，也算是傻人有傻福了。

很多人难免会纳闷儿，美国留学出身的外交精英顾维钧怎么会跟"历史"颇不光鲜的"曹三傻子"打得一团火热？

1923 年 7 月 23 日，顾维钧就任孙宝琦内阁的外交总长，结果招致舆论界的一片指责。而就在一年前他出任王宠惠内阁的外交总长时，舆论界可是掌声一片。之所以会出现这种强烈的反差，是因为北京政坛发生了巨变。一个多月前，为了给自己贿选总统铺平道路，直系军阀首领曹锟竟指使其亲信王怀庆逼迫时任总统黎元洪交出大印。被逼之下，黎元洪出走天津。接下来，曹锟便着手组建新一届内阁，以实现自己登上总统宝座的梦想。

可想而知，曹锟的粗暴行径自然招致舆论界的强烈愤慨。面对国内各派政治力量的反对，也为了获得国际社会的承认，曹锟便开始极力拉拢以顾维钧、颜惠庆、王正廷等人为首的外交系。不过对于后者而言，曹大帅的枪杆子固然可怕，但民意的压力同样可怕。因此在最初接到曹锟的邀请时，他们纷纷犯了嘀咕。据当时的报道称，就在同一天内，这3人居然不约而同地"有事"不能出面：顾维钧称病闭门谢客，颜惠庆赴北戴河休假，王正廷则离京南下去了。

　　或许是受到吴佩孚的影响，曹锟对顾维钧似乎格外看重。结果顾维钧在事先根本就没有得到通知的情况下，居然"被"任命为外交总长。而政府的任命一公布，曹锟的三位得力助手就来游说，劝他接受任命。一天晚上，这些游说者为顾维钧举办了盛大的宴会。经过一番沟通，大伙儿逐渐变得无话不谈。为了劝说顾维钧最终点头，曹锟的亲信吴毓麟态度诚恳地说："少川，因为你在国内、国外受过教育，并且已经建立了现在的声望，无论哪个派系当权，都会邀请你参加政府工作。但对我们来说，情况就不同了。如果曹三爷下台，我们就要失业。"吴毓麟希望顾维钧能够理解他们的个人处境，他还强调这不仅仅为他自己说话，同时也代表了其他在座的人。据顾维钧回忆，当时他对于这班军人的肺腑之言颇为感动，认为他们能把自己当朋友。我们不得而知，究竟是不是因为这种感动，还是别的什么考虑，最终顾维钧顶着巨大压力上任了。而在当时大多数国人眼里，此举只能算是助纣为虐，与共和为敌。

　　关于顾维钧尴尬出任曹锟的外交总长一节，据说当时的美国《时代》周刊曾刊登过这样一篇有趣的报道，堪称一则令人捧腹的政坛"段子"。这则报道的标题为"不走运的顾"："在北平的官员圈子里流传着一则故事，说外交部长这个职位原本打算在黄郛将军、顾维钧、王正廷和颜（惠庆）之间进行选择，他们决定，靠打麻将来确定最后的取舍。谁输的最少谁就接受这个职位。四个人玩了整宿，结果顾维钧只输了'一条'。"

　　毋庸置疑，曹锟贿选堪称民国政治史上最大的丑闻之一，而他当政时内阁的权威性自然也大打折扣。但是客观地讲，假如抛开贿选事件不论，曹锟在出任总统之后的所作所为还真令后人刮目相看呢。顾维钧也说："在我的政治经历中，曾亲自接触过中国几乎每一个重要的政治领袖和军事领袖，我认为曹锟总统确实是个有意思的人。我觉得他一定具有某些不寻常的品质，使他能从一个普通士兵登上中国政权的顶峰。因此我对他很感兴趣，注意对他进行观察和研究。我发现他有几件事给了我答案，表明他虽然几乎从未受过学校教育，却是个天生的领袖。"

事实上，顾维钧对于曹锟的评价并非一家之言。众多的历史证据表明，曹锟虽然属于百分之百的草莽武夫，但也干了不少有文化的事儿。许多人可能想象不到，就是这样一位靠花钱买选票登上总统宝座的人，上台后做的第一件事，居然是按照事先的协议，支持国会制定民国新宪法。而在行使权力方面，他也小心翼翼地按照宪法规定遵行责任内阁制，放手让内阁总理去履行职责。仅凭这一点，民国建立以来历任国家领导人袁世凯、黎元洪、冯国璋、段祺瑞等都自愧弗如。当然对于顾维钧这样的外交负责人而言，曹大总统最值得欣赏的便是其对外交专业人才的尊重。关于这一点，顾维钧始终津津乐道。

1923年10月，曹锟的三员得力干将——陆军总长陆锦、交通总长吴毓麟和国务总理高凌霨曾一起向时任外交总长顾维钧施加压力，要求后者任命他们的"关系户"黄荣良为驻伦敦公使。但是按照顾维钧的意见，黄荣良并不能胜任该职位，双方因此陷入僵持。有一天，曹锟在办公室召开内阁会议，所有内阁成员都到场。会上，吴毓麟隔着会议桌对曹锟抱怨，他和陆锦、高凌霨都向顾总长谈过关于黄荣良的任命问题，希望总统再亲自出面做做工作。不料曹大总统听了吴毓麟的话立刻沉下脸来，毫不留情地说："老弟，你什么时候开始学的外交？因为我不懂外交，才请顾先生来当外交总长。顾先生办外交有经验，我把这摊工作完全委托给他，你们为什么要出来干预？这件事应该完全由顾总长决定。"还有一次，曹锟委托政坛元老孙宝琦组阁。当时后者的意思是希望自己的妹夫颜惠庆出任外交总长，按说这种要求也

图3-10　高凌霨

不算过分，毕竟颜惠庆也是老资格的外交家。但是曹锟却出于对顾维钧的信任，居然放出话来说，宁可不要孙宝琦这个总理也要由顾维钧执掌外交部。最终，孙宝琦只得改任颜惠庆为农商总长。对于曹大总统的种种礼遇，顾维钧深受感动："每当他任用一个他认为胜任的人，他就放手让他拥有充分的办事权力。换句话说，他信守这个原则'用人不疑，疑人不用。'我认为他为人处事的方式给人印象颇深。他可能没有从书本中学过这些，但他的行为却一直符合这句中国的古老格言。所以我对曹锟作为一个领袖给予很高的评价，他虽然受教育不多，却具有领袖的品格。"

有意思的是，如果说顾维钧对曹锟留下诸多溢美之词可能多少有些个人感情的成分在里面，那么颜惠庆对曹锟的一番评价就颇值得我们深思了。虽然自己曾在曹锟当政时受过一些小委屈，但颜惠庆曾在回忆录中意味深长地暗示说："对于北洋军阀，人们尽管可以抨击和蔑视，他们政治野心不小，而知识才干贫乏，但是不可否认的是，他们中有些人很有自知之明，对于一些自己不擅长的政务，放心地交给有经验、有知识的人去做，从不加以干涉，更不想独断专行。"

虽然顾维钧同曹锟真正共事的时间只有一年左右，但彼此建立起了深厚的感情。1924 年 10 月冯玉祥发动北京政变后，曹锟的总统生涯草草收场，被迫灰溜溜地退居天津当寓公去了。按说政坛上人走茶凉的事多了，但顾维钧却依然时刻挂念着当年的老上司。在避居天津期间，心灰意冷的曹锟很少见客，就是多年的老部下前来探视也只是草草应付，不过只要一听说顾维钧来访，他就会格外兴奋。据说，曹锟居住的泉山里楼下大门朝东，侧门朝北，平时大门不开，来人走侧门，唯顾维钧来访时开大门。这是因为，每次顾维钧来拜访曹锟时都要照旧行国礼——将老上司扶至正位后三鞠躬，行觐见大总统礼。如此看来，虽然接受的是百分之百的西方教育，但顾维钧身上却保留了许多传统知识分子可贵的处事原则。

由于北京政变的缘故，顾维钧在北洋政府中的政治生涯曾中断了一年半的时间（1924 年 10 月至 1926 年 5 月）。这期间，他出过国，在天津租界短暂避居过一阵，后来干脆返回老家上海当起了寓公，倒也过了一段无事小神仙的日子。不过话又说回来，正是在这一年半的时间里，中国的政治风云发生了剧烈动荡，而外交战线上更是热闹非凡。面对当时南北两个政权都已开始向不平等条约动手的大好局势，顾维钧岂能真做到心如止水？幸运的是，在北洋军阀内部新一波的角逐中，北京的局势再度为顾维钧提供了大显身手的舞台。

1926年5月，段祺瑞政府垮台，北京政府不再由"总统""执政"，而以内阁总理"摄政"。群龙无首之际，北洋政权更加需要名望卓著的人才出来充实内阁。于是在吴佩孚的极力劝说下，顾维钧再度出山，先出任颜惠庆内阁和杜锡珪内阁的财政总长，不久又在张作霖的延请下代理国务总理摄政，同时兼任外交总长。对于自己选择在如此动荡的局势中出山，顾维钧解释得很明白："我之所以继续参与政治，只不过是为了中国的国际声誉而维持一个政府而已。"而从其此后一年间的努力来看，他绝非是贪恋虚名和权位。

图3-11 张作霖　　　　　　　　图3-12 杜锡珪

这一时期，北京政府实际上是张作霖说了算。而作为北洋集团最后一位大佬，张作霖同样对顾维钧极为看重。1927年上半年，张作霖打败各路军阀，控制北京政府时，顾维钧正任国务总理。由于当时无人敢当总统，顾维钧还兼摄大总统职。是年6月，张作霖在北京成立安国军政府，自任海陆军大元帅，顾维钧便辞去一切职务，住进了北京的西山。不过张作霖比较看重顾维钧，见他辞职不干，便让黑龙江督军吴俊升到西山看望他。一见顾维钧，吴俊升就说是张大帅要他来请

先生下山去住，大帅可随时咨询请教，并
希望顾先生不要去南京。顾维钧回答说：
"我无意离开北京，也没有什么事需要去
南方，在西山休息一下正好。"吴俊升仍
坚持要顾维钧随他一起下山，顾维钧也知
道张作霖肯定还会派人再来，于是就搬回
北京铁狮子胡同的住宅去住。下山第二天，
张作霖就派人请顾维钧出任国务总理。内
阁成员潘复也跑来说大帅要请顾先生吃晚
饭，顾维钧笑笑，摇摇手说："不要太客
气了。"第三天，张作霖招待外国使节，
请顾维钧作陪。顾维钧乃外交官出身，外
国朋友甚多，这种招待会自然要出席。那

图3-13 张作霖赠顾维钧签名照片

天在故宫西苑的瀛台举行招待会，顾维钧虽辞去职务，但外交使团方面他较熟悉，
所以招待会就由张作霖与他一起主持。宴会散后，二人又一起送客。客人走了后，
张作霖的随从把车开到门口，张作霖怒问副官："顾总理的车在哪里呢？"他命
人把顾维钧的车开过来停在自己的车前，并替顾维钧开车门，送他上车，然后自
己才上车走了。这番举动让顾维钧很感动，觉得张作霖虽然身为军阀，但这种顾
全礼仪的地方，还是十分周到的。在此之后的一年时间里，顾维钧基本上完全退
出了北京政坛，或许他也意识到，张作霖政权注定维持不了多久。果然到了1928
年6月，眼看北伐军逼近北京，张作霖被迫撤出关外。临行前，顾维钧还专程乘
坐张大帅的专列送行到了天津。随着南方的国民革命军进驻北京，北洋军阀的时
代宣告结束了，而顾维钧政治生涯的上半集也就此落下了帷幕。

　　回顾这短短的七年时间，顾维钧能在各路军阀掌权时超越派系之争并受到
重用，堪称不小的奇迹。但是如果我们据此简单地认为他仅仅是一位乱世中大获
成功的政治家，那就大错特错了。要知道，顾维钧之所以蹚北洋政权这浑水，其
最根本的出发点还是为了实现自己的抱负和理想，如他自己所说："我一向对中
国的外交政策和外交关系感兴趣，我的夙愿是实现修订中国的不平等条约，而

无意于卷入政治活动和政治竞争。"接下来的故事将充分证明，在纷繁复杂的北洋政府时期，顾维钧的确自始至终都将最大的精力投入外交事业中。

二、比利时人服软了

相信很多人都听到过这样一种说法：近代中国只有两个半外交家，而顾维钧就是那半个。

提出这一观点的，正是著名美籍华人历史学家唐德刚。

唐德刚是在《晚清七十年》一书中提出这样的观点的，其原话为："近百年中国史上只出了两个半外交家。周恩来和李鸿章两个之外，顾维钧算是半个。而这两个半外交家，也只有顾维钧这半个，算是科班出身。李、周二公，皆出身行伍也。顾维钧虽是外交界的科班出身，也只是个洋科班，威灵顿（Wellington 是顾的洋名）离家上学之后，未进过一天中国学校也。李、周二人，虽是纯国产，

图3-14　李鸿章，被唐德刚称为是近代中国历史上的"两个半"外交家中的一个。

图3-15　同为哥伦比亚大学博士毕业的胡适，曾对顾维钧的政治选择进行批评。

然如上节所述，国营企业中无此行道也。他二人搞的，可说是百分之百的天才外交和常识外交（common sense diplomacy）。"唐教授言下之意是说，虽然李、周二人在外交方面的影响力要更大一些，但假如仅从外交意义上讲，那么顾维钧无疑是更专业、更纯粹的了。

1923 年 8 月，同为哥伦比亚大学博士毕业的胡适突然在《努力周报》上发表了一篇题为《中国的泰勒兰》的文章，对答应曹锟的邀请出任外交总长的师兄顾维钧大加讽刺，指责其只是个"人用之才，随人转移"，毫无政治骨气。要知道，仅仅在一年前，当顾维钧在吴佩孚的力挺下出任外交总长时，胡适等人还是一片欢呼呢。面对此种情形，顾维钧自然感到满腹委屈，因为他所考虑的只是利用自己的外交专长为国家贡献力量。正如他后来所解释的："我对我们国家的政体实际是非常反对的，但是当我站在国际舞台上，面对外国人的时候，我要努力地维护我们国家的利益。"

回到胡适的那篇文章，其实他把顾维钧比作"泰勒兰"，也算说对了一半。胡适所说的"泰勒兰"正是近代世界外交史上著名的塔列朗。作为法国资产阶级革命时期最重要的外交家，塔列朗从 1797 年至 1829 年间，曾在连续六届法国政府中担任外交部长、外交大臣乃至总理大臣的职务，无论是大革命时代、拿破仑时代还是波旁王朝复辟时代，他都能游刃有余地保住自己在外交界的地位。在 1815 年维也纳会议上，作为战败国的首席谈判代表，这个瘸着一条腿的外交家居然与英、俄等强国强硬地讨价还价，为法国争得了尊严和权益，这也堪称外交史上的奇迹了。

纵观塔列朗的职业生涯，我们不难发现，顾维钧与这位前辈同行的确有某些相似之处。还在民国时期，同为外交官的温源宁就写道："作为一名外交官，他的成

图3-16　法国近代著名外交家塔列朗

就称得上辉煌，要加以逐一列举，人们将不得不从惊讶开始而以赞美告终。他以1912年5月出任内阁秘书开始其政治生涯直到如今，凡是外交官员梦寐以求的最高职位他都已经得到了。"的确，可以毫不夸张地说，顾维钧创造了中国外交史上的一系列"之最"：24岁成为中国最年轻的外交部秘书；27岁成为有史以来最年轻的中国驻美公使；31岁成为巴黎和会上最年轻、最有魄力的中国外交代表；34岁出任外交总长；48岁成为中国第一任驻法大使；56岁以中国首席代表名义赴美国参加敦巴顿橡胶园会议，与其他国家外交代表商讨建立联合国事宜；57岁代表中国第一个在联合国宪章上签字并任中国出席联合国第一届大会代表；76岁荣任海牙国际法院副院长。如此显赫的履历，顾维钧被誉为"民国外交第一人"当之无愧。

就在北洋政府时期，正是由于顾维钧维持了自身较为稳固的政府要员地位，才能使他在国内局势动荡的背景下取得一系列重要的外交成就。而他这一时期所有外交行动的核心，便是向不平等条约发起挑战，从而尽可能为国家收回以前丧失的利益。

追溯起来，早在青少年时代，顾维钧的这种意识便萌芽了。19世纪末20世纪初的中国，正面临着最严重的民族危机，而少年顾维钧便是在甲午战争、辛丑条约等一系列外交耻辱中长大的。尤为重要的是，少年顾维钧恰好生活在外国人在华势力最集中的上海，因此有更多的机会亲身经历不平等条约带给国人的耻辱。那是在圣约翰书院读书时，有一次顾维钧骑自行车去上学，在穿越租界的途中，为避开马路上的车辆，他跟在一个英国男孩后边骑上了人行道，英国警察放过了前面的男孩却将他抓住要处罚。还有一次，顾维钧经过外白渡桥，看见一个英国人坐着黄包车，急着要去看跑马。拉车上桥本来就累得很，他还用鞭子抽打车夫。顾维钧很愤怒，于是斥责这个英国人说："Are you a gentleman？"（你还算是个绅士吗？）这些经历给少年顾维钧产生了很大的刺激，以至于当他晚年回忆起这一幕时说："那时我就决心要废除列强在中国的租界，废除不平等条约。"或许也正是在这种志向的驱使下，后来他在进入哥伦比亚大学深造时并没有像当时许多同学一样选择商业或工程之类的专业，而是毅然选择了相对较为冷门的国际法和外交学。留学期间，随着见识的进一步拓展，顾维钧对历史的认识更加深刻。

1908年从学校回国探亲途中，他又目睹了东、西方国家之间巨大的社会差距。对于这一现象，他愤愤不平地说："亚洲人显得知识落后，其文盲之多，贫困之甚，使其难得温饱。这些深刻的印象，使我意识到我所经过的国家，大都是英、法等西方列强的殖民地，这大概就是它们贫困的主要原因之一。"至于自己的祖国，顾维钧则认为："和其他许多中国青年一样，我觉得中国的苦难是西方列强的剥削造成的，同时我们也觉得这又是由于清朝的软弱无能和腐败所致。"通过在哥伦比亚大学的多年学习，顾维钧不但获得了丰富的外交学识，更坚定了他试图通过外交手段收回国家主权的信念。在毕业后，他便积极投身于历届政府的重大外交活动中，并在声势浩大的修约运动中充分显示出自己的能力和决心，乃至对整个中国近代史都产生了巨大影响。

图3-17，图3-18　顾维钧出生在列强势力最集中的上海，这在一定程度上影响了他后来的人生道路。

自1840年鸦片战争的炮声响起，随后以《南京条约》为肇始，昔日的"蕞尔小国""化外蛮夷"纷纷在坚船利炮的引导下，或明火执仗，或恫吓欺瞒，在中国的土地上取得了一系列特权，并最终形成了严密的条约体系，将屡弱的中国网罗其中。近代中国形成的这种不平等条约的体系化程度，在世界历史上也是极为罕见的。更可悲的是，尽管以孙中山为首的革命党人成功地推翻了腐朽不堪的清朝，建立了形式上的共和制国家，但中国社会并未脱胎换骨。而在外交上，1911年也不能视为一个划时代意义的分水岭，因为前代历史动力的惯性仍在发生作用，中国外交失败的轨迹仍没有发展到尽头。恰恰相反，又过了几年，到"二十一条"交涉时，中国外交屈辱的走势才达到谷底，随后才开始慢慢爬升。所以，北洋政府开始在外交方面试图做出努力的时候，其所面临的遗产的确是"丰富"的——苦涩尴尬的"丰富"。时任外交官们不得不仔细审视这样一份清单，上面罗列着八十年来各种不平等的条约、条款，这是列强对中国欠下的一大笔巨额债务。不过一旦出现试图有所作为的政府和日益觉醒的民众，中国势必要理直气壮地挨家挨户向列强索债。

概而言之，八十年来，列强依靠不平等条约在中国所获得的特权主要包括治外法权（又被称为领事裁判权）、协定关税权、租界、租借地和势力范围、驻军权、内河航行权以及片面最惠国待遇等。这些不平等条约成为列强法理上的护身符，由此可以在中国为所欲为，其触角广泛地深入到中国的政治、经济、司法、文化等领域，不仅严重地损害了中国的国家主权，阻碍了中国社会的发展，同时还深深地刺伤了中国人的民族尊严。长期以来，驻扎在北京的各国公使团，不但是不平等条约制度的维护和推行者、列强在华特权的总堡垒，还由于其特殊的力量体现，俨然成为中国的太上皇。从社会心理角度而言，不平等条约作为一座代表帝国主义压迫的大山，直接导致了中国民众心理上的一种积压，切身感受到不平等条约给他们带来的耻辱和伤害。这种积压，随着时间的推移和周围环境的变化，总有爆发的一刻。

毋庸置疑，顾维钧所服务的北洋政府的确从一开始就输在了起跑线上。因为前人所留给后世的外交成果，几乎只是一大堆屈辱的不平等条约文书，还有来自列强的根深蒂固的歧视，以及国民对政府日甚一日的咒骂和质疑。因此从起跑的那一刻，北洋政府的外交家们就接过了一根烫手的接力棒，而踏上的则是一条荆棘丛生的跑道。幸运的是，顾维钧并非一个人在战斗，因为他遇到了一个特殊的时代。特别是到了1920年前夕，外部环境的变化加上国内各种新条件的成熟，使得所有中国人开始要求对前代留下的外交遗产从根本上进行清理。

至此，一个让顾维钧可以大显身手的新时代来临了。

诚然，尽管顾维钧等青年才俊在巴黎和会上遭遇了外交失败，但战后的国际形势却朝着有利于中国的方向发展。首先，大战削弱了帝国主义的力量，俄国、奥匈帝国、德国出现的新情况，使得战胜国也已经无法在远东强硬推进政策；其次，大战打破了列强一致对华行动的可能性。更何况，虽然在巴黎和会上遭到了令人耻辱的当头棒喝，但不管怎么说，中国毕竟第一次作为胜利者出现在国际舞台上，这就从法理上确保了可以从一些国家的手中收回一部分主权，这也是北洋政府试图突破不平等条约体系的最初收获。1921 年 5 月 20 日《中德协约》①的签订，完全取消了德国根据不平等条约在中国所获得的特权，这是中国与列强大国签订的第一个平等条约，从而在不平等条约的链条上打开了一个缺口。另外，苏俄的建立，不仅极大地影响了中国的政治思潮，该政府先后发表的三次对华宣言，更为中国各界废除不平等条约运动注入了新的活力。而 1924 年两国签订的平等条约基本上使中国收回了俄国过去所获得的各种特权，同时也导致中国在促动列强做出反应方面加大了力度。

正如著名学者邓嗣禹所感慨的，20 世纪 20 年代的十年是中国历史上剧烈变动的时代，堪称"挑战的十年"。毫无疑问，在这十年当中，就国内政治而言，其基本的两大核心内容即：民族主义和国民革命。而后世人们在审视这一段历史时，多少会被那些波澜壮阔的大幕遮蔽住双眼，从而不经意间将其他一些重要历史现象忽略。事实上就在同一时期，中国历史还有另一大特色，那就是中国人民面对历史包袱和时代潮流而向外部世界所做的回应，即绵延近二十年的废除不平等条约运动。

就表面而言，20 世纪 20 年代中期兴起的反帝运动，常常被人们纳入革命的历史范畴。这一革命的对象，既包括外部势力帝国主义，也包括国内现存的反动的北洋军阀政权——北洋政府。而实际上，长期以来人们往往忽视这样一个事实：就在北洋政府遭到革命的同时，其本身也在进行着针对帝国主义的革命。不

---

① 《中德协约》：1921 年 5 月 20 日，根据巴黎和会的规定，中华民国北京政府与德国政府在北京签订《中德协约》，德国方面正式宣布放弃并废除在 1898 年同清政府订立的《胶澳租界条约》，并放弃其他一切关于山东省的文件中所获得的各项权利。之后，因第一次世界大战而中断四年的中德关系得以恢复。

过与同时期国内主导性的政权革命所不同的是，北洋政府主要是在外交上发动了旨在修废不平等条约的革命——"修约"运动。北洋政府的这一运动，实际上也是全民族革命事业的组成部分。遗憾的是，人们常常忽略北洋政府的历史作为，因为它从未提出过"反帝"的口号，甚至在其所有官方对外文件中也从未出现过"帝国主义"的字样。正因为如此，长期以来，许多海内外学者在研究中国近现代外交史时，都很少对北洋政府的外交努力和成就给予充分的关注，也缺乏客观而公正的评价，从而导致像顾维钧如此杰出的外交家，在很长一段时期内被淡忘和忽视。

自从进入北洋政府的权力中枢以来，除了有一年半时间"下课"之外，顾维钧几乎主持了所有重大对外交涉，其中著名的如临城劫车案、中苏谈判、中比修约等。在这些对外交涉中，他都始终坚持国家主权完整的原则，竭尽全力维护国家和民族的利益与尊严。例如，在1923年5月临城劫车案发生后，由于车上19名外籍旅客和200多名中国旅客被劫持，其中1名英国公民被枪杀，当时的驻北京外交使团联合向北洋政府提出严重抗议，并提出条件极其严苛的照会。英国公使甚至以武力相逼，要求对中国铁路进行国际共管。面对这一突发事件，时任外交总长的顾维钧处乱不惊。他一面拒绝外交使团的不合理要求，一面抓紧督促劫车案迅速解决。在答复外交使团的照会中，他有理有据地表示：1.临城劫车案与政府无关，受害者可得到一部分经济补偿，但不是中国政府的道歉赔偿；2.中国政府自定和加强对铁路治安的管理，但根本谈不上国际共管；3.惩处失职官员及内政，与外国毫无干系。经过几个月的周折，被劫持人员全部获释，中国政府则对受害者进行了一定数额的赔偿，最终使得此次轰动国际媒体的事件得以顺利解决。1924年，同样在顾维钧担任外交总长期间，由于他的极力坚持，北洋政府才得以同苏俄签订平等的《中俄解决悬案大纲协定》。通过该协约，苏俄在中国所获得的大部分不平等特权被取消。可以说，在这一系列对外交涉中，作为主角的顾维钧都表现出了过人的外交才能和高超的谈判艺术。至于在两年后他所主持的修约外交中，更是打破了"弱国无外交"的潜规则，为后人树立了难以企及的典范。

1925年五卅运动爆发后，中国民众迅速引发了声势浩大的反帝运动。在此背景下，北洋政府于 6 月 24 日正式向各国驻华公使发出了要求"修约"的照会，标志着其"修约"外交正式出台。照会指出，不平等条约的继续存在，已不适应于现在的情势，陈旧条约的束缚，对彼此均有不便不利之处，而且还引发中外间的冲突，因此要求废除各国在华特权。随后应北洋政府的要求，列强被迫召开了关税特别会议和法权调查会议。而北洋政府之所以要求召开这两次会议，目的就是收回关税自主权和废除列强在华治外法权。遗憾的是，这两次会议最终都是雷声大、雨点小。当时负责这两项交涉的沈瑞麟、颜惠庆、王正廷、王宠惠等外交家虽然也很努力，但北洋政府总体来说并无实质性收获。

痛定思痛，北洋政府的外交家很快发现，无论是关税特别会议还是法权调查会议，其本质仍属于传统的外交交涉形式，即以中国为一方，以列强各国合为一方，这种方式长期以来已成为中国外交官被迫遵循而列强乐于接受的一种模式。而这种模式的弊端则是显而易见的，不但交涉双方力量差距过于悬殊，列强也常因内部利益交错很难达成一致意见，所以其交涉结果一望便知。因此随着国民外交运动兴致的高涨，舆论界对这种交涉方式已极端厌倦且不抱信心。而北洋政府的外交家们，也逐渐意识到旧式外交的弊端，试图在某些外交领域有所突破。就这一点来说，几项中外条约的届期正好为他们提供了难得的良机。

按照国际惯例，双边条约一般每十年可由缔约一方或双方提议进行修改。于是北洋政府便利用这一点，援引"情势变迁"的原则向有关各国提出"修约"要求，并且改变了以往与各国采取"一篮子"解决的传统做法，改为一个时期主要与一个缔约国交涉，以期达到"修约"外交的目的。在一系列"修约"对象国中，首当其冲的是列强中的二流国家——比利时。

中比之间的不平等条约《中比通商条约》及有关章程签订于 1865 年 11 月 2 日，按规定到 1926 年 10 月 27 日届期。早在 1926 年 4 月 16 日，北洋政府外交部就照会比利时驻华公使，表示中国政府准备终止旧约并希望两国进行谈判，在平等互惠的基础上缔结新约。比利时对此做出答复表示愿意谈判，但同时声明，根据两国条约条款的规定，只有比方才有权要求修约。尽管比方同意谈判修约，但很快北洋政府就发现双方存在的分歧很难解决：比利时要求中国保证在缔结新约期间，旧约继续有效；而中方则坚持缔结新约的日期不得超过六个月。由于双方各不相

图3-19 顾维钧积极推动的废除不平等条约运动，得到了当时广大民众的支持。

让，致使谈判还未进入实质阶段就陷入了僵局。比利时驻华公使还公然威胁道："如果中方坚持将旧约到期作废，比方即将争议交付国际法庭进行裁决；同时还将照会英、美等大国，要求以《九国公约》为依据共同对中国政府施加压力。"不过到了1926年10月23日，比利时政府却迫于各方压力，发表了关于《中比通商条约》的备忘录，表示原则上旧约可以废止。

在中、比两国交涉的过程中，我们不难发现一个非常重要的"节点"，那就是1926年10月。因为正是在这个月，顾维钧再度出任外交总长并署理国务总理，成为北洋政府实质上的行政"一把手"。此后，正是凭借着他的胆气与智慧，中国在同比利时的交锋中逐渐占据上风。

重返熟悉的外交舞台后，顾维钧所面临的第一个难题便是如何处理与比利时的修约谈判。11月5日，比利时驻华公使竟然向北京外交部递交备忘录，正式拒绝中方的最后修正案。但是傲慢的比利时人没有想到，第二天北洋政府竟破天荒地断然发表声明，宣布单方面终止1865年签订的《中比通商条约》。接着又训令内务部筹备接收比利时在天津的租界，还公布了《管理无治外法权国人民民刑案件审判条例》修正案，命令各省交涉署关于比人案件适用上项新条例，同时准备停止比领事在上海会审公堂的陪审权；还设立了条约调查委员会，由外交总长顾维钧任主席，颜惠庆、王宠惠任副主席，筹备修改一切快要到期的条约。

顾维钧于11月6日断然宣布废止《中比通商条约》以后，曾在官方文书中表示："中国坚信，如果公正地回顾中国采取这一行动的前前后后，人们就不会将做出这一重大决定的责任归咎于中国。中国举国上下渴望中国获得本应享有的地位，而中国政府这一行动正是体现了全民族的此种意愿。"这也是自鸦片战争以来，中国官方第一次不顾另一缔约国的危言恫吓，毅然决定废止一项旧的不平等条约。消息传出后，顾维钧立即成为新闻人物，受到国内公众舆论界的一致赞许。工商界人士几乎一致认为，坚冰已经打破，航线已经开通，顾维钧堪当修约外交重任。江苏、浙江、江西、四川等地工商界二十一个团体，联名致电全国商联会，声明"我国人民一致公认顾维钧为全国人民之代表，责司废除一切不平等旧约，换订双方平等新约之任。无论何国之条约，顾代表均有全权，废旧订新"，不久又致电北京外交部称中比不平等条约"幸我政府毅然宣布作废，凡我国人，同深欢忭"，并表示如比方无理取闹，则将其作无约国待遇。就连发论一向严苛的北京舆论界也对顾维钧的举措表示赞赏，《现代评论》刊登的一文就认为："以向来对外无能之北京政府，这次居然也敢出单独宣告废约之举，则年来国内不平等条约废除运动及五卅惨案以来国民对外运动之影响，也不为小了……所以这次终止比约之事，也许可为影响中国废除不平等条约之事业开一新纪元。"

北洋政府破天荒的行动令各国列强大为震惊，比利时政府迅速提出强烈抗议，并向海牙国际法庭提出起诉。而当北洋政府接到来自海牙的通知后，决定不予答复。北洋政府毫不妥协的态度，加上当时中国国内革命形势的迅猛发展，使得比方无可奈何，被迫面对现实，派代表于 1927 年 1 月 17 日在北京重开谈判。比驻华公使主动表示，比政府准备将《辛丑条约》所给予的天津比租界的一切权力"交还中国"，并主动于 2 月 15 日从海牙法庭撤销控告中国案。

对于顾维钧的外交生涯而言，此次中比交涉时的表现堪称巴黎和会之后的又一高峰。直到多年以后，他在回忆录中还不无自豪地说："正式废除 1865 年《中比通商条约》是中国外交史上的一个里程碑。因为，这是中国政府第一次在面对另一个缔约国公开、正式反对的情况下宣布彻底废除旧的不平等条约的……中国有必要这样做，不仅因为中国根据情况变迁原则在国际法面前有充分理由，而且因为中国有必要开创一个先例，证明中国决心行动起来，以结束一世纪以来不平等条约给中国人民带来的灾难。"

正当中比间的修约交涉进行得如火如荼之时，顾维钧主持下的北洋政府外交部门还就其他一些中外不平等条约与有关各国进行了谈判或接触，主要有与日本间的《中日通商行船条约》、与法国间的越南三商约（包括 1886 年《中法会议越南边界通商章程》、1887年《中法续议商务专条》和1895年《中法续议商务专条附章》)、与西班牙签订的《中西天津条约》以及英国天津租界等。由于具体情形差异较大，因此所取得的成果也不尽相同。

综观顾维钧主持下的"修约"外交，无论其最终结局如何，当时都在国内外受到了极高的评价。一位名叫坂野正高的日本学者后来就曾感慨道："北京外交当局于国内政治的混乱中，不拘于北京政权之盛衰，乘国际环境之变化，及国内涌起之收回国权之舆论为背景，有步骤地实实在在地向外国权益收回之事业前进。"

发人深思的是，顾维钧时代的"修约"外交还直接影响到以后南京政府的"改订新约"运动。回过头来看国民党政权，从广州到武汉，从武汉到南京，国民政府的外交政策实际上绕了一个圈子，又回到了北洋政府曾遵循的外交轨道。而近年甚至有论者认为，正是有了北洋政府外交家们开拓性的努力，后来南京政府时期的所谓外交成果充其量不过是吃"现成的"，而"被南京政府称为'革命外交'的修约、废约行动，实际上是一些'取消不平等条约'的空洞口号和原则，除收回了一些因中国形势发展，列强已无力维持而表示愿意放弃的特权外，交涉所应解决的实质性问题并未比北洋政府时期有大的进展，甚至在某些重要关节上还有倒退"，其论调虽不无偏激，却也有一定道理。

三、日本人最发怵的对手

当年巴黎和会上的一番精彩演说，以及随后愤然对签字仪式说"不"，使顾维钧不但成为无数国人心目中的民族英雄，而且一跃成为国际外交界最闪亮的明星。与此同时，日本人也记住了他的名字。自此以后，顾维钧便成了日本外交界最不愿碰上的对手，甚至对他恨之入骨。不过令日本人无奈的是，每当他们试图从中国攫取利益时，顾维钧总会出现在他们面前。而强硬的对日外交，不但是顾维钧人生中最值得大书特书的一笔，也是他之所以能成为那"半个"外交家的重要资本。

众所周知，自近代以来，日本就一直在踏着中国的肩膀实现自己的野心。在不到半个世纪的时间里，这个中国昔日的小邻居先后吞噬了琉球、朝鲜、台湾岛及辽东半岛，却依然是欲壑难平。欧战爆发后，日本先攻占青岛，随后又悍然提出"二十一条"要求，由此扮演起中国头号敌人的角色。遗憾的是，此时的中国仍是国力虚弱、政局混乱，很难与野心勃勃的日本硬碰硬对抗。

巴黎和会之后，1920年10月顾维钧被任命为驻英公使，兼任国联行政院中国代表。在此后的两年间，他便利用一切机会，力图通过外交手段将日本人从山东赶出去。根据《凡尔赛和约》，日本虽然暂时夺取了德国在山东的权益，不过由于中国的拒签行为，使日本对山东的占领根本不符合国际法法则。因此在巴黎和会闭幕后，日本就千方百计逼迫中国同德国补签条约。闻知此消息，顾维钧立即电告政府说："德约既经拒签，唯有付诸国际联盟，请求公允之判决。此时无论如何，绝不宜希冀补签，授人以柄。"最终，日本人的图谋没有得逞。不过不死心的他们又绕开国际联盟，三番五次照会北京政府，要求两国直接交涉山东问题，但同样遭到了拒绝。与此同时，顾维钧在国联积极活动，向国联大会提交废除"二十一条"、归还山东权益的"鲁案"。到1921年底，中国的机会终于来了。

从1921年11月12日开始，为了解决第一次世界大战后列强在远东及太平洋地区的一系列纷争，美国政府发起召集了著名的华盛顿会议，而中国问题也被列为主要议题之一。华盛顿会议从1921年11月12日一直开到1922年2月6日，参会者包括美、英、法、意、日、荷、比、葡以及中国九国。值得一提的是，与巴黎和会时相比，中国在此次国际会议中的地位已大为不同。由于此前美国总统威尔逊在关键时刻掉了链子，美国政府多少对中国怀有愧疚心理，同时也对日本独霸中国的企图不满，因此在此次会议上有意抬高中国地位，以继续推行"门户开放"政策。而在中国方面，为了挽回在巴黎和会上失掉的颜面和权益，对此次会议也格外重视，准备得格外充分。最终，驻美公使施肇基、驻英公使顾维钧和前司法总长王宠惠被任命为全权代表，另外还有大批资深专家和顾问以及社会名流随团赴美。

1921年10月30日，中国代表团抵达华盛顿，他们的到来立刻在美国引起轰动，著名的《纽约时报》当时的报道称："今晚，由近百人组成的中国政府代表团抵达华盛顿，出席有关远东和太平洋问题的华盛顿会议。代表团受到热烈欢迎。

数千人聚集在华盛顿联合车站等候专列到来，大家并不知道列车的具体抵达时间，一些人已经等候了好几个小时。华盛顿人比平时更加兴奋，对中国代表团的到来表示热烈欢迎。"而深谙舆论重要性的顾维钧，更是公开向媒体表明中国政府的立场："中国必须获得政治独立，确保领土完整。"

图3-20　参加华盛顿会议时的顾维钧（前排左3）

在华盛顿会议上，由于形势复杂，各方最终就山东问题采取了折中方案，即中国与日本直接交涉，而美、英两国则居间调停，并派观察员列席会谈。对于生性贪婪的日本人而言，要想让其从嘴中吐出已经到手的巨大利益谈何容易，但顾维钧再度义无反顾地承担起了重任。

中日会外直接交涉从 1921 年 12 月 1 日正式开始，至 1922 年 1 月 31 日共举行了 36 次会议。中方是顾维钧等 3 位全权代表出席，日本方面则是以老牌外交家币原喜重郎 ① 为首加上加藤友三郎 ② 和德川家达 ③ 共 3 名代表。由于顾维钧分工

---

① 币原喜重郎（1872—1951），日本外交家，日本第 44 任首相。1915 年起任第二次大隈重信内阁、寺内正毅内阁、原敬内阁的外务次官，其间曾任驻美大使、华盛顿会议日方全权代表。1924 年起任加藤高明、若槻礼次郎、浜口雄幸等内阁的外相，历经五次内阁变更、故有"币原时代"之称。1921 年任驻美大使期间，与加藤友三郎、德川家达一起，作为日本的全权代表出席华盛顿会议，代表日本签订《五国海军裁军条约》《四国条约》《九国公约》。

② 加藤友三郎（1861—1923），日本第 21 任首相。火炮专家，日俄战争时曾任联合舰队参谋长，曾长期担任或兼任海军大臣，作为全权委员出席了 1921 年 11 月至 1922 年 2 月举行的华盛顿会议。

③ 德川家达（1863—1940），日本政治家，贵族院议长，德川末代幕府将军德川庆喜的养子。1877 年至 1882 年在英国留学。1903 年至 1933 年间任贵族院议长。1921 年与币原喜重郎、加藤友三郎作为日本的全权代表参加华盛顿会议。

负责山东问题，所以他无疑是这36次会议的绝对主角。在每次会谈中，他都毫不退让，同日方代表币原喜重郎等人进行反复的较量和斗争，毫不客气地一一驳斥了日本为侵略中国而制造的种种奇谈怪论。虽然谈判进行得格外艰难，时常陷入僵局，但顾维钧始终毫不妥协。最终，在美、英两国代表的调停下，双方总算达成协议，日本政府无可奈何地交出山东省的一切权益，并宣布放弃"二十一条"中的第五款。1922年2月4日，中日双方签订《解决山东悬案条约》，牵动国人神经的

图3-21 币原喜重郎

山东问题终于在谈判桌上获得解决。对于这次难得的外交胜利，当时国内舆论好评如潮。为表彰3位全权代表的杰出表现，北洋政府特授予施肇基、顾维钧一等大绶嘉禾章，王宠惠为一等文虎章。

图3-22 日本代表抵达华盛顿情形

　　而对于日本人来说，放弃他们在山东的权益无异于外交惨败，因此对顾维钧更是恨之入骨，双方此后的摩擦也就屡有发生。令人可笑的是，1923年顾维钧出

任外交总长期间，新任的日本驻华公使芳泽谦吉①在抵达北京后，居然没有按国际外交惯例拜访驻在国外长并递交国书副本，以取得代表本国与驻在国政府打交道的资格，就目中无人地以驻华公使身份履行起职权来。很显然，这绝对不是日本一时的疏忽。好个顾维钧，对于日本人这样的狂傲岂能容忍？他断然下令有关部门不承认芳泽谦吉的公使身份，坚持要求他按惯例行事，否则不与其进行外交交涉，并将此事在各大媒体广为公布。一见顾维钧动了真格的，陷入尴尬境地的芳泽谦吉为了挽回自己的颜面，又四处通融，希望总长能在宴会上以个人名义私下接见他，结果同样遭到了严词拒绝。无奈之下，理屈词穷的日本公使只得按照规定补办了程序。

图3-23　华盛顿会议会场

令人感佩的是，虽然顾维钧向来被视为强硬的抗日派，但却能在某些特殊时刻对这个国家表现出宽容大度的一面。1923年9月1日，日本突发7.9级地震，史称关东大地震。地震、海啸、暴雨、火灾波及1府8县，造成10万余人死亡，百万余人受灾。尽管当时中日关系因山东问题及五四运动而异常紧张，但出于人道主义和国际主义精神，中国政府及民间仍然给予了慷慨援助。9月3日，北洋

---

① 芳泽谦吉（1874—1965），日本大正、昭和时期外交官。1900年被派到中国，任日本驻厦门领事馆助理领事。后任驻上海及牛庄领事、驻英国伦敦大使馆一等书记官、外务省政务局长等。1912年任驻汉口总领事，1923年任驻华公使，驻中国北平特命全权公使，参与处理一系列中日冲突及1928年日本出兵侵略山东问题。1930年出任驻法大使兼国际联盟日本代表理事，竭力为日本侵略中国东北辩护。

政府内阁召开特别会议，在国际舞台上向来积极反日的外交总长顾维钧摒弃前嫌，提出："我国本救灾恤邻之义，不容袖手旁观，应由政府下令，劝国民共同筹款赈恤。"随即外交部电令驻日代理公使张元节调查实情，并向日本政府表示慰问。9月8日，外交部成立了临时救济日灾委员会，系统协调相关事宜。然而，片刻的温情并不能从根本上化解中、日两国之间的对立。尽管顾维钧在北洋政权覆亡后曾短暂离开外交舞台，但没过多久，日本人的狼子野心又再度激发了这位外交家的血性。

图3-24　华盛顿会议开幕时情形

1928年6月，随着张作霖撤离北京，北洋政府终于宣告寿终正寝。由于一度被南京政府视为军阀的"帮凶"，顾维钧不得不暂避风头，前往欧洲小住。俗话说得好，是金子总会闪光的。像顾维钧这样难得的外交人才，是当时国内无论任何一方政治力量都离不开的。果然不到半年，刚刚宣布归顺南京政府的张学良就极力邀请顾维钧回国担任自己的高级顾问。有意思的是，或许是年龄相仿又都是美男子的缘故罢，他们之间一直私交甚笃。不过人情是人情，政治是政治，张少帅显然无法给"前国家领导人"顾维钧提供足够的舞台。当然，尽管拒绝了少帅安排的职位，但顾维钧仍出于私人交情时常在外交方面给老朋友出谋划策。特别是1931年九一八事变发生后，顾维钧当即挺身而出，第一时间进入了外交抗日的角色。

图3-25，图3-26　1923年日本关东大地震惨状

　　事变发生当天晚上，束手无策的张学良赶紧给正在北平铁狮子胡同的顾维钧打来电话，请他即刻前去商谈对策。在了解事变情况后，顾维钧当即向张学良建议立刻电告南京，要求国民政府将此事诉诸国联，以期通过国际社会给日本以压力，使其不敢贸然扩大在东北的侵略行动。而在南京方面，包括蒋介石在内的军政首脑们，对于日本人悍然发动的进攻同样束手无策。危难时刻，与美、英等西方国家交往密切的顾维钧便成了国民政府急需招揽的人才。

　　9月21日，为商讨对日方针，蒋介石致电张学良，请他说服顾维钧即刻南下为国家服务。9月30日，国民政府特种外交委员会成立，顾维钧慨然出任秘书长，从而再度走到了外交抗日的最前线。11月23日，国民政府又进一步任命顾维钧为代理外交部长，接替被举国责骂为"卖国贼"的黄郛。平心而论，顾维钧此番出任代理外交部长，可绝不是冲着仕途去的。要知道，顾维钧当年在北洋政坛上也算是超级大腕儿了，甚至连实际上的国家领导人都当过，哪里还在乎区区一个代理外交部长？以当时的情形，几乎人人都知道，对日外交绝对是最烫手的山芋，一旦处理不好就可能落个身败名裂的下场，被亿万民众视为卖国贼。或许也正是有这层顾虑，顾维钧起初并未接受南京政府的任命。然而在同样毕业于哥伦比亚大学的学弟宋子文的一番苦劝之下，他最终一咬牙一跺脚，抱着试试看的态度同意为国效劳。结果可想而知，由于南京政府根本无力也无意与日本强硬到底，因此顾外长所能做的无非仍是自己的老本行，利用自己多年来在国际上积攒的人脉关系，极力游说美、英、法等国出面声援中国。最终，由于西方列强统统作壁上观，国内民众又强烈反对政府过于软弱的外交政策，顾维钧仅仅在外交部长任上待了一个月便黯然下课。尽管如此，出于对日本侵略行径的愤慨，在辞职后，他本人又利用参加李顿调查团的机会给日本人制造了更大的麻烦。

图3-27　1931年九一八事变发生后，顾维钧挺身而出，不顾日本人的威
　　　　胁与阻挠，参加了国联组织的李顿调查团。

1931年12月，在中国政府三番五次的强烈要求下，号称以主持国际正义为己任的国联行政院总算通过了一项有关中日冲突的决议案，即决定派遣调查团赴中国进行调查。1932年1月21日，国联调查团正式成立，也就是著名的李顿调查团。

该调查团由英、法、美、德、意五国各派 1 人组成，团长由亚洲问题专家英国人李顿爵士担任。根据国联的要求，中、日两个当事国也都派出了自己的代表协助调查，其身份则是调查团的顾问。为了保证调查的"客观公正"，国联规定中、日两国代表既不能是在任的政府官员，同时又必须精通外交。巧合的是，顾维钧当时刚刚卸任外交部长一职。因此，放眼当时的中国，恐怕再也没有人比他能够胜任这一角色了。

图3-28，图3-29　张学良接待李顿调查团时的情形

在义无反顾地接受参加李顿调查团的任务后，顾维钧立即发挥自己的专长，为调查团的到来准备了大量资料和证据。3月14日，李顿调查团一行到达中国，不久便在顾维钧的极力敦促下准备进入东北实地考察。尽管日本人表面上对国际社会的调查表示欢迎，但一看顾维钧要来，做贼心虚的他们立即乱了阵脚。日本人非常清楚，一旦顾维钧随调查团进入东北，形势将变得对他们极为不利。因此，日方竟厚颜无耻地通过各种方式阻挠顾维钧的到来。一会儿说东北局势不稳，无法确保顾维钧的人身安全，一会儿又故意散布消息对其家属进行恐吓。据顾维钧回忆，就在临行前，法国和比利时驻华公使甚至专程来做顾夫人黄蕙兰的思想工作，声称他们从本国驻东京使馆获得可靠的机密消息，如果顾维钧执意要去东北的话，其生命安全将会受到威胁。据当时媒体报道，日本的秘密团体黑龙会已经计划好，等国联调查团按计划去日本访问时将趁机暗杀顾维钧。幸亏该消息由上海某报的东京特派员发密电到国内，调查团取消了去日本的计划，黑龙会的毒计最终才无法实行！

面对日本人的公然威胁，平时温文尔雅的顾维钧没有丝毫退缩，而是决定履行他作为一个外交官的神圣职责。为了表明自己的心迹，他特地给南京方面发了一封电报，其中说道："我早就决定献身于中国的事业，在执行职务时，我自己就像任何一名被召唤去为国战斗的战士一样，义无反顾……如果我的生命遭到任何不测或者为国牺牲，我认为那是极大的光荣。"

行文至此，我们不由感慨，民族危难之际的顾维钧已经不单纯是一名外交家，而是一位热血沸腾的民族斗士了！

眼看顾维钧态度如此决绝，代表团团长李顿也大受触动，最终他措辞强硬地对日本人说："假如不允许顾维钧进入东北，那么调查团全体成员也将取消此次行动。"为了摆脱国际舆论方面不利的尴尬境地，日本人无奈做出让步，同意顾维钧进入东北，但仍公开声称不保证其人身安全。

几经波折，顾维钧终于随李顿调查团到达东北。很快他就发现，日本人的恐吓并非虚张声势。当时随行记者有这样一则报道："我国代表顾维钧博士，随调查团至沈阳，为时未久，即见旗帜上写有'打倒顾维钧''三千万民众拒绝顾维钧入关'等标语。持此等旗帜者多为贫苦之人，若辈并不注意标语，特借此种工作得日人金钱以糊口耳。日人初仅允给每人洋两角，嗣经若干力争，始加至三角，后又加至四角，因以成交，但事变后，若辈不肯将旗帜送还储藏室中，匆匆置诸街旁而去，致日人对此五十面之旗帜，无从着手，徒负云。"由此可见，为了制造混乱，日本人也算煞费苦心了。在东北期间，顾维钧处处遭到日本人的严密监视。他所下榻的旅馆不但有日本军警日夜值班，而且只要他一走出自己的房间，就有人紧跟其后，即使是去上厕所，也有人一直跟到门口。更令人作呕的是，日本官员在接待调查团成员时，居然用心险恶地招来一群艺妓围在顾维钧身边拍照，并让艺妓挽着他的手臂摆出各种姿势，试图通过这种伎俩丑化顾维钧的形象。在这些手段均告无效后，日本人还真动过下毒手的心思呢。

图3-30　参加李顿调查团期间顾维钧接受记者采访时的情形

原来顾维钧本人有每天散步的习惯，可谓雷打不动。调查团在哈尔滨时，有一天，顾维钧得到不明身份人士的密报，日本人计划在其散步时暗杀他。尽管明知危险，但顾维钧却不愿让日本人认为自己会屈服于他们的恫吓。于是，他和比平常更多的人一起去散步。散步途中，有3个中国学生要靠近顾维钧，却被突然冲出来的日本人带走了。事后顾维钧得知，这天日本人确实计划对他行刺，但3个中国学生的出现打乱了他们的计划。再后来，丧心病狂的日本人还计划炸火车，用对付张作霖的办法来对付顾维钧。据顾维钧回忆，在他准备跟随调查团返回时，一位在铁道上工作的车道长找机会告诉他，就在调查团准备前往长春时，日方已经授意他在中方成员乘坐的车厢下面安装炸弹，一旦列车发动就进行引爆，一举将顾维钧炸死。后来因调查团决定终止长春之行，日本人的阴谋没有得逞，也才没有出现第二个皇姑屯事件。

图3-31，图3-32　李顿调查团在东北实地考察时的情形

图3-33　日本人扶植末代皇帝溥仪建立了傀儡政权。李顿调查团拜见溥仪。

　　可想而知，要想在日本人实际控制的地盘上搜集他们的罪证是多么艰难。但是尽管面临如此险恶的局面，顾维钧却以超人的勇气和智慧冷静应对。在东北期间，虽然他受到严密监视，许多前来提供证据的爱国人士都遭到逮捕，但顾维钧仍想方设法与东北各界包括在东北的外籍人士进行联系，以求揭露日本侵略的真相。而他的所作所为，也很快赢得了沦陷区国人的尊重和支持。不少东北民众写来密信称："大人重阁国念，不避危险，深蹈虎穴，……大人之功绩，万民衔感，举世同钦。"作为调查团的顾问，顾维钧除了将他获得的东北民意报告调查团外，还就开展实地考察，提出各种建议。对于顾维钧的贡献，李顿曾充满敬意地对他说："虽说这是一次困难的旅行，但调查团对许多中国人进行了采访，并收到了许多的来信……可以说我在满洲的六周时间的旅行中，已取得了对于理解中国方面的立场的充分情报，这一点也是我想告诉你的。"

真相是不可能被永远掩盖的，日本人所做的一切注定成为徒劳。

6 月初，李顿调查团从东北返回北平着手起草报告书。在调查团起草报告书的过程中，顾维钧同样积极与各国代表接触，力图使他们接受中国的观点，揭露日本侵华的真相。报告书初稿出来后，他又仔细审阅，以求报告书在叙述事实方面能如实反映中国政府的观点和中国提供的情况。与此同时，他还向南京方面建言献策，呼吁政府及民间利用经济手段对日本施加压力。在 7 月中旬的一份电文中，他说："日方态度显著，无可理喻，在我亟应设法自救，以助国联力之所不逮。一面外交军事积极准备进行，一面尤以经济抵制完全操之在我，轻而易举，亟宜努力，秘密提倡。"同时，他还致电国内商界领袖，希望"举国商界同心一德，努力进行，毋稍懈怠，示我人心未死，保我民族精神国家前途"。

正如顾维钧所愿，9 月 18 日，恰逢九一八事变发生一周年之际，国联公布了李顿调查团报告的内容。报告指出，日本陆军在九一八事变后继续采取的行动不能被看作是正当防卫，如果没有日本军队的驻扎和日本官员的活动，"满洲国"不可能成立，它没有得到当地普通中国人的支持。10 月 11 日，国际联盟在日内瓦召开国际联盟大会，讨论李顿调查团的报告。为应对此次外交较量，日本政府特意派出了著名外交官松冈洋右①作为首席全权代表率团前往日内瓦参加会议。接

---

① 松冈洋右（1880—1946），第二次世界大战前夕日本最有代表性的外交官，人送外号"五万言先生"。九一八事变前，他极力鼓吹"满蒙是日本的生命线"，为日本侵略中国东北大造舆论，事变后又在国联大会上鼓其如簧之巧舌，为日本侵略东北、扶持伪满做无理狡辩。"二战"期间，他积极推动日、德、意法西斯勾结，积极鼓吹大东亚共荣圈。战后，即使在日本舆论界也把他与东条英机并称为战争的两大元凶。1946年5月，松冈作为甲级战犯被押上远东国际军事法庭，但却在审判期间因病死去，因此逃脱了法庭的判决。

下来，顾维钧再度与日本人在外交舞台上展开了较量。

从 11 月 21 日至 28 日间，国联行政院共举行 5 次公开会议，名义上为讨论李顿报告书，实际上为两种争辩。其一为中、日代表间关于中日问题的争辩，其二为各国代表与日本代表关于应否请李顿调查团发言的争辩。当时，日内瓦的空气非常紧张。一方面，中国代表顾维钧对报告书原则赞同；另一方面，英、法、德、意等国却主张对日软化政策。因此顾维钧与松冈的论辩，便成了行政院会议的焦点。事隔多年，我们依然能通过国联的会议记录、顾维钧回忆录以及松冈的日记感受到外交奇才顾维钧的智慧和勇气。

松岡全權の近影

图3-34　日本著名外交官松冈洋右

11 月 21 日，行政院会议的第一次论辩举行。上午十一时，顾维钧和日本代表松冈洋右先后到达会场。十一时三十分左右，松冈首先代表日本发言。据顾维钧回忆，松冈"确是个对手。他以政治敏锐、能言善辩和主张日本对华采取不妥协政策而闻名。他夸夸其谈，在为日本的不妥协立场辩护时，极尽玩弄辞藻之能事。这实际上是拒绝接受李顿报告书中的事实说明或建议"。松冈根据其政府致国联的意见书开始提出讨论，发表了不满意李顿报告书的论点。他辩称当时日军的行动完全是一种"自卫"，又拒绝报告书所确认的"满洲是中国的一部分"的见解，极力为日本侵略政策辩护。对于松冈的嚣张表演，顾维钧早有准备。就如同当年在巴黎和会上驳斥日本代表时一模一样，顾维钧开始演说后，他先是用了十分钟的时间对松冈的发言予以反驳，接着又宣读了精心准备的长达 35 页的演说稿，以详细的论据进行了论战。一个半小时发言的最后，顾维钧从李顿报告书的调查结果推出了三条补充原则："第一，不得鼓励侵略；第二，必须赔偿中国的损失；第三，日本撤军仍然是先决条件，在军事占领或既成事实的压力下不能进行谈判。"并要求国联采取迅速而有效的行动。顾维钧气势非凡的发言结束后，与会各国代表爆发出了长时间的掌声，就连狂妄自大的松冈也上前与其握手。

11月23日，顾维钧再度在国联行政院舌战松冈。当天，松冈别有用心地转移重点，污蔑中国国内排外思想浓厚，指责中国国民抵制日货，极力否认日本有妄图侵略中国的"田中奏折"，并威胁国联不要轻举妄动。对于松冈的辩称，顾维钧予以严厉驳斥。路透社当时是这样报道现场情景的：

> 中国代表顾维钧与日代表松冈相对而坐，当松冈演说时，顾代表默坐静听，面色异常安详。调查团主任委员李顿爵士，坐于会场之前排，当松冈演说，李顿欠身静听日代表之言论。

> 当顾代表立起答复时，全场空气突现紧张之象，顾代表首谓时间已晚，对于松冈所提出之各点，一时不及一一作答，俟下次会议再行补述，但彼对松冈所提出之数点，欲加说明。顾谓关于田中之奏章，松冈并未提及在该奏章中所述明之各节，确为日本政府数十年来一贯之政策，田中确为主张日本积极政策之一人。顾又称，事实俱在，非空言所能搪塞，若田中之奏章果为伪造，则亦系日人所伪造，因除日本人外，其他人等绝不能自行发明此项良好之政策，为年来日本所奉行。其次顾维钧又提出"二十一条"问题，顾谓最初日本官场中尚否认该项条约之存在，认为系中国方面所伪造，但其后乃自行承认，自此次经验后，中国对于田中奏章不能不惴惴于心。

> 至于抵制日货问题，顾称，若抵制日货为变相之战争，则中国甚欢迎日本之排华，而不欢迎日本之占领东三省也（至此全场大笑）。

> 顾继谓日本援助中国统一之方法果若是乎？若上海之战事，炮攻毫无防御设备之中国城市，及今日本之攻击反对"满洲国"者等，可谓援助中国统一乎？若真欲援助中国之统一，当不致令中国最富裕之数省脱离中国，中央政府亦犹之个人方面，将某一家庭之一分子强掳而去，反谓如此系援助该家庭也。顾维钧之演说，在会议场中造成一有生气之印象，因彼答复松冈所提出之各点，既异常迅速，而彼于演词中，又杂入诙谐，至彼本人并未一露笑容。

图3-35，图3-36　为了尽可能维护国家权益，顾维钧等外交官在国联
的舞台上与日本人展开了一场没有硝烟的战争。

另有一则题为《顾维钧一语警松冈》的趣闻说：记得顾大使曾经以两个最简
单的英语"Yes"和"No"，战胜日本老奸巨猾的外交家松冈洋右。1932年，中、
日两国代表为了满洲事变发生剧烈的舌战，当时各国代表虽然知道日本的行为是
不对的，但是不便有所表示，所以国际联盟会的会场上，气氛紧张而沉闷。顾博
士当时看局面很不利于中国，想要用别种方法打破这种气氛，他便出了一个问答
式话题，第一句是："日本蓄意侵略乎？"他的回答是："No。"顿了一顿，又问：

"满洲国是否人民公意？"他的回答是："Yes。"一时引起了全场的笑声，这种笑是非常同情的。这个反问反答得到了很好的效果，弄得松冈洋右窘住了好久，说不出话来。

1933 年 2 月 24 日，国际联盟大会对李顿的报告书进行表决。在当时 57 个参加国代表中，有 45 国的代表出席。记名投票的结果为，42 票赞成，1 票反对，即日本，泰国弃权，智利未参加投票。大会主席宣布："大会通过李顿报告书。对'满洲国'不给予事实上或法律上的承认。"大会声明指出，"满洲国"是日本参谋本部指导组织的，绝不是出自民族自决的运动，日本应退出满洲。闻听这一结果，松冈立即宣读了事先准备好的宣言书，随后便趾高气扬地率日本代表团离开了会场。尽管从此在国际外交舞台上沦为了"孤儿"，但日本国内媒体却将松冈捧为"国民英雄"，并把其退出国联大的行动称为日本"自主外交的里程碑"。

遗憾的是，此时的国联并非后来的联合国，其对会员国并没有强有力的执法权。更何况它从一开始就规定，调查团不得过问中、日两国政府的交涉，不得干涉中、日两国军队的行动，其任务只是就中、日双方有争议之点写成报告，但并不追究责任所在。尽管如此，日本仍对于国联的决定大为不满，随即于 3 月 27 日宣布退出国联。面对东北依然被日本占领和伪满洲国依然存在的局面，李顿调查团的报告书和国联的决议只能沦为一张废纸。尽管如此，顾维钧仍算是圆满履行了自己的职责。因为虽然国联并不能对日本采取实质的惩罚措施，但后者在国际上的确在日益陷入孤立，而中国则越来越多地获得了国际社会的道义支持。如果从长远来看，这一事件对于后来的抗战事业也是影响深远的。

图3-37 遗憾的是，在国力虚弱的背景下，日本对中国的侵略根本无法得到遏制，这令顾维钧感到无奈与痛苦。

图3-38，图3-39，图3-40　担任驻法大使期间的顾维钧

在完成李顿调查团的使命后，顾维钧旋即于1932年8月被南京政府任命为驻法公使（后升格为大使）。不过直到1936年之前他都几乎未去巴黎履职，因为在此期间，他所做的头等大事便是在各种国际场合揭露日本的侵略行径并呼吁各国的援助。1937年9月，顾维钧在日内瓦国联总部发言，要求宣布日本为侵略者。就像1919年在凡尔赛会议上那次激动人心的演讲一样，他说："如果国联在强权面前不能捍卫公理，它至少可以向全世界指出谁是为非作歹的人；如果它不能制止侵略，它至少可以斥责侵略；如果它无力执行国际公法和盟约的原则，它至少可以让人们知道国联并未弃之不顾；如果它不能防止对无辜男女老少的残酷屠杀和对财产的疯狂毁灭，它起码可以表示它愤怒的感情，并借以加强文明世界的普遍要求，立即停止这种非法的、灭绝人性的空前的兽行行为。"

抗战全面爆发后，身在欧洲的顾维钧特别注重收集日本与其他国家外交关系的情报，力争列强扩大对华援助。同时通过自己的各种关系，在国外购买抗战急需的物资、招募飞行员。例如，在1937年9月26日，顾维钧就在国联向美国作了二十分钟的广播演说，呼吁美国不要再采取孤立主义政策而助长侵略者的凶焰："日本宛似蠢蠢欲动之暴虎，早已企图攫取中国之血肉，因而使其他太平洋上各国亦感受威胁，彼暴虎虽尚未如愿以偿，唯一经放纵，听其所为，即难限制其行动也。中国现不欲美国加入战争，或牵入此次冲突之旋涡，中国拥有勇敢之军队，决意抵抗，唯需要道德及物质上之赞助耳。余诚挚希望贵国勿在患难之秋，放弃汝忠实朋友之中国，而在贵国总统领导之下，对敝国予以诚挚之赞助。"1941 年 5 月，顾维钧又调任驻英大使。为了争取国际支援，他利用各种集会、广播和外交场合，多次发表演说，充分发挥其卓越的辩才，为争取美欧朝野尽早放弃绥靖政策奔走呼号。直到反法西斯统一战线建立后，顾维钧仍在盟国之间穿梭往来，不停地为中国抗战竭尽一个外交官的最大努力。鲜为人知的是，在整个抗战期间，顾维钧参与或主持了中国与其他反法西斯盟国合作的大部分谈判，英、美、苏盟邦对华援助的很多款项，都是经顾维钧等外交官努力争取游说的结果。

图3-41　担任驻英大使期间的顾维钧（前排左2）与丘吉尔等人在一起

四、与加拉罕的不打不成交

1924年5月16日，顾维钧度过了人生中最惊心动魄也最为郁闷的一个夜晚。因为就在这天下午，铁狮子胡同的顾氏豪宅内发生了一颗炸弹引发的血案。

关于事件的来龙去脉，我们不妨拿起一份当时出版的《大公报》，看看记者们是怎样报道的吧：

> 昨日下午四时半，东四牌楼铁狮子胡同顾维钧宅发生炸弹案，已志昨报。本案发生后，不到一小时，警察总监薛子珩，步军统领聂宪藩等均赶到顾宅，两衙门并派去兵警多名，保护一切。据闻昨日爆烈之炸弹，系装尺长方木匣之内，当前日下午六时余，有人携此木匣，送至顾宅。上书"郑州新出土白金印十颗，呈顾少川总长收启"，下署"地质学会调查部"等字样。此外并附名刺一纸，署名"陈晚香"。其时顾不在家，号房未肯收受。送件人谓主人已与总长说过，不妨暂收。号房遂付送件人收条一纸，然不甚措意也。前晚顾氏深夜始归，号房见其甚倦，未将该件呈上。昨日顾因与孙宝琦同宴外宾，甚早即赴国务院。至中午三时余回寓。号房始将长方木匣呈上。谓系昨日（即十五日）六时余，陈先生差人送来者。顾令启视。匣内为圆形黑铁盒，甚为坚牢。顾遂又令其仆吉庆福携至厨房，用铁器启盒。吉持盒至花园洋厨房，与崔华轩、周品三三人用力拔盖，盖启而炸弹爆发。吉庆福面部受伤，崔华轩左右伤二指，周品三右手三四五各指全掉。三人中崔受伤特重，炸后即不能言。
>
> ……
>
> 昨日前往顾宅慰问者甚众，顾外长态度仍极镇静。对人言，此事当系无识者所为，并无何种目的，似无深究之价值云。唯闻军警方面则以此案发生，显与地方秩序安宁有关。心滋不安，并以首都之地，此类事件若不严究，诚恐一现再现，成何事体。故已将木匣铁罐及炸余之碎铁等件，一并收去，作细心侦查之资料。据军警督察长言，该炸弹形式与去年保定所发现之炸弹相似。又据警察总监言，此罐盖缝周围，均有药线，任触何处，皆可爆发。即

或倒置，亦能轰炸。又据军警方面言，此弹药性虽不如外国军用炸药之猛烈，然亦不甚弱，恐尚非北京方面所能造。又本社闻安徽人某君言，确有陈遁疆其人，系安徽人，唯不在京中。且此陈是否彼陈不可知，并亦决无自用名片作犯罪之事云。

关于这次可怕的经历，顾维钧是这样回忆的：

加拉罕—王正廷协议签署后大约一周到十天左右，我到孙宝琦总理的官邸参加午宴。回家之后，我像往常一样，急趋书房，以便查看一下是否有需要我签署的重要电报或急件。当时，外交部有个惯例，即每当我不在部里时，他们便将收到的或要发出的重要电报及其他急件送至我家。当我跨进书房，目光落到写字台上的时候，桌上一件样子十分奇怪的东西立刻引起了我的注意。那东西看来似乎是一根直径大约三英寸、高约数英寸的生铁棒，外观是一个圆柱体，上面有张红纸条，纸条上写道"敬赠中国外交总长"，左边的赠者落款为"河南南阳考古研究所"。我名字右边的字说，这是一块秦朝白金古印。当我小心翼翼地用双手捧起该物时，觉得分量很重，而且上面还有一个小小的玻璃管，这使我感到此物颇不寻常。虽然我从未见过炸弹，也不曾认为那件东西是颗炸弹，但我觉得它肯定不是好东西。因此我立即派人将我的管事老崔找来，让他小心谨慎地把它拿走，扔到铁狮子胡同的我家花园中的小人工湖里，我还提醒他，那件东西可能有危险，因此他应小心搬运，并轻轻地扔进水里。他将该物携出后几秒钟，就传来骇人的爆炸声，我立即意识到爆炸声肯定是该物发出的，便立即冲出书房，向出事地点赶去，发现那里烟雾弥漫，有两个人躺在地上。一个在外面，一个在厨房里。隔壁的房间里还有一个人。屋里和桌子上都各有一个洞。出事时我的厨师正在厨房外的花园靠近走廊的地方削土豆皮。此时他正大喊大叫受伤流血了。我认为躺在外边地上的那个人肯定已经死了。我的管家说他立即去打电话，通知警察厅。我拦住了他。我吩咐说："立刻打电话给北京协和医学院，让他们派一辆救护车和几个大夫到这儿来，然后再给警察厅打电话。几分钟之后，大夫和救护车到了，警察厅长带领一名警察也到了。躺在地上的两个人被抬走了，一个双手被炸掉，血流了一地，另一个已失去知觉。走廊上的厨师的脸和手都被炸碎的玻璃扎破。

当警察查看现场时，我向一个女佣人询问了事情发生的经过。她说管事老崔手捧那件东西来到这里之后，便大声呼唤所有的人都来观看这件宝贝。他说此物外边写的是"白金"，肯定值很多钱，不知主人为何却让把它扔掉。他把炸弹放在走廊上的一张木桌上，试图用刻刀把它打开，但他刚一打开，炸弹就爆炸了。警察厅长认为这件暴行自然会影响到他的声誉，于是下令进行调查。大约十天之后，他亲自来向我报告说，线索已经查明。他们对两名被怀疑与炸弹有关的学生进行了审讯，从他们那里得知，炸弹是在哈德门外一家玻璃匠店铺中用土法制作的。他们是北京大学的学生。他们供认综上情况，但不直接承认自己与事件有关，只是供认他们是在一些高级人员的唆使下订购、监制这颗炸弹的。他们不愿披露这些人的姓名。警察厅长肯定，这一事件是由一些中国政客策划的。尽管警察厅长对王正廷博士极为怀疑，但我却无任何确凿证据。我个人认为王正廷博士本人并未参与此事，可能是一些在政治上支持他的人，包括加拉罕使团中的一些成员插手干的。他们在中国有更加重要的目的和政策，而不仅仅要签署一个与中苏关系有关的协议。

那么，人缘和口碑一向颇佳的顾维钧，怎么会遭受这样的恐怖袭击呢？事情还得从他当时正在办理的一项外交谈判说起。

那是在1919年7月25日，五四运动爆发后不久，当时的苏俄政府发布了《俄罗斯苏维埃联邦社会主义共和国政府对中国人民和中国南北政府的宣言》，即所谓的苏俄第一次对华宣言。同年9月27日，苏俄副外交人民委员加拉罕[①]又签署了《俄罗斯苏维埃联邦社会主义共和国外交人民委员部致中国外交部照

---

① 加拉罕（1889—1937），苏俄时期著名外交家，1918年任副外交人民委员，曾先后于1919年7月、1920年9月及1923年12月发表三次对华宣言，史称"加拉罕宣言"，在中国国内引起了巨大反响。1924年5月，他作为全权代表与北洋政府签订《中苏解决悬案大纲协定》，恢复了两国正常外交关系，随后即被任命为第一任苏联驻华大使，其间同中国各方政治势力来往密切。1926年8月回国，1937年在苏联肃反运动中被处死。

会》，即所谓苏俄第二次对华宣言，由北洋政府派出的考察人员张斯麟带回北京。在这两次对华宣言中，苏俄政府都"慷慨"地表示，愿意放弃帝俄时代因侵略而在中国获得的一切特权，进而谋求两国的平等友好关系。实际上，后来的事态发展表明，苏俄的这两次宣言只是在特殊情况下的一种外交战略，并非有百分百的"诚意"。十月革命胜利后，由于苏俄政府并没有得到真正的喘息机会，在列强的包围下，为了保卫年轻的苏维埃国家，苏俄政府奉行了和平共处的外交原则，甚至不惜为此做出暂时的重大让步，而1920年年初苏俄外交政策的任务之一就是要避免在远东与日本交战，成立远东共和国，所以其非常重视与中国的关系。在历经周折后，1923年3月26日，北洋政府发布大总统令，特派王正廷筹办中俄交涉事宜，而苏方（1922年底苏联成立）则任命加拉罕为新任全权代表，双方决定在北京正式谈判。而这时中国国内的思想界与舆论界，也开始对此次交涉表现出了强烈关注。

图3-42　1923年中苏谈判时苏联代表加拉罕抵达北京时受到民众热烈欢迎。

俄国十月革命的爆发，直接促使了中国知识界的思想发展方向发生转变。当时中国新文化运动中的一批激进民主主义者如李大钊、陈独秀等人，便在俄国革命的影响下迅速接受了马克思列宁主义。特别是巴黎和会上遭遇外交失败后，随着对威尔逊主义幻想的破灭，当苏俄两次发布主动放弃其在华不平等条约权利的宣言时，马上引起了知识界极大的好感。在这短短的几年中，知识界的思潮迅速激进化，特别是作为当时中国思想堡垒的北京，一时出现了强劲的亲俄风气，而社会主义也成为当时中国社会的一种流行思潮。对苏维埃政府和十月革命的同情，还明显地反映在1923年12月17日为纪念北京大学建校二十五周年进行的一次民意测验上。其中第五个问题是："俄国和美国这两个国家谁是中国的朋友？"被问的不同职业的824人中有497人（占59%）选择俄国，而其中372人是大学的教师和学生。可以看出，这也是大多数知识分子的态度。

1920年，苏俄第一次对华宣言的内容为中国民众知悉之后，很快就在知识界中引起极大反响。4月11日，中华民国学生联合总会即致电苏俄政府对其发表的对华宣言表示感谢，内称"我们自当尽我们所有的能力，在国内一致主张，与贵国正式恢复邦交"。在新文化运动的重要堡垒《新青年》杂志第七卷第六号上，就专门以"对于俄罗斯劳农政府通告的舆论"为题，全文刊载了这一宣言的译文，同时刊出了各团体和报纸的反应。而学生界也特地开会讨论对俄问题，与会者均表示："劳农政府既有退还既得中国权利之意，实于吾国国际上有莫大幸福。且其所愿退还者，均系吾人前此力争而不能得之事项。值兹日本野心勃勃、阴谋层出之时，而劳农政府竟有如是义举，诚于世界和平，有莫大之利益。故吾人对此，应有相当之表示，庶不负劳农政府此番盛意。"接着又讨论了应对办法：1.派北京大学、第一中学两校代表，赴外部探询此事之真相，如果劳农政府有此决心，应请外部向劳农政府表示亲善之意；2.由北京学界全体具名，致电劳农政府，请其从速实行退还，如该政府能完全实行退还之各项，即当表示中国国民对该政府有根本承认之意；3.呈请政府，速依民意，决定对俄方针。

的确，当国人对巴黎和会上的外交失败尚痛心不已，而本国政府对列强的蛮横又无可奈何之际，突然面对邻邦慷慨的让步承诺，则举国上下的心情可想而知。在知识界，当时中国激进知识分子李大钊可说是典型的例子。他在《亚细亚青年的光明运动》一文中说："最近俄罗斯劳农政府，声明把从前罗曼诺夫王朝从中华掠去的权利一概退还，中华的青年非常感慨他们这样伟大的精神。但我们绝不是因为收回一点物质的权利才去感谢他们的，我们是因为他们能在这强权世界中，表现他们人道主义、世界主义的精神，才去钦佩他们的。"

在这种情形下，北洋政府也开始行动起来。1920年7月2日，北洋政府外交部做出了停付对俄国部分庚子赔款的举措，次年 4 月 14 日又提出苏俄政府派代表来华的四项先决条件。1922 年 4 月 15 日，北洋政府外交部答复裴克斯，倘苏俄自外蒙撤兵，中国甚愿早行解决各项悬案。7 月 26 日，苏俄政府正式任命越飞为驻华全权代表。尽管双方的外交接触在断断续续中进行，但始终没有进入正式阶段，即使越飞来华谈判建立外交关系问题，由于其中多方面的原因，很长时间都没有结果。中苏外交谈判的踯躅不前，使中国知识界视野中的国家利益迟迟不能实现，心情焦灼之下，他们对政府施加的舆论压力自然越来越加重。作为当事人的顾维钧后来就回忆道，当时"以北京大学学生为主的强有力的中国舆论界对于谈判的迟迟不能开始大加指责，非常不满"。正是在这种僵局中，1923 年 3 月 26 日，北洋政府发布大总统令，特派王正廷筹办中俄交涉事宜；7 月 27 日，苏方也改派为中国知识界所偏爱的加拉罕为驻华全权代表，从而使双方的建交谈判步入了快车道。

当时，整个中国社会舆论似乎空前团结，一致要求与苏方迅速建交。可以说自 1919 年五四运动以来，还从来没有哪项国际问题像中俄会谈的决断那样，在中国引起如此广泛的关注。正如当时外国观察家发现的，整个中国社会，从极左分子到极右分子，从陈独秀、孙中山，到吴佩孚、张作霖，第一次在要求同苏联建立友好关系问题上统一起来。尤其在苏方代表加拉罕抵达北京后，北京的外交当局更是因此不得不对舆论界表明态度。1923 年 9 月 11 日，京师总商会欢迎加拉罕时，王正廷应邀参加并称"关于对俄方针，国民中尚有误会者，以为中国对俄方针，应视列强态度为转移，此与鄙人之意旨绝对不同"。

然而，无论是知识界还是舆论界，乃至政界的许多头面人物，似乎都很少从外交的角度看待中苏建交问题。要知道，就在发布两次对华宣言后不久，苏俄却于 1921 年 6 月派兵侵入当时中国版图内的外蒙古，接着竟背着中国政府与外蒙古当局签订条约，确认双方政府相互承认，苏军可以驻扎外蒙古，这无疑是公然破坏了中国主权的统一和领土完整。而在外蒙古问题上，自从袁世凯执政以来，历届民国政府始终坚持自己的主权，从未妥协半步。因此在 1922 年 8 月，刚刚上任外交总长的顾维钧对来访的苏俄副外交人民委员越飞表示，中苏建交的先决条件是苏军从外蒙古撤离。他的立场毫无疑问是正确的。更何况，苏俄在中东路等一系列重大问题上也含糊其辞。然而奇怪的是，当时的国内舆论却并不站在顾维钧这一边，相反却要求北洋政府无条件与苏俄建交。

进入 1924 年后，随着从世界各主要国家那里获得承认，苏俄的国际外交处境开始迅速好转，而此时北洋政府的承认与否在其眼中已不是那么重要。相反，由于北洋政府正面临自身国家的南北分裂，反而在外交上陷于被动，这更激起了知识界的不满。北京大学教授周鲠生就著文大声疾呼"苏俄对华宣言说得光明磊落，恐怕从中国和欧洲通商以来不能再找到第二件外国文书像这样肯讲公理的"，要求政府及早承认苏联。对于列强承认苏联这一外交事态，北京著名的《晨报》当即发表社论，愤慨地指出："吾侪两年以来力言我国应以无条件承认苏俄，如中东路问题、外蒙古问题等等，尽可于承认之后，从长磋商，万不可抄袭帝国主义外交之蓝本，以此为买卖……中俄前途关系已为重大，不可为局部问题所囿，失此绝好时机。反复申说，奚止一次？不幸国人漠不关心，而号称外交专家者流亦不过以仰承外国鼻息为能事，不敢自动以本国利益为本位，而定其方针，致中俄会议荏苒数载，尚未成功。"而对于坚持外交原则的顾维钧等负责人，舆论也是一片奚落之声："吾侪已一再申论，承认是一事，悬案如何解决又是一事，绝不可拾买卖式外交之余唾，以后者为前者之条件。不幸今日之所谓外交家者流，其眼光不出一寸以外之地，所敦敦计算者，不过个人之利害而已。或则请示于日，或则求教于美，美日皆曰不可，则彼等不敢可也。吾侪若一一揭破黑幕，则吾中华民族真无地以自容矣。"

北京知识界对外交当局所施加的压力，影响最大当推北大教授们的举动了。2 月 17 日，北大教授包括蒋梦麟、李大钊等在内的 47 人致函外交当局，希望尽快恢复中俄邦交，原函略谓：俄国革命，国体变更，中俄邦交，因以暂辍。然此乃事势所迫，国际常例，苟其主体已定，则邦交自当随复……梦麟等欲言之执事者有日矣，以为执事折冲樽俎，见岂不同，而乃声闻久寂，似畏前驱……可以想见，作为当时中国最有影响力的知识分子，他们的呼声会对北洋政府产生不小的促动作用。在各方舆论的压力和促动下，3 月 14 日，王正廷与加拉罕草签了《中俄解决悬案大纲协定》15 条、《暂行管理中东铁路协定》11 条，以及声明书 7 种。不过，由于顾维钧的质疑，当 15 日北洋政府国务会议对此进行审议时却未予批准，并议决令王正廷再商加拉罕修改，结果又引起了轩然大波。

如前所述，尽管同为民国时期的著名外交家，但顾维钧同王正廷二人之间却一直不和。无论是政治理念还是为人处事等方面，二人似乎一直格格不入。如果考虑到顾维钧一向以人缘好著称这个因素，那么我们完全有理由认为问题应该更多出在王正廷身上。关于此次中苏谈判，就事论事，顾维钧所提出的质疑完全合情合理。首先，负责与加拉罕谈判的王正廷虽然是中方全权代表，但顾维钧却是当时的外交总长，理论上是他的上司。所以不管王正廷对顾维钧有什么个人成见，在做出重大决策之前都应当征得后者的同意。但事实却是，王正廷完全不按套路出牌。在事先没有向外交总长顾维钧汇报的情况下，他便在中苏协议草案上签字，然后直接提交给内阁审议，这显然属于严重的失职。更要命的是，当顾维钧以行家的眼光审议草案时，便立刻发现了一系列重大漏洞：一是有关涉及外蒙古的条约问题，草案虽规定了废除沙俄与中国签署的以及和其他列强签署的有关中国的一切条约，但苏俄与外蒙古签订的条约只字不提，等于默认；二是苏俄从外蒙古撤军问题，草案虽规定了将在双方商定条件后撤军，但这些条件显然使中国处于完全听任摆布的境地；三是在华俄国教会的产业问题，草案声称俄国东正教会的所有地产都必须移交苏俄，但其在华拥有多少财产无法确认。对于这样的谈判结果，顾维钧不满意，包括大总统曹锟等在内的其他政府要员也非常不满意。最终，内阁会议经讨论后否决了这一草案，并请苏方代表再次仔细看王正廷的全权证书，其中明确规定了他所达成的任何谈判结果，必须呈报政府，并应经政府批准。

按理说，抛开个人的恩怨不谈，顾维钧的意见完全是从国家主权和利益的角度考虑的，公众应该一致拥护才对。然而没有想到的是，国内舆论顿时炸开了锅，所有的矛头根本没有指向王正廷，反而对顾维钧发起了集体讨伐。令顾维钧寒心的是，就在政府决定驳回草案的15日下午，一颗神秘的炸弹便送到了他的府上。幸运的是，顾维钧本人并没有受伤。由于没有找到幕后指使者，警方也无奈释放了送炸弹的两名学生。16日，情绪失控的苏方代表加拉罕居然紧急照会王正廷，限三日内正式签字。20日，北洋政府内阁会议决定下令撤销中俄交涉督办公署，由外交部接收办理中苏交涉。面对突如其来的一切，舆论界一片哗然，并再次行动起来。当天，北京学生联合会召集十余校代表开会于女高师，决定用公函警告顾维钧，勿作外交团之傀儡，为批准协定之障碍；并明确威胁称，假如他不改变立场，五四运动时火烧赵家楼、痛打卖国贼曹汝霖的故事就将重演。在青年学生的激进情绪面前，他们的老师也毫不逊色。北大教授们也联名发出宣言，警告当局："待之又待之，一年复一年，未见我国办理外交者，有若何之举动……于是本我国民之天职，起而督促我国之办理外交者……方冀中俄国交计日而复矣，乃我国操持政柄者，无远大之目光，办理外交者，无独立之精神，既锱称而铢较，复朝四而暮三，不顾舆论之从违，悍然举已成之协定而破坏之，吾人推求责任所在，实不能为操持政柄及办理外交者恕。"

至于知识界中的一些激进派人士，其反应则更加激烈。顾维钧回忆道：

北京大学派了一个代表团来到外交部要求与我面谈。我记得代表团的团长是李大钊。他是那个由 8 至 10 名北京大学的教授和学生组成的代表团的发言人。他的主要观点是王正廷博士与加拉罕先生所达成的协议草案是中国外交史上最好的协议。他想了解政府予以否决而不批准的原因所在。向他们讲明政府何以反对这一协议并不困难，于是我便向他们解释了协议草案中的各点，并着重指出，外蒙古问题是中国对该地区的主权和中国领土完整问题，不容随意侵犯。在谈判中，王博士无权将过去俄国与中国或任何其他方面所签署的有关外蒙古的条约排除在外而不置于废除不平等条约之列，从而默认外蒙古不再是中国领土的一部分。李大钊教授的回答使我极为震惊，他说即使把外蒙古置于苏俄的支配和统治之下，那里的人民也有可能生活得更好。他讲话时非常

图3-43 北京大学教授李大钊

激动，以致使我觉得他已失去了辨别是非的理智。因此我便对他说，他当然可以发表或坚持个人的见解，但是我，作为中华民国的外交总长，有责任设法维护中国领土和主权的完整，使之免遭任何外国势力的侵犯。由于考虑到李大钊教授的意见与我的见解完全相反，我便告诉他，鉴于我们的观点截然不同，我没有必要就此问题与他讨论。于是我说了句"请原谅"，便起身告退了。

由于事情越闹越大，到了最后，就连以吴佩孚为首的各地军阀将领都发电报到外交部，指责顾维钧。在各界舆论的影响下，军阀实力派人物吴佩孚也接连7次发表通电，向曹（锟）、孙（宝琦）、顾（维钧）、王（正廷）表示赞成中俄协定，"中俄交涉久延不决，致生波折，并闻有破裂之说，曷深惊异。此事关系国信国权至巨，深望毅力主持，仍本原旨，将协定即行签订，勿掠浮誉，无任盼祷"。一时之间，各省军人如萧耀南、刘镇华、孙传芳等也先后响应。

尽管面临各种巨大的压力，顾维钧却没有妥协。由于大总统曹锟的力挺，在他的坚持下，加拉罕不得不答应对中方存有异议的三项条款进行修改。最终在5月31日，《中俄解决悬案大纲协定》《暂行管理中东铁路协定》及各项附件正式签字，此次外交交涉也宣告结束。几经周折后签署的《中苏协定》包括很多条款，其中最重要的是废除了帝俄与中国或第三国所签订的一切有损中国主权及利益的条约，废除了帝俄在华的一切租界地、治外法权的领事裁判权，这也是近代以来第一次有一个大国主动放弃在华特权，与中国签署平等条约。

关于这一结果，顾维钧显然是欣慰的。在协定签署后的一次演说中，他深有感触地说："中国以前同大国签订的条约都是被迫就范的，但现在这次协定的性质，却是完全两样的。"而对于此次交涉中自己的境遇，多年后他仍感慨万千："炸弹事件并未能使我改变态度……最后，加拉罕先生对此三点都做了让步，同意所提出的修正意见。双方就需要修改的各点曾多次互换照会。……最后终于就我从最初就一直坚持的三点达成了协议。……结果证明，事后立即发表的新闻使新闻界和广大公众都喜出望外。由于外交部做了坚持不懈的努力，终于就政府认为意义十分重大的主要问题达成协议，取得了胜利。大家对这一事实深为赞赏。签字后，加拉罕先生与我握手，显然是对结果感到满意。因此，我们个人之间的友谊得到了保证，外交关系也正式建立了。"

非常有趣的是，虽然顾维钧在此次交涉中给俄国人造成了极大麻烦，使后者从此记住了这位中国外交家的名字，但反而收获了意外的尊重。直到三十三年后，当顾维钧前往海牙国际法院出任职务时，以不分场合随时准备进行政治攻击而著称的苏联法官，却格外热情地接待了他。这其中的玄机，谁又能说得清呢？

众所周知，外交作为政治领域最特殊、最复杂的活动空间，自古以来就是每个国家的重要"生命线"。它历来就是一个神秘的领域，一个比较封闭的领域，属于一种特权。一位西方政治学家甚至说："全部国际关系可以描绘成显赫人物或者由他们构成的集团的决策过程。"英国学者沙多在定义外交时干脆就认为"外交是运用智谋权术，处理国际相互联系"。我们不难发现，自晚清以来，中国的外交之所以屡遭惨败，除了国家实力虚弱的硬伤之外，很大程度也是因为主持外交者缺乏作为现代型外交官的基本素质。他们往往昧于时势，对国际公法和外交原则一无所知，大多数人还顽固地拒绝学习，以至于不但不能维护国家的权益，有时还在懵懂间将许多利益拱手送与外人，一时沦为笑柄。殊不知外交其实是一门高深复杂的学问，外交的目的，就是为了实现国家的目的，即为了保持自身的生存和独立以谋求自身的发展。这就首先必须了解外交知识，如国际公法、国际政治、国际条约等，同时运用智谋权术等手段应付外交的交涉。

如前所述，到民国初年，北洋政府时期涌现出了一大批职业外交家。而以顾维钧等为代表者，在国家全面处于被动的情况下，往往能做出一次次力挽狂澜的精彩"扑救"。毫无疑问，这批职业外交官，一般都在西方受过良好而系统的教育，对西方所遵循的一整套法理的精通程度，绝不亚于任何国家的杰出外交官，同时又都是坚定不移的爱国者。就拿顾维钧来说，即使他的政敌也不能否认他是一个忠诚的爱国者，终生致力于在民族之林谋求中国的权利和地位，即"将中国置于地图上"。正因如此，哪怕是在国际上，他们都得到了很高的评价。

然而与此同时，北洋政府时期的外交活动，不仅受到所处国际、国内政治环境的影响，在很大程度上还受到其他社会领域变迁的影响。这种影响是如此显著，人们发现在许多情形下，北洋政府在外交方面的任何举动都会牵动整个社会敏感的神经，以至于社会舆论往往能直接影响国家的外交。事实上，即使军阀有时也乐于与舆论界合作，从而对政府的外交发挥影响力。比如在华盛顿会议期间，甚至出现了军阀与华盛顿、上海等地公众舆论合作，监督政府外交谈判的情形。所以研究这一时期外交史的学者不由地感慨："在整个军阀时代，主要由北京的教授和大学生以及专业新闻评论者形成的公众舆论，对政府所施加的压力，恐怕是自秦始皇公元前221年统一中国以来前所未有的。知识分子和职业记者，由于控制着新闻媒体，影响着北洋政府外交事务的决策，而军阀和外交官们都将公众舆论视为制定政策的决定因素。"

对于顾维钧而言，相信他本人对于北洋时期的这种外交环境是有清醒认识的。因此在大多数情形下，他也常常谋求与新闻媒体及整个社会良好的关系。但是另一个不容忽视的现实也常常摆在顾维钧等外交家面前：在"职业"的外交家与"业余"的民众间不可避免会产生纠葛。因为从外交学的角度而言，外交原则与外交政策有显著差别，前者由外交目的确定，乃一国对外行为的准则，依其地理、历史、政治诸多环境所确定；后者为实现前者的方略，因时势的推移、环境的转变、利害的取舍，可以随机应变。因此，一旦公众舆论和民众试图直接介入国家外交时，职业外交家们往往对其后果是心有余悸的。顾维钧就认为，"这会干扰外交机制的正常运作，因为民众往往为一时的情绪支配而忽视外交操作的综合因素，甚至会与民族利益发生抵触，在民国政治斗争极其复杂的情况下，这种可能性益加明显"。

正所谓旁观者清，在整个中苏谈判的过程中，相比于国人，一些西方背景的媒体反倒显得格外冷静。当谈判正式开始后，美国人创办的《密勒氏评论》就曾指出："苏俄当时不惜抛弃一切者，乃欲换得承认耳，而今俄政府之地位远强于两年以前，北洋政府则大弱，强弱之势既殊，恐俄人不免食其前言。"1923年9月15日，《京津泰晤士报》在对中苏交涉发表评论时，一边批评加拉罕利用其声望对北洋政府施加压力，诱惑青年及报界，并试图利用直奉裂痕，私自与张作霖协商中东铁路问题，一边又无奈地感慨中国报纸受到愚弄而偏向加拉罕。

图3-44　对于在北洋政府供职的顾维钧而言，办理外交时还不得不时常
面对激进舆论的压力。图为20世纪20年代的抵制日货运动。

　　总之，外交作为政治领域最特殊、最复杂的活动空间，向来会牵动整个社会
敏感的神经。而北洋时期特殊的政治背景，又使得以知识界为核心的舆论能够对
政府外交自由地发表言论，并在一定程度上影响其外交运作，这应该是中国近代
史上绝无仅有的现象。

　　遗憾的是，历史并没有给北洋政府的外交家们留下太多的时间和空间，随
着北洋军阀政权治理国家的合理性日渐失去，社会舆论和整个国民外交运动与他
们之间的裂痕也日益扩大，这使得他们经常面临内政与外交的双重压力。结果，
当看到南方国民政府呈现出来的新气象，面临另一种有望实现民族解放的机遇之
时，社会舆论和国民外交的方向不约而同地急剧转变。还在关税特别会议召开
时，《民国日报》就极力攻击北洋政府："在全国人民对于'废除'不平等条约
运动的高潮中，北洋政府为敷衍民众感情起见，曾向东交民巷公使团提出修改不
平等条约的照会……但这一幕，不过是段祺瑞利用外交问题来和缓人民的热潮，
并利用外交政策做他政治舞台上竞争政策，拿来抵制奉张罢了。"到南方国民政
府北伐大获全胜之际，该报更底气十足地声明："在我们国民的认识里，北京已
不成其为政府了，已无所谓政府了。对内既不能令，又安能代表国家对外……国
民于此，应该对外有个声明！北洋政府已不是中华民国国民承认的政府了，此后

一切对外行动，国民是概不承认的！"更严重的是，由于对北洋政府日益丧失信心，使得持论一向中庸的自由主义者们也开始指责"中国当局根本上既然无意于在外交上取得胜利，则外交的失败，我们更不必抱怨外人了"。甚至连身处北洋军阀统治中心北京的某些舆论，也敢同政府大唱反调，他们呼吁："废除一切不平等条约，是中国国民当前唯一的希望；废约的运动，便就是中国民众当前唯一的责任……所以在最近的过去，全国一致呼声是'废除中日、中比、中英、中法、中葡、中意、中西等各国在今年已届满期的条约'……那么，中国的朝野之下，应该说是很一致的了！然而不然，首先表示不愿意把不平等条约废除掉的，当然是帝国主义，这不足为奇；最奇怪的，却是中国的政府，这样地表示谦逊和文明，不肯应和民意来废约……政府与民意，原来是这样相背驰的一个东西……全国民众呵！我们只有自动地、更加积极地来实行废约，不要打电报给什么北京外交部！"

于是，当北洋政府的外交家为解决中外交涉而焦头烂额之际，舆论界却在发生变化，而这背后的原因便是国内政治的剧烈变迁。随着南方国民政府在北伐战场上节节胜利，社会舆论也随即发生倾斜。受到南方革命政权的影响，国民外交也出现了新的变化：从前期的民众外交，发展到后来的革命外交；由以修约为目标走向以废约为目标；由支持北洋政府到拥护国民政府。而北洋政府虚弱的统治，又注定了不论它的外交家们如何努力，其外交大原则是不敢轻易更改的。时人就曾指出："亲外政策，亦为我国外交界之通病，安福系、交通系之亲日，外交家之亲美，自国之命运，自国人不思振作，望人帮忙……此种依赖性一日不破，中国之外交，一日无希望。我国的外交，更缺乏革命性。凡事必征求列强之意见，以为进行之准备，列强亦自居为奇货，故意刁难，以致一筹莫展……盖列强外交家者，如癞痢头之类，抓到哪里，痒到哪里，不抓或可不痒，故有许多外交问题，可无须征求列强之同意，由自国为断然之处置，或可解决，一征求其意见，反不得结果。"最终，由于对北洋政府的外交方针和交涉过程都已感到厌倦，舆论界渴望呼吸到新鲜的空气，而不久发端于南方的"革命外交"则不失时机地一度满足了国民的愿望。这也意味着，尽管北洋政府的外交家们在对比交涉时表现出了前所未有的新气象，然而却无法从根本上改变其在国民心中的形象。事与愿违，他们的努力有时反而被许多人视为挽救北洋军阀统治的特殊手段之一。即使在顾维钧断然宣布废止中比不平等条约以后，激进的青年学生便认为："现在的北洋政府，已为全国民众所唾弃，所蔑视，并且也已为列国舆论所唾笑，简直没有存在的可能与必要……北洋政府不是我们的政府，我们应以诚意拥护为我们的利益而奋臂与帝国主义与军阀肉搏血战的国民政府。我们承认只有……国民政府才能代表我们和外国缔结一切平等互惠的条约。"

众所周知，内政与外交是一个政府正常运转的两大基本要素。而对于20世纪20年代中后期的北洋政府来说，尽管它在外交方面的表现非常抢眼，但最终仍受制于国内政治。于是我们便发现，当国民外交压力下的修约运动开始后，北洋政府的外交家们越努力，反而越缺乏底气。特别是从1926年末以后，这种特征日益显著。无怪乎《现代评论》在1926年11月时就这样描述北洋政府外交家们的处境："北京的现内阁，大约成了众矢之的。在京津报纸几乎到处可以看见攻击现内阁当局的言论，尤其关于外交，受攻击最甚。"到了1927年初期北洋政府试图与英国交涉收回天津租界时，更受到无情的讽刺："在这个时候，北洋政府外交的人物，如果稍有勇气，虽然是沾别人的光，自然不难达到收回在北方的租界的希望。但是'好人政府'中的'第一流外交家'关于收回天津英租界的交涉，还好意思让英使说出什么天津租界不能与汉口九江一律办理的话！我们的'第一外交家'虽然有天大的容忍量，我们却很不想国民政府独享这外交胜利的荣誉！"显然，此时的社会舆论对北洋政府已彻底失去兴趣了。

1931年九一八事变后，顾维钧曾短暂出任南京国民政府的代理外交部长。当时日本侵略者为占领整个东北，决心夺取锦州，将中国的势力完全逐出关外，因此锦州一时成为中日问题的焦点。对于如何保住锦州，顾维钧的设想是"如能获各国援助，以和平方法保存，固属万幸；万一无效，只能运用自国实力以图保守"。于是上任伊始，他便试图通过外交途径，依靠英、美、法等国，先维持锦州的中立。11月24日，顾维钧同美、英、法驻华公使会晤，提出一项和平保住锦州的方案：为避免中、日两国在锦州发生冲突，可在锦州及邻近地区建立中立区，倘日本坚持，中国军队可以撤出该地区，但日本必须向三大国保证不进入该地区。第二天，国民政府特别外交委员会讨论并通过了顾维钧的这一方案，该方案也得到了蒋介石的首肯。令顾维钧难堪的是，就在有关锦州中立区的外交交涉还在进行之中时，这一消息却立即在全国范围内掀起了轩然大波，舆论界几乎异口同声地表示强烈反对，而态度最激烈的便是各地青年学生。南京、上海、北平、济南等地的学生团体代表纷纷来到外交部，质问顾维钧。以至于在出任外交部长的最初几天，顾维钧每天都不得不与几批学生代表见面，向他们解释外交政策，并请他们相信他自己保卫中国权益的决心。他回忆说："我就任外交部长后，紧接着就有很多学生团体要会见我……他们仍然反对直接谈判，并且要和我亲自谈话。我出去一露面，他们就喊'打！打！'。"然而随着日本在东北的侵略日益加剧和国民政府的无所作为，爱国学生越来越不满政府的外交政策。愤怒之余，大批学生包围外交部，有的还在墙上大书"打倒卖国贼顾维钧"的标语。江苏同乡会在发给顾维钧的一封电报中更是直截了当地警告他，如果不改变现行政策，就要炸掉顾家的祖坟。面对国内的强烈反对和列强的消极反应，南京方面最终决定放弃锦州中立区方案。12月21日，出任外交部长还不足一个月的顾维钧便宣布辞职。

如此可见，当年的"顾维钧们"要想在外交舞台上为国家谋取切实的利益，是多么的不易呀！正如顾维钧的女儿顾菊珍在读了父亲的回忆录以后曾感慨说："过去国家乱，经济靠外债过日子，站不起来，事事听外国人摆布。20世纪20年代，有人问家父：'中国前途如何？'他说：'有一半要看外国。如果你们外国人不去侵略剥削中国人，中国就会站起来。'现在事实说明，我们没有依靠外国竟然站起来了。看来，我父亲做了一辈子外交官，总希望中国收回权益，站起来，但是那时候是办不到的。他当时做外交官是很苦恼的，并未得到当时政府的信任，所以他声望虽高，但是力不从心。"

五、世人皆知威灵顿·顾

从理论上讲，一个国家的对外政策往往通过外交家来实现，因为外交家的形象直接代表自己国家的对外形象，而其在外事活动和国际交往中的风度和水平，都会对自己国家的对外形象产生重大影响。在这方面，顾维钧堪称近代国际外交舞台上最典型的代表。他学贯中西、仪表堂堂、学识渊博，而且具有雄辩的口才、良好的外语以及广泛的人脉。特别值得一提的是，顾维钧的英文造诣非常高深，不但在国内很少有人能与其媲美，即使在英、美国家的上流社会也堪称一流。当年他出使英国时，有一次同丘吉尔商讨中、英间重要问题。结束时已是晚上九时，丘吉尔突然提出，这次会谈内容机密，无人记录，我日理万机记不了那么多，可否请写一备忘录午夜送来。顾维钧答："午夜太匆促，可否改为明天中午。"第二天，当看完顾维钧送去的备忘录后，为人一向严苛的英国首相竟连连称赞其不但记忆力好，英文更是流畅清晰。要知道，丘吉尔本人可是举世公认的驾驭英文的大师，后来还曾获得过诺贝尔文学奖呢。由于这些原因，在顾维钧长达半个多世纪的外交生涯中，其英文名字——威灵顿·顾（Wellington Koo）常常被国际同行挂在嘴上。

(No. 18) The Legation street, Peking. 北京東交民巷

图3-45　民国时期的东交民巷，当时顾维钧常出入这里，与各国外交界人士广泛交往。

关于顾维钧在国际外交界的风采，关于他的机智与幽默，至今还流传着不少逸闻趣事。有一次在华盛顿参加午餐会时，顾维钧正好坐在一名漂亮的外国女士旁边。那个年代，大多数美国人对中国的了解很少，往往傲慢地认为中国人都是些开餐馆、洗衣店和修铁路的苦力。因此对于身边的中国男子，那位女士一时竟不知如何与其交谈。开饭后，第一道上的菜是汤，喝完汤之后，这位女士终于试探性地开口跟顾维钧讲话，她问顾维钧："您喜欢这道汤吗？"但是她先入为主的认定顾维钧只会讲洋泾浜英文，所以便慢吞吞地问："Like Soup？"（喜欢汤吗？）顾维钧当时礼貌性地笑着点点头，也没有回她的话。用餐完毕后是讲话环节，那位女士惊讶地发现，原来午餐会的主讲人竟是身旁的中国男子。只见顾维钧起身用标准流利优美的英文发表演讲，然后在掌声中回到自己的座位上。落座后，他慢慢地问身旁那位女士："Like Speech？"（你喜欢这篇演讲吗？）那位女士顿时羞愧得无地自容，赶紧向顾维钧道歉。还有个故事说，有一次在华盛顿的一个国际舞会上，顾维钧和一位美国小姐共舞，这个小姐问他："请问您喜欢中国小姐呢？还是喜欢美国小姐？"只见顾维钧面带笑容地回答："凡是喜欢我的小姐，我都喜欢她。"

正如外交学者温源宁所称赞："无论什么时候想起顾维钧博士，人们都会情不自禁地联想到光芒四射的星星。……他的朋友和敌人都会承认，在国外，代表中国利益的中国外交官中，再也不可能有比顾博士更好的了。"的确，许多与顾维钧打过交道的西方人无疑都深有同感。在目睹了顾维钧的外交表现后，当年一位美国五星上将曾不无感慨地对他说："你们中国样样不如人，政治不修、科学落后、经济落后，军备亦落后，但以外交言，却办得高明，可以说与国力不相称。日本虽强，但在外交方面却远不及中国。"即便是将顾维钧视为眼中钉的日本人，有时也不得不佩服这一点。在一次鸡尾酒会上，有名日本外交代表曾意味深长地对顾维钧的夫人黄蕙兰说："你的丈夫为中国服务太勤奋了，他至少比中国进步二十年。你在中国也是现代化人物，但中国对于你俩任何一人都从不见有何酬劳！"大名鼎鼎的《纽约时报》驻华首席记者哈雷特·阿班当年曾同顾维钧颇有交往。在回忆北洋政权末期的北京政局时，他感慨地承认，虽然那时顾维钧只是徒具虚名的政府的顶梁柱之一，但却能与各国新闻界维持和谐的关系，而且从未请求对某件新闻作特殊处理，或命令将某件新闻压下不发，不管所涉事件对那摇摇欲坠的政权有多大损害。直到 20 世纪 30 年代，一家英国报纸的专栏作家在提到"威灵顿·顾"这个名字时也不吝赞美之词地写道："中国很少有比顾维钧博士更堪作为典型的人了。平易近人，有修养，无比耐心和温文尔雅，没有哪位西方世界的外交家在沉着与和蔼方面能够超过他。"

江湖地位可不是一天奠定的。能够在国际外交界获得广泛的赞誉并结交众多的朋友，顾维钧也走过了漫长的路。

　　遥想在巴黎和会上扬名立万后，顾维钧便开始在国际外交舞台上纵横驰骋。顶着巨大的光环，刚刚三十出头的他甚至腾不出时间衣锦还乡，就被政府留在欧洲继续承担重要使命。1920 年 11 月，顾维钧作为中国首席代表出席了国际联盟第一次大会。在国联大会上，他凭借着外交和政治的广闻博识，阐述了按地区出代表的原则。出人意料的是，这条原则竟从此被所有国际组织公认，而作为三等弱国的中国由此被选入国联理事会，顾维钧则顺理成章地当选为非常任理事。对于顾维钧在国际外交界获得的殊荣，当时的国人可谓五味杂陈。著名的《东方杂志》曾就此发表评论称："惊骇者若而人，庆贺者若而人，华族寓公，人人色喜。记者目击情状，汗流浃背；思中华民国自九年十二月十五日起，在国际上所处之地位，已与列强同等矣。"而英国驻华公使艾思顿在给外交部的年度报告中也写道："尽管内部可悲的困难，中国赢得外国更高的尊敬；当中国拒签《凡尔赛和约》时，赢得国际尊敬的高潮开始涌起。日本虽然取得当时政治上的胜利，但中国赢得道德上的胜利，并在赢得国际行政院席位时达到巅峰。"1921 年 2 月 21 日，国际联盟行政院会议在巴黎举行，顾维钧又作为中国政府全权代表在国联理事会上当选为修改国际联盟盟约委员会委员。

图3-46，图3-47　担任中国政府全权代表时期的顾维钧

在多年闯荡国际外交舞台的生涯中，几乎所有的海外媒体在谈到顾维钧时，几乎无一例外都是正面的、积极的评价，甚至是不吝溢美之词，这种国际声誉一直持续到抗战结束。1946 年，国内有记者撰写了一篇题为《国际红人顾维钧》的报道发表在《新闻天地》第 11 期，非常传神地概括了顾维钧的国际影响力：

联合国大会开会的时候，顾的国际声望，涨到了顶点。伦敦《泰晤士报》说他是全场风度最好，言谈最好的老外交家。在当前外交圈子中，顾少川（维钧），不仅是中国的"红人"，而且是国际的"红人"了。联合国成立大会在伦敦开会，顾少川代表"五强之一"的中国，发表了很多次演说，每次都非常扼要、明晰和得体。一位英国老牌记者，在会议休息中，竖着大拇指告诉我"威灵顿·顾，大会中最成功的一个"！

顾少川本人就是这样，他对人周到，周到到务必使对方痛快。他逢人见面便拉手，逢到中国人，他总是问："好吗？什么时候上伦敦来的？"遇见外国人也是一样。有一次，我在巴黎碰见卢森堡的外交部长薄克，他最引为光荣的是"威灵顿·顾是他的好朋友"，"因为中国是四万万五千万人的最大国家，卢森堡是仅只三十万人的最小国家"！

因之，大会期间，竞选新国联秘书长的时候，就有人建议请顾少川为候选人之一，因为每次顾的提议、演讲、解释，既不得罪英、美，又不使苏联失望，即使大国满意，尤其使小国拥戴。这是几十年沧桑经验得来的技巧、手法和眼光。在国联大会上，顾少川确确实实能代表中国的泱泱大国之风。我听了他的演讲，问坐在我旁边的塔布衣夫人的感想，塔布衣夫人回答得很好："1919 年和会，他就是中国的代表，如今还是他，焉得不成功？"

正是由于多年来在国际上迅速积累了声望和人脉，即便在外交事务之外，顾维钧也总能显示出超乎常人的能量。1926 年中秋节前夕，由于当时的北洋政府已陷入财政枯竭的困境，就连公务员的薪水和军队的兵饷都无法正常支出。

重压之下，时任杜锡珪内阁被迫集体辞职。而在新组建的内阁中，顾维钧应邀出任最烫手的财政总长一职。面对纷纷前来讨账的政府职员、大学教授和各路军阀，顾维钧居然神奇地帮助政府渡过了这次危机。原来，由于国内银行大佬们只答应向政府提供50万元的贷款，顾维钧动用个人关系，从外国银行那里获得了一大笔没有任何政治附加条件的贷款。这个故事至今读来都非常有趣：当时北京有一家合资的中美商业银行，该行美方董事卫家立是卫理之子，而卫理曾在美国驻华公使馆长期任代

图3-48　曾长期担任中国海关总税务司的安格联。

办，后来成为华盛顿国务院远东司司长，他的孩子们都是在中国长大的，其中卫家立与顾维钧就颇有私交。为了解燃眉之急，顾维钧抱着试试看的心理给卫家立打了个电话，说有急事相商。不料后者竟主动在电话中说："顾博士，我知道你受到了很大的压力。请告诉我，你过节要多少钱？"顾维钧说："要50万元。"出乎他的预料，卫家立居然说："你的全部需要就这些？这就够啦？"还说："如你需要，还可多些，但如你说50万元已可应付，我们也能理解。"当顾维钧打探其有什么附加条件时，卫家立轻描淡写地说："不，如你不介意的话，我愿告诉你，在你担任财政总长的任期内，我们都完全乐于提供贷款。我们的这次帮助并不完全因为你是财政总长，而是看在你顾维钧博士本人的面上。我们知道，顾维钧博士是不会令我们失望的。"就这样，凭借着顾维钧神奇地筹集了50万元经费，政府按许诺支付了行政机关40%的薪金、军警70%的薪饷以及教育部门70%的薪金，从而化解了一场尴尬的破产危机。从中也不难看出，我们的顾博士在国际上是多么有人缘。

　　虽然在大多数西方人眼中，作为外交家的顾维钧总是那么彬彬有礼、温文尔雅，但一旦触犯了他的底线，这位中国外交家也有翻脸不认人的时候。

关于这一点，曾经长期担任中国海关总税务司的英国人安格联①无疑有最深的体会。

那是在北洋政府的修约外交高潮时期，突然发生了一件令舆论界轰动的事件——时任内阁总理顾维钧采取了一个大胆举措，罢免了把持中国海关多年的英籍总税务司安格联，此即安格联事件。此事虽仅系北洋政府外交史中一段小插曲，其意义却非同凡响。作为不平等条约在中国最典型的体现之一，海关总税务司长期由外人担任这种特殊形式，且不论其实际上对中国的影响如何，仅对国民心理上造成的阴影而言，已属不可容忍。一个主权国家的财政命脉操纵在外国人手中，所带来的恶果是不言而喻的。事实上从清末以来，总税务司就对中国的内政外交都有着重要的影响，甚至对中国的总督人选都有发言权；而在外交方面，这一角色更是有着特殊的作用，以至于清朝的许多对外交涉，都听命于时任总税务司赫德。所以，就连许多西方人都指责说，本来是中国政府雇员的外籍总税务司俨然"成了他主人的主人"。由于种种原因，这种现状即使到了民国也没有丝毫的改变。不过，顾维钧却成了第一个吃螃蟹的人。

1927 年初，为了应付南方国民政府的军事进攻，迫于巨大的财政压力，北洋政府决定通过海关立即征收附加税。1 月 12 日，顾维钧以国务院摄行大总统名义发布总统令，安排海关征收附加税。不料海关总税务司安格联却一口回绝，声称海关不能征收未经条约列强批准的外贸税，无论政府决定采取什么行动，海关必须独立孤行。对于安格联如此傲慢的态度，顾维钧极为愤慨。毫无疑问，安格联的拒绝签字将意味着北洋政府会因财政危机而迅速垮台，而这也这直接挑战了顾维钧一向秉承的主权观。他义愤填膺地指出："一个公务人员的首要义务是服从政府的命令，尤其是作为一个外国人，他应该知道自己的地位特殊，无权使自己处于可以对政府施加压力的地位上。"虽然自清末以来海关总税务司俨然是中国的"太上皇"，但见过大场面的顾维钧却不吃这一套。于是乎，顾总理一声断喝，

---

① 安格联（Francis Arthur Aglen，1869—1932），英国人，第三任中国海关总税务司，被称为"太上财政总长"。1888 年加入中国海关，先后在北京、厦门、广州、天津等关任职，1897 年任税务司，1910 年 3 月接替裴式楷，任副总税务司，署理总税务司。1911 年 6 月任代理总税务司，1911 年 10 月赫德病逝后正式接任总税务司，在任十七年。

敢将皇帝拉下马！2月1日，北洋政府发布公报，明令将安格联革职，同时任命总税务司主任秘书易纨士暂代其职。

图3-49　由于其多年在外交领域的传奇经历和杰出表现，顾维钧在国际社会获得了巨大声望。

这条消息一经传出，国内外顿时舆论大哗。还没等英国人提出抗议，中国银行界却首先骚动起来。由于担心损害自己的利益，以中国银行总经理张家璈为首的银行界头面人物直接找到顾维钧表示了他们的不满，甚至蛮横地扬言，如果政府不准备有效地应付局势，最好是辞职。同时，在北京的外交使团的代表也来求见顾维钧，要求一个满意的答复，对此顾维钧均表示了强硬的态度。不过对于大多数民众来说，倒基本上是衷心地欢迎北洋政府这一决策的，舆论界一般都认为这是维护中国主权和中国政府权力的合法行动。《晨报》当时发表的一系列社论最能代表这种情绪，2月8日，该报就评论道："安格联向有太上财政总长之称，既掌握海关全权，又负保管内外债之责，操纵金融，左右财政，历来当局无不仰其鼻息，而安格联之允诺，可以生死内阁，安格联之言论，又可以高低公债。虽安之滥用职权，有以致此，而官僚财阀迷信外人，实为主因，举国人心之愤慨已非一日，此次当局毅然罢免，无不痛快。"该报此后两天又连续发表题为"总税务司之地位"的社论，支持政府的行动。而《现代评论》的时评也认为，不管政府的动机如何，对安格联的"免职令一下，没有人不拊掌称快的"。

随后各方几经交涉，最终达成协议。为了保全英国人的面子，易纨士得以接任总税务司一职，而安格联则改为离职一年。一年后，在中国当了几十年"太上皇"的安格联灰溜溜返回英国，而这段民国外交史上著名的插曲也宣告结束了。对于这次震惊世界舆论的举动，顾维钧后来回忆道："这段插曲更进一步加强了我的这样一种信念：只要中国立足于其合法权益的立场上，不管其行动在远东或在整个亚洲看来是如何引人注目或甚至令人震惊，也都将会在海外得到充分的理解。何况任何一个外国政府，如果它的官员像安格联一样行事的话，不论其职位多高，它也会像中国政府一样将其革职。"

进入南京国民政府时期后，顾维钧虽然再也没有机会跻身于中央政府的最高层，但仍继续驰骋在外交界。二十余年间，他先后担任驻法、英、美使节，同时也没有离开国际联盟这个外交舞台。由于他精通外文和国际法，擅长辩论，广交朋友，从而在国际范围内结成了广泛的统一战线。第二次世界大战即将结束时，顾维钧又被赋予参与构建战后新秩序的重要使命。1945 年 3 月，他代表中国出席在旧金山召开的联合国国际组织会议，参与起草《联合国宪章》。为此，美国顾问魏德迈曾这样称赞顾维钧，认为他在外交方面是杰出干练的代表，足以和世界上最优秀的外交家相比。

1956 年，年近古稀的顾维钧决定从"驻美大使"任上退休。过去的近半个世纪，无论是在哪个政权中任职，他所考虑的都是国家利益。而现在，该是为自己谋划一下剩余人生的时候了。尽管长期在外交界担任显赫的职位，但顾维钧却始终两袖清风，也没有积攒下多少"养老钱"。从这一点考虑，他也应该尽早脱身，以利用自己最后的能量去待遇优厚的国际机构中谋生。恰在此时，台北"外交部"发来电报，希望他同意竞选联合国的国际法院法官，以递补不久前中国籍法官徐谟在荷兰去世所遗留的空缺。

国际法院，即俗称的海牙国际法庭。作为联合国的六大机构之一，国际法院成立于 1946 年 4 月，其前身则是国际联盟时期的国际常设法院。国际法院由 15 名法官组成，法官候选人需要在联合国安理会和联合国大会分别获得绝对多数赞成票才能当选，每届任期九年，每三年改选三分之一，以保持工作的连续性；全体法官以无记名投票方式推举院长，院长每届任期三年。按照有关规定，15 名法官的构成中，分别是亚洲 3 名，非洲 3 名，拉美 2 名，西欧、北美、大洋洲共 5 名，东欧 2 名；当选国际法院法官必须是品格高尚并在本国具有最高司法职位的任命资格或公认的国际法专家；在程序上，国际法院法官由联合国大会和安理会选举产生，而且都要获得绝对多数，所以往往数次投票才能成功；作为特权，5 个常任理事国可一直有人担任法官。因此除 1967 年至 1984 年间由于特殊原因没有中国籍法

官被提名外，安理会的 5 个常任理事国美、英、中、法、俄（苏）一直各占有 1
个席位。

图3-50　晚年的顾维钧与海外友人在一起

图3-51　在退休之后，顾维钧将海牙国际法庭作为人生最后的职
业舞台。

想当年还在北洋政府时候，尽管中国只能算是三流国家，但由于顾维钧等一批外交精英在国际舞台上的闪亮登场，因此从国际联盟时期的国际常设法庭起，就有了中国籍法官的身影。著名国际法专家、曾任北洋政府外交及司法总长的王宠惠，就曾于1921年至1939年间任国联常设国际法庭法官。之后，郑天锡（1939年至1946年间在任）和徐谟（1946年至1957年间在任）又先后在国联和联合国出任这一角色。

其实对于顾维钧而言，如能在暮年进入国际法院工作，实在是再合适不过了，也算是专业对口。因为早在大学期间，他就喜好国际法并有相当造诣。尽管当时台北政权在国际上的影响力已日薄西山，但顾维钧仍信心满满地决定竞选国际法庭法官职位。

当时，徐谟的继任候选人共有8人，其中有包括顾维钧在内的3位中国候选人，另外2位是由荷兰提名的郑天锡和由巴西提名的梁鉴立。不过这2位候选人在选举前均通知联合国秘书长弃权，郑博士还特意在确认弃权的信中写道："我不能在未来选举中担任候选人，作为中国代表团成员之一，我和我的同事已经提名顾维钧担任法官空缺候选人。"于是，真正的竞选便在顾维钧和日本的栗山二人之间进行的。如此看来，顾维钧的外交生涯似乎命中注定绕不开日本。进入投票环节后，顾维钧在安理会的历次会议上均获得实际多数票，但在联合国大会的历次会议上，不是选举无结果，就是栗山占优势，投票已超过10次，还是无法确认究竟是谁获选。直到1957年1月，由于美国国务卿杜勒斯的介入，日本放弃栗山竞选徐谟遗缺的候选资格，顾维钧才在安理会和联合国大会全体会议上获选。后来在同年10月1日举行的第二任期选举中，顾维钧获得了绝对多数的选票，从而确保了在国际法院中连任九年的职位。由于工作出色，顾维钧还于1964年当选为国际法院副院长，直至退休。1966年10月，萌生退意的顾维钧以健康原因放弃竞选国际法官的资格，次年春便回到纽约定居。直到1985年，国际法院才再度出现了中国人的面孔。

即便是在晚年彻底退出外交舞台后，顾维钧也能凭借独特的个人魅力令"洋人"折服。有一天早晨顾老散步后去亲戚家，不料在公园门口迎面来了4名黑人将他团团围住，用低沉的声音喝道："乖乖地把身上的钱都掏出来，否则对你不客气。"只见这名白发苍苍的中国老头缓缓从身上掏出 20 美元说："我老了，一直靠政府的救济金生活，想必你们早餐尚无着落，拿去吧，我们乃是兄弟，应该给你们。"为首的黑人一把夺过这张钞票骂道："谁与你是兄弟？"顾老当即从容不迫地回答说："他们是白人，而你们是黑人，我是黄种人，我们都是有色人种，怎么不是兄弟呢？"结果，或许是"有色人种"这几个字触动了那几名劫匪，为首的黑人沉吟了一下，随即便将美钞塞回给顾老，并说："我们是兄弟，我们怎能这样拿兄弟的钱？"更令人不可思议的是，还了钱的黑人并没有马上离开，反而在问清顾老的住址后非要护送他回家。能在海外有这样的奇遇，恐怕也只有顾维钧这样的外交奇人才能做到了。

第四章
自古才子多风流：民国三大美男子
的私家传奇

"婚姻是一部书，第一章是诗篇，其余则是平淡的散文。"

——巴法利·尼克斯

"知道他的名字，始于将他与梅兰芳、汪精卫并称为中国'三大美男子'的一幅年画。我的学生时代是在抗日战争时期度过的，那时顾维钧的外交活动踪迹，常常是学校师生乃至全国民众关注的焦点。"

——肖岗

"法国，以及别的国家，在很大程度上要根据维钧和我的表现来确定他们对中国的看法。我们是中国的橱窗。"

——黄蕙兰

"老实说，在我国驻外大使夫人中，最出色的大使夫人要以黄蕙兰为首屈一指了。"

——袁道丰

"以顾夫人的多金，少川要当总统也不难，岂仅一个国务总理！"

——章士钊

"他是个可敬的人，中国很需要的人，但不是我所要的丈夫。"

——黄蕙兰

从个人生活的角度而言，顾维钧也是极为成功和幸运的。他相貌出众、气度不凡、才华横溢，在国际外交界享有盛誉。还在民国初期，他就被视为名副其实的"美男子"。令人感慨的是，顾维钧一生所经历的几段婚姻同样充满了传奇色彩。从内阁总理的千金，到亚洲"糖王"的掌上明珠，再到曾经的复旦校花，每段婚姻都对这位"美男子"不同的人生阶段产生了重要影响。纵观其漫长的一生，顾维钧简直就是以幸运开头，以幸运终结；半世繁华，半世康宁，接近百岁的高寿，无疾而终。这样的传奇男子真可谓世间少有！

一、顾少川作了唐少川的女婿

传奇人物也，并不仅仅是因为叱咤风云的辉煌，并不仅仅因为青史留名，更重要的应体现在其身上那份独特魅力。毫无疑问，就政治经历与外交成就而言，顾维钧足以称得上是民国的传奇人物。不过就其个人色彩而言，他身上的种种传奇经历似乎同样吸引人的眼球。

通过顾维钧的照片，无论是以哪个时代的标准衡量，我们恐怕都不得不承认他的"美"。他身材中等、面目俊秀、风度优雅，无怪乎早在民国初年就被誉为"三大美男子"。关于民国"美男子"的各种版本，向来是后人所津津乐道的话题。众所周知，长期以来都流传所谓"民国四大美男子"的说法，通常是指张学良、梅兰芳、汪精卫和周恩来四人。不过据考证，这种说法并非产生于民国时期，至于因何流传也不得而知。相比之下，"民国三大美男子"的说法却千真万确地在当年就流传过。当时，汪精卫、顾维钧和梅兰芳三人曾同时出现在年画上，由此可见他们在社会上的影响力。直到暮年，有一次顾维钧出席招待会时，仍有某记者好奇地追问："您是中华民国初年三大美男子之一，对此您有什么感想？"不料顾老却幽默地回答道："我不知道啊！在年轻的时候，没人告诉我；现在我年老了，不能算是美男子了吧！"

有趣的是，尽管同为民国初年政坛上的头号"美男子"，但在婚姻方面，顾维钧可比汪精卫幸运多了。与后者一生只有那位貌丑而跋扈的陈璧君不同，顾维钧一生曾有4段婚姻，并且4位夫人都是名门望族之后，以至于有人满怀羡慕的心情戏称他是"官运

图4-1 风度、外貌俱佳的顾维钧，曾被誉为"民国三大美男子"之一。

与桃花运并享"。纵观顾维钧的四任妻子：张润娥、唐宝玥、黄蕙兰、严幼韵，她们在不同时期所扮演的角色也大不相同，无形中也为顾维钧的人生经历平添了非同寻常的传奇色彩。

图4-2　汪精卫

图4-3　梅兰芳

1908年，时年20岁的顾维钧迎来了他的第一次婚姻。那时，顾维钧已到美国留学四年，正在上大学三年级。是年初，父亲顾溶突然从老家写来一封信，要求他回家成亲。顾老爷子在信中语重心长地说，念及顾维钧的兄妹均已成家，5个儿女之中唯他一人尚独身，深感父责还没尽竟，因此希望儿子不日学成之后，回国与张小姐完婚，以了却父母的最后一桩心愿。接到来信，顾维钧先是一愣，随即才慢慢想起当年的一桩往事。

原来早在顾维钧12岁时，家里就按旧社会的习俗给他订下了一门亲事，对方是名医张骧云（1855—1925）的侄孙女张润娥。说起这张骧云，在上海滩可是鼎鼎有名。张家是中医世家，张骧云更是以擅治伤寒闻于世，又因其医德高尚而备受地方敬重。张骧云中年因患重病导致双耳失聪，赖"喇叭筒"助听应诊，因此在20世纪初上海滩民间便有"得了伤寒病，去找张聋髭"的说法。张润娥的父亲张衡山乃张骧云之侄，医术也很高明，时常到顾府出诊。1900年，12岁的顾维钧曾大病一场并导致他从英华书院辍学，幸亏张大夫妙手回春治好了他的病。在接触中，张家对聪明过人、长相俊秀的顾维钧十分欣赏。于是经双方家长商议，一桩门当户对的娃娃亲便订了下来。那年顾维钧 12 岁，张润娥 10 岁。

如今八年过去了，张家眼看女儿已经 18 岁了，便催着顾家完婚，这才有了顾老爷子的来信。却不料此时的顾维钧已在美国留学四年，接受了新思想熏陶的他哪里能接受这种旧式的婚姻？于是他便以完成学业事大为由，婉言拒绝了父亲的命令。如此三番五次书信交涉，父子俩终于闹翻了。末了，还是顾维钧的大哥顾维新（即顾敬初）出面给小弟做思想工作。他在信中写道："如今已长大成人的张家小姐真真是人品贤淑、聪明漂亮，肯定会是一位好妻子，希望小弟能体谅父亲的一片苦心，赶紧回来完婚吧。"思索再三，顾维钧也心软了下来，毕竟父亲这么多年花费巨资供自己在美国留学，自己再怎么不乐意也不能太伤他老人家的心。于是他回信表示同意考虑，但前提是女方必须解放小足和学习英文。幸运的是，张家也思想开明，按照顾维钧的要求，不让张润娥裹脚，还让她去学英文。接下来又经过大哥的一番劝说，顾维钧终于同意利用假期回国探亲，但仍声明不会结婚。为了先稳住儿子，父亲顾溶答应决不强迫。

不成想，是年夏天顾维钧一回到上海家中，父母便立刻开始了劝婚攻势。令他们生气的是，无论是怎么好言相劝，顾维钧就是不同意结婚，气得顾老爷子竟然关起了自己禁闭，并且以绝食相威胁。一看情形严重，大哥一面破窗而入慰藉父亲，一面再度劝诫顾维钧，批评他太摩登、太新思想。他苦口婆心地对小弟说，父亲从未想到他曾竭尽全力养育儿子，并给他以优良教育，结果儿子毫不理解他的心意，这怎能不令他大失所望，生趣全灭！最终，顾维钧心软了。为了让父母高兴，也为了保全两家人的面子，他答应只在形式上结婚。父母闻言大喜，老爷子当天就开始吃饭，并令家人准备婚礼。顾老爷子当时身为上海商界的显赫人物，因此家中娶亲的排场自然非同一般。可怜顾维钧虽是新派留学生，却也不得不身穿长袍马褂被人摆布着履行了一场旧式婚礼的程序。

在这场逼婚风波中，其实最可怜的是新娘子张润娥。可以说从双方父母订下娃娃亲的那一刻起，就注定了张润娥悲剧性的命运。相比顾维钧而言，她更是无辜。婚礼当天，就在洞房花烛夜的大喜时刻，顾维钧居然躲在母亲房中不肯露面，一时在邻里间传为笑谈。直到两天后，在母亲的再三恳求和父亲的威逼下，新郎官才回到自己的房中，但却不肯上床睡觉。目睹这一幕，对实情仍浑然不知的张润娥大为惊讶。经过小两口一番谦让，最终张润娥选择了忍受苦果，她宁可睡沙发也没有将事态闹大。由此看来，顾家大哥在信中说的一点儿没错——张家小姐的确是人品贤淑。而顾维钧晚年回忆此事时，同样发自内心地称赞张润娥宽容、忍耐和天真纯朴。就这样，新婚夫妇井水不犯河水地度过了"蜜月"。随着假期即将结束，顾维钧准备返回美国。这时，父亲又给他出了道难题，强令他带着新婚妻子同行。父亲顾溶一再告诫顾维钧："张润娥是张家独女，一定要对她负责。"就这样，顾维钧硬着头皮偕张润娥一同赴美。平心而论，虽然顾维钧实在无法给张润娥爱情，但他对这个无辜的女子还是很负责的，把她当亲妹妹一样看待。到美国后，顾维钧通过朋友让张润娥寄居在费城一对慈祥的德国血统老夫妇家，和他们共同生活，补习英文，他则独自回纽约上学去了。

一年过后，顾维钧终于提出了协议离婚的问题。据顾维钧回忆，当时的过程是这样的：在听了顾维钧一番关于这桩婚姻的处理意见后，张润娥既不表示赞同也不表示反对，一般只听不说，但还是强调："我们既是正式结过婚还有什么可说的？"顾维钧又说，如果双方同意，婚约便可解除，并给她一段时间考虑。几天后，顾维钧将相关法律文书寄给张润娥。过了些时候，多少也接受了些新思想的张润娥终于下了决断，让顾维钧前来商谈离婚事宜。谈到具体细节时，顾维钧表示，她可以继续留在美国读书，费用由他负担，也可以回国在顾家与他的父母共同生活，或者回娘家，其陪嫁及顾宅房间物品，由她掌管、支配。随后，顾维钧草拟一离婚合约，征求张润娥意见。数月后，他们再次晤面。张润娥说她看不出合约有什么要改的，但表示如果顾维钧要她签，她便签。顾维钧为了避免外界的非议，也为了避免双方父母的不快，证明这不是他逼张润娥所为，他希望张润娥亲手誊抄4份副本交给双方父母各持1份。张润娥十分宽容和豁达，顺从照办。就这样，在1911年，顾维钧与张润娥在美国签了离婚协议，以极友好的态度彼此分手，这桩有名无实的婚姻至此结束。据顾维钧回忆，在离婚前他还态度诚恳地对张润娥说："我们应当力争幸福，而幸福只有在以爱情为基础时才能得到，这只能是自然形成的东西。"

看到这种情形，总不由使人回想起十多年后"五四"时期的离婚潮。可是顾维钧所处的时代毕竟还是清朝，所以他对于旧式婚姻的抗争实在是超前，比"五四"时期的徐志摩、鲁迅、郁达夫等人都要早得多。

且说顾维钧偕"新婚"妻子返回美国后不久，他就遇到了生命中的第一位大"贵人"——唐绍仪。本书开卷已经交代过，原来在 1908 年 11 月，留美幼童出身的唐绍仪作为清朝的特使访问美国。回国前，唐特使专门邀请了留美学生代表到华盛顿聚会，借此来鼓励他们学成后为国效力。正是在这次会见中，作为代表发言的顾维钧给唐绍仪留下了良好的印象。三年后，当时的顾维钧还没有拿到博士学位，刚刚出任中华民国政府首任内阁总理的唐绍仪便向这位年轻人发出了邀请。随后，顾维钧匆匆完成了博士论文，回国担任大总统袁世凯和国务院的双料秘书。而不久后，他与唐绍仪之间的关系更深了一层。

图4-4　在经历了早年一桩有名无实的婚姻后，回到国内任职的顾维钧立刻成为了众多女性心仪的对象。

唐绍仪（1862—1938），字少川，广东省香山人，1874 年第三批留美幼童之一，哥伦比亚大学肄业。1881 年被清政府召回后结识了袁世凯，因此在清末扶摇直上。1904 年任邮传部左侍郎兼署外务部右侍郎及会办税务大臣，集外交、铁路、电政、税务各种办事权于一身。辛亥革命爆发后，袁世凯委派唐绍仪为代表与革命党人谈判，最终促成南京临时参议院一致选

图4-5　由于得到了民国政坛元老唐绍仪的青睐，顾维钧的前途一片光明。

举袁世凯为中华民国临时大总统，唐绍仪任中华民国首任总理。

1912年6月初，顾维钧刚刚回国任职也就两个月左右的时间，由于在一些政治事务上发生冲突，唐绍仪与多年的老朋友袁世凯闹掰了，愤而辞去内阁总理的职务，随即便离开北京到天津做寓公去了。原来在当时，直隶咨议局选举和革命党更为接近的王芝祥为都督，唐绍仪曾请示袁世凯，后者口头同意。于是唐绍仪发电报让王芝祥北上就任。不料当王芝祥到京后，袁世凯的手下通电反对王芝祥任都督，而袁世凯便借此拒绝委任，改派王芝祥为南方军队宣慰使。唐绍仪出于对直隶咨议局决议和《临时约法》副署权的责任心，强烈抗议袁世凯独断专横，于6月15日不辞而别，出走天津。宋教仁、蔡元培等同盟会内阁成员也相继辞职，唐绍仪内阁倒台，民国第一任内阁维持不过五十天。6月27日，袁世凯批准了唐绍仪的辞呈，好兄弟就此一刀两断、分道扬镳。

风波一经发生，身为国务院秘书的顾维钧便按官场惯例步唐绍仪后尘辞职，随后又赶去天津与老领导会合。对于顾维钧的到来，唐绍仪自然喜出望外，心想自己当初真没看错人。不过他还是有些替顾维钧惋惜，说："你辞去国务院秘书的职务是可以的，但没必要连总统府秘书的职务也辞掉呀，毕竟国务院与总统府本来就是两个序列，互不冲突。"顾维钧则宽慰唐绍仪，自己也需要一些时间来考虑下一步的打算，同时也想去上海探望多年未见的父母。正如唐绍仪所料，像顾维钧这样的稀缺人才，袁世凯肯定不会轻易放弃。果然没几天，袁世凯的手下梁士诒就专程来天津传话，希望顾维钧能回去继续担任总统府秘书。几乎就在同时，外交部次长颜惠庆也来信请他去外交部任职。就在踌躇之间，唐绍仪态度明确地劝顾维钧回北京去，他说："你从上海回来后应即回北京，你也许觉得工作过于清闲。其实，你的职位是在外交部。"在他的劝说下，顾维钧答应了进入外交部的邀请。从事后看来，正是这一决定奠定了顾维钧充满传奇色彩的人生道路。

既然下一步的事情有了着落，顾维钧便怀着轻松的心情准备南下探亲。而在天津小住以及等候轮船的两个多星期里，一桩美好的姻缘降临在了他的头上，对方不是别人，正是唐绍仪的掌上明珠。原来经过这一段时间的考察，唐绍仪对顾维钧产生了强烈的好感，于是便正式将自己的女儿唐梅介绍给他，虽然此前两个年轻人在北京时就已认识，但如今唐绍仪却是认真地希望顾维钧能成为自己的乘龙快婿。

唐小姐本名唐宝玥，并不叫"梅"，因为她的英文名字为 May，所以才有此称呼。据顾维钧自称，唐宝玥的外貌并不十分出众，但有着良好的修养和大方的言行，因此给他留下了非常深刻的印象。我们从唐宝玥当时的照片中不难看出，顾维钧的评价确属中肯。

虽然顾维钧的个人事业刚刚起步，但在众多老一辈政坛大腕儿眼中，他显然是当仁不让的钻石级潜力股。加上他气度非凡、长相俊雅，这样的乘龙快婿谁不喜欢？有意思的是，据说当顾维钧回国后不久，大总统袁世凯和副总统黎元洪都对他青睐有加，都曾私下里希望能把女儿嫁给他。其中袁世凯因不好意思出面向自己的秘书

图4-6　在唐绍仪的撮合下，顾维钧与唐宝玥走到了一起。

介绍自己的女儿，甚至曾悄悄请唐绍仪去提亲呢，不过由于二人很快发生了龃龉，此事也就不了了之。当顾维钧跟着辞职的唐绍仪来到天津后，唐绍仪对这位小老弟更是另眼相看，因此便下决心要让他成为自己的女婿。对于这段往事，顾维钧在时隔几十年后依然历历在目："按照他的授意，我俩总是下午出门，不是闲逛，就是买东西、喝茶。我是单身汉，虽然住在利顺德饭店，还是几乎成了唐家的常客；只要没有其他约会，我总是和他们家人一起吃午饭和晚饭。这时我和梅混得熟了。我要离津时，唐梅说要去上海看望她的姑母，她好久没去上海了，问我是否能顺便陪她去。我说那会使我感到很高兴。于是我们同船去沪，当然，我们更加熟稔了。"

时隔四年，顾维钧再度回到了上海与父母团聚。就在去年，当张润娥与顾维钧正式签署离婚协议后回到上海时，曾在当地引起热议。可以想象，在当时那样的时代背景下，原本有头有脸的两家人居然闹出这样的事情，双方家长自然都承受了巨大压力。由于这件事，顾老爷子没少埋怨自己的儿子。不过如今已是民国了，人们的思想观念多少有了些变化。更重要的是，儿子刚刚从美国毕业就直

接进入核心部门任职，成为大总统和国务总理的双料秘书，顾家上下又何尝不是欢喜雀跃？再加上如今儿子正在与前任总理的千金谈恋爱，顾老爷子也就不再旧事重提，春风得意地为儿子接风洗尘。唐宝玥与顾维钧一同来上海拜访了顾家后，便在姑母家暂住了一段时日。不久二人回到天津，在唐绍仪的首肯下宣布订婚，并决定在次年6月2日于上海举行婚礼。

转眼到了来年5月，当顾维钧特地请假从北京回到上海，准备在6月2日迎娶唐宝玥时，未来岳父却突然来了一份电报。看完电报，顾维钧哭笑不得。原来老唐先生在电报中要求顾维钧与自己女儿的婚礼延后两天，而理由竟是——他自己要先结婚。说起唐绍仪的婚史，在民国名人中也算是奇事一件了。这位老先生此前曾有过好几位夫人，其中甚至包括2位朝鲜籍女子，可惜她们均先后过世。按说如今唐绍仪已年过半百，居然悄无声息地上演了一场黄昏恋。据他说，自己不久前刚刚经老朋友伍廷芳介绍认识了上海太古洋行买办家的小姐吴维翘。虽然对方比自己小了30岁，但双方却情投意合，因此决定赶紧迎娶吴小姐。更有趣的是，据说吴小姐在答应结婚时还提出了三个条件：一是唐绍仪不能留胡子，二是过门后要掌握经济大权，三是唐绍仪将来不能再娶小的。既然未来的老丈人也要结婚，那就自然不能在女儿的婚礼后操办，否则按照中国人的传统就要惹人非议了。于是乎，经过一番紧急磋商，决定唐绍仪先在6月2日结婚，再在6月4日嫁女儿，至于婚礼的地点，干脆都订在了上海虹口花园。就这样，唐绍仪父女俩在三天内相继举行婚礼，这桩奇闻一时间轰动了整个上海滩。值得一提的是，就连美国著名的《纽约时报》都围绕此事八卦了一回。该报在1913年7月18日刊登了这样一篇报道：

上海讯，顾维钧与唐梅的婚礼于6月12日（时间有误，应为4日——作者）举行，顾维钧毕业于哥伦比亚大学，现在北京政府供职。唐梅是前民国总理、现广东参议员唐绍仪之女。婚礼以民间方式举行，曾两度出任驻美公使、后任南京军政府外交总长的伍廷芳担任主婚人。美丽的新娘头戴蒙面纱，身穿白绸婚纱拖地长裙，在充当伴娘的表妹和4位花童簇拥下款款而行。新郎、耶鲁大学毕业的伴郎储宝森和新娘的父亲唐绍仪头戴高礼帽、身着传统的中式长袍紧随其后。婚礼上，伍廷芳博士宣读了由新郎、新娘和来宾签名的婚约，新郎为新娘戴上戒指，新郎新娘对拜，并一齐向来宾鞠躬敬礼。

特别值得一提的是，在顾维钧成为唐绍仪的女婿后，人们突然发现，翁婿二人的字居然一样，都是"少川"。一时之间，顾少川做了唐少川的女婿成了街谈巷议的热点话题。好在顾、唐二人都是留美海归出身，这样的巧合反倒符合西方人的辈分习惯呢。

图4-7　唐绍仪与续弦吴小姐的婚期，居然与自己女儿的婚礼发生了冲突，在当时的上海滩轰动一时。

不过就在顾维钧与唐宝玥结婚后不久，或许是对顾家的毁约之举心有不甘，张润娥居然在父家的支持下跟顾家打起了官司，这桩官司在上海滩引起了许多人的观注，著名的《申报》还进行了跟踪报道。例如，8月19日报道称："前清道署账房顾溶之子顾维钧与前内阁总理唐少川之女唐宝玥在外重婚，逼令伊妻顾张氏另行嫁人，该氏不服，已投地方检察厅禀控，兹因静候多日未见批示复，于昨日偕律师投案禀催。"8月21日再次报道称："妇人顾张氏偕律师陈则民，在地方检察厅控告伊夫顾维钧与前内阁总理唐少川之女唐宝玥重婚逼氏另行嫁人一案，昨由汪厅长批示云，据称顾维钧与顾张氏之夫妇关系并未断绝，复娶唐宝玥为妻，如果属实，律有重婚明条，唯此项罪名不属本厅管辖之内，仰候令发第一初级厅核办可也。"不过由于顾、唐两家毕竟身份特殊，张家控告之事最终也不了了之。

图4-8 尽管后来唐绍仪（前排左4）退出了政坛，但作为他的女婿，顾维钧显然从中受益匪浅。

　　与唐宝玥结婚后，顾维钧度过了人生中最美好的一段婚姻生活。毫无疑问，同之前有名无实的张润娥相比，唐小姐具有中国传统妇女无可比拟的优势。作为一名深受西方文化熏陶的现代女性，她全心全意支持顾维钧的工作，二人的感情也一直非常融洽。尽管此时唐绍仪脱离了北京政坛，但其多年来在政界积累下来的广泛人脉还是对女婿的仕途大有裨益。或许正因如此，后来顾维钧在评价这桩婚姻时总结了一个关键词——"主贵"。婚后不久，顾氏夫妇就在各种公开场合频频亮相，博得了满堂彩。例如，1913年袁大总统的就职典礼结束后，外交部当晚曾举办了一场酒会，由外交总长孙宝琦署名，招待各国公使及夫人，各国银行团、商界、报界的领袖及夫人，国务院成员及行政首长。顾维钧作为外交部骨干自然偕妻出席。据当时的报道，在酒会后的舞会上，中国贵夫人中以顾维钧夫人最出风头，堪称当时社交界之花。

　　1915年，由于袁大总统的破格重用，顾维钧年纪轻轻就出任驻美公使，夫人唐宝玥自然随行。到美国之后的三年内，他们相继有了长子顾德昌和长女顾菊珍。此时的顾维钧可以说刚刚开始自己的外交事业，因此夫人的襄助就格外重要，而唐宝玥也确实成功地扮演了这一角色。她一方面要照顾家庭和孩子，同时还作为公使夫人常常出席各种交际活动。据说顾维钧就任驻美公使后，有一次请时任美国粮食署长的胡佛（1928 年当选为总统）吃饭，席间唐宝玥微笑着说："胡佛先生，我们以前会过面。"胡佛皱起眉头想把会面这件事想起来，结果还是由顾夫人解了这个谜："我是唐绍仪的女儿，就是在天津被围时你救出来的那个女孩子！"原来在 1900 年义和团运动期间，唐绍仪携全家逃往天津美国租借避难，有一天，一颗炮弹炸穿了唐绍仪家的屋顶，炸死了他的妻子和一个尚在襁褓的女儿。当时胡佛正在中国的开滦煤矿担任煤矿工程师，就住在对街，他闻讯奋不顾身地冲进烈火中的唐宅，把唐家的小女儿从流弹横飞之下抢救出来，而那个小女孩正是顾维钧的夫人唐宝玥。

1918 年 10 月，恰逢美国两大外交盛会同日分别在华盛顿和费城举行。顾维钧因分身无术，无奈之下只好让夫人选择一处代表自己出席。疼爱丈夫的唐宝玥便主动要求去路途遥远的费城，不成想这次赴会竟成了悲剧。原来当时爆发了一场席卷全球的疫病——西班牙流感[①]，唐宝玥在返回途中不幸染病，回到华盛顿后便病倒了。由于当时的医学并不像如今这样发达，即便顾维钧使出浑身解数，仍无法阻止爱妻两天后撒手人寰。

唐宝玥的骤然离世，对于个人事业刚刚起步的顾维钧而言无疑是沉重的打击。为了表达对唐氏的爱意，顾维钧不惜重金将其遗体置于玻璃棺中运回国内，暂厝在老家嘉定顾氏宗祠内，并在原棺外又加上一层椁。当时有报道显示，1920 年 1 月，顾维钧委托中国邮船公司"中国"号轮船将夫人的灵柩运送回国，结果该艘轮船在途经长崎时曾触礁遇险。据说 1924 年至 1925 年间清明时节，当时一度退隐回乡的顾维钧还揭去外椁，让乡人瞻仰唐氏遗容。只是后来，由于军阀混战，他才决定将其遗骸改为土葬，并亲自带着一双儿女回国参加葬礼。直到 1949 年前，只要一有回乡的机会，顾维钧就会到唐氏墓前祭扫。由此可见，唐宝玥在顾维钧心目中的地位是何等重要。

---

① 1918 年至 1919 年间发生的一次世界性瘟疫，又称西班牙型流行性感冒，其名字的由来并不是因为此流感从西班牙暴发，而是因为当时西班牙有约 800 万人感染了此病，甚至连西班牙国王也被感染，所以称其为西班牙流感。这次流感是人类历史上最致命的传染病之一，当时曾经造成全世界约 10 亿人感染，2500 万到 4000 万人死亡。比第一次世界大战造成的死亡人数还多。由于各国当时都已没有额外的兵力参战，因此这场流感也是"一战"提早结束的重要原因之一。

图4-9　顾维钧、唐宝玥夫妇与长子　　　图4-10　唐宝玥与长子顾德昌合影，
顾德昌合影。　　　　　　　　　　　　　遗憾的是唐氏于1918年病逝。

　　尽管深深沉浸在丧妻之痛的情绪中，顾维钧仍不得不在料理完后事后匆匆返回美国。因为就在此时，随着第一次世界大战的结束，北洋政府决定派顾维钧作为全权代表参加即将召开的巴黎和会。据顾维钧回忆，当初接到国内的电报时，他一度准备推辞。毕竟当时他的心情非常低落，加上一双年幼的儿女需要照顾。不过后来经过几番思量，为了国家和民族的利益，顾维钧又毅然接受了这项命令。眼看巴黎和会召开在即，他尽力使自己从悲痛中振作起来，随即开始积极准备参会材料，与美国外交展开多方联络，以在接下来的巴黎和会上不辱使命。

　　顾维钧肯定不会想到，一旦踏上欧洲的土地，幸运女神和爱情女神将很快再度眷顾他。

二、"糖王"千金的盛宴

　　北洋政坛上曾有这样一个著名的"段子"：有一年许多人鼓动顾维钧出面组阁，事前有人问政坛元老章士钊："顾少川要组阁，你看可能成为事实吗？"结果章士钊很痛快地回答："以顾夫人的多金，少川要当总统也不难，岂仅一个国务总理！"未几，顾维钧果然组阁。

图4-11　在参加完巴黎和会后，刚刚丧妻的顾维钧结识了豪门千金黄蕙兰，后者不久便成了他的第三位夫人。

段子里的顾夫人，正是顾维钧的第三任妻子黄蕙兰。黄女士乃当年亚洲"糖王"黄仲涵嫡亲的掌上明珠，因此这桩婚姻自然给顾维钧带来了经济上的大力支持。尤其是读过黄蕙兰晚年回忆录《没有不散的筵席：顾维钧夫人回忆录》后，我们不由感慨，什么才叫真正的豪富，什么才叫真正的"富二代"！按理说顾维钧的父亲顾溶也算是上海滩著名的商界人士了，其家底也算颇为殷实。但若与黄家相比，只能算是个小财主。

关于顾维钧与黄蕙兰的相识、结合及分手，实在有太多太多的故事。

在进入正题之前，我们不妨先了解一下黄蕙兰的家族背景以及她的少女时代。

说起黄氏家族的发迹，要从黄蕙兰的祖父黄志信说起。遥想当初，黄志信只是中国东南沿海省份福建省的一个农民，后来由于参加了太平军起义而被迫逃往印度尼西亚。在过了一段时间的流浪汉生活后，他被当地一家华侨收留并招为女婿。靠着精明的头脑和勤劳的双手，黄志信白手起家，逐渐开创了自己的事业。1863年，他开办了"建源栈"商行，主要经营印度尼西亚与中国之间的贸易物资，很快赚得了人生的第一桶金。凭借着父辈奠定的基业，黄仲涵进一步将家族的事业发扬光大。从十几岁起，这位天才企业家就开始协助父亲经营商行。到20世纪初从父亲手上接过"建源栈"的生意后，他依靠"一体化发展"的经营要诀，终于建立起声名显赫的黄氏"糖业帝国"。在其鼎盛时期，黄仲涵手中拥有9家糖厂，年产量达10多万吨，占印度尼西亚国内消费市场的一半左右，在国际市场上也占有相当份额。与此同时，他还大力开展甘蔗种植、

图4-12 黄蕙兰之父、印度尼西亚华侨巨商黄仲涵,号称亚洲"糖王"。

航运及金融等业务,其私人资产估计为千亿荷盾以上。放眼当时的海外华侨商界,无论是经济实力还是国际影响力,黄仲涵都堪称首屈一指的人物。1924年7月,这位华侨巨富病逝后,据称其留下的遗产估计达2亿荷盾。

与当时很多海外巨富类似,黄仲涵可谓妻妾成群,他前后共娶了8个妻子,子女多达26个。而在这些子女当中,黄蕙兰无疑是黄仲涵最钟爱的掌上明珠。不仅因为黄蕙兰是他的原配夫人所生,更因为这个女儿的性格、做派等方面都颇有他的风范。

身为"富二代",黄蕙兰从小就过着锦衣玉食的生活,其成长经历也格外与众不同。

据黄蕙兰回忆,在她还不满1岁时,父亲就凭借雄厚的财力打破印度尼西亚当地多年来对华人的限制,在白人殖民者的居住区内修建了一处巨型豪宅。该豪宅占地达200英亩,装修陈设华丽无比,甚至超过了东南亚一些国家的王宫。黄氏豪宅修建有令人惊叹的花园,常年有50名园丁负责维护。每当花园内的奇花异木盛开之时,就连泰国国王和他的女眷们也曾来黄家参观探访。由于家中往来人员众多,黄家特地备有中、欧两式厨房,其中欧式厨房的总管曾任荷兰总督的大厨。每当黄蕙兰与父母一起进餐时,总会有1名管家和6名仆人伺候在侧。

作为嫡出的千金,黄蕙兰从小就得到父亲特殊的宠爱。而母亲由于同父亲感情不和,更是将全部的爱倾注到她身上,这种爱有时甚至显得太过疯狂。在黄蕙兰3岁那年,母亲居然送给她一条配有80克拉大钻石的金项链,以至于直到保姆发现这条沉重的项链硌伤了孩子胸前的肌肤,母亲才将其收起来。对于母亲的这份礼物,黄蕙兰一直精心保管着。有趣的是,后来当黄蕙兰的朋友们有幸参观过这条项链时，几乎是异口同声地说："你应该用公斤买钻石，而不必用克拉作单位！"

尽管得到父亲的宠爱，但由于父母感情破裂，黄蕙兰从小就跟着母亲周游世界。正是在这种四海漫游的过程中，她一天天长大，最终出落成亭亭玉立、特立独行的富家小姐。

图4-13，图4-14　黄蕙兰年轻时的艺术照

与许多家境优渥的富家小姐一样，少女时代的黄蕙兰在感情方面也经历丰富。早在14岁时，情窦初开的她就在旅途中与一名富家少年相爱，后经父母查明此人已有婚配，这段恋情才不了了之。不久后，黄蕙兰又随母亲前往欧洲与姐姐黄琼兰、姐夫简崇涵相聚。因为黄氏家族在巴黎、伦敦等地都设有分公司，并购置了多处不动产，因此母女俩常年在这些城市活动，与当地上层人士多有交往。值得一提的是，虽然黄蕙兰几乎未曾接受过正规的学校教育，但由于父亲多年间不断为她聘请各领域顶尖的家庭教师，因此在长大后，这位富家小姐不但精通荷兰语、马来语、英语、法语等多国语言，而且音乐、舞蹈、书法乃至骑马、开车都样样出色。因此在巴黎、伦敦的社交界，这位富有东方风情的小姐很快就成为活跃的明星，受到众

多异国青年的追捧。不过母亲却一再告诫女儿，她将来的结婚对象必须是中国人，黄氏家族绝不可能接受异国婚姻。可是，以黄蕙兰如此特殊的经历和背景，加上她亦中亦西的个性，要想在华人圈子里找到如意郎君，这还真是个问题。就这样，黄蕙兰虽然度过了快乐的少女时光，却一直待字闺中，转眼就快迈过20岁的门槛了，按那个年代中国人的标准来看，难不成要沦为令人望而却步的"剩女"吗？幸运的是，黄老夫人的忧虑没有持续太久，因为女儿的真命天子很快就要降临了。

就像那首经典流行歌《传奇》中的台词一样："只因为在人群中多看了你一眼，再也没能忘掉你的容颜，梦想着偶然能有一天再相见，从此我开始孤单地思念……"顾维钧与黄蕙兰的姻缘，还真有点儿类似这样的情形。

那是1920年的秋天，此前刚刚在巴黎和会上一举成名的青年外交家顾维钧又被任命为驻国联代表，继续留在欧洲负责战后谈判事宜。由于工作的关系，他经常在巴黎活动。有一天，应当年圣约翰大学的同窗简崇涵之邀，顾维钧携几名中国代表团的同事前去赴宴。巧合的是，简崇涵正是黄蕙兰的姐夫。黄蕙兰在晚年的回忆录中称，虽然自己与姐姐琼兰是一母所生，但不知为何二人的关系却一直不睦，因此她们母女三人当时并没有同住巴黎。却说这天在简崇涵家，当大家宴会后闲聊时，顾维钧不经意间瞥见主人家钢琴上摆放着一张漂亮女孩的艺术照。照片中的女孩身材高挑、衣着华贵、气质不凡，顾维钧不禁怦然心动。经询问才知，这个女孩正是简崇涵的妻妹，名叫黄蕙兰，时年19岁①，尚未婚配。在了解了基本情况后，顾维钧便向老同学表示希望能结识黄小姐。能够得到像顾维钧这样的钻石王老五的垂青，简崇涵自然为小姨子高兴，虽然他们之间的关系向来冷淡，但考虑到这桩联姻将会给整个家族带来的荣耀，他还是赶紧向身在伦敦的岳母发电报，详细禀明了这一情况。

---

① 关于黄蕙兰的真实年龄，流传有多个版本。根据较为正式的说法，称其1893年生，1993年百岁时去世。而据张学良的口述，黄蕙兰曾在年龄问题上作假："当年顾逃亡的时候，住在北京饭店，我去拜访她，拜访她是要打听顾的消息。她就很随便。她比我大差不多那么一倍的岁数了，我讨厌她透了。顾太太最坏，我不理她，她恨透了我。我和顾是好朋友，她有的是男朋友，我和她毫不客气，我做的一些事情她气死了。顾太太过二十几岁的生日，我找到一张她的相片，上面写着年月日，要按相片上的时间推算，那她当时才2岁。我就说，你们看，这顾太太2岁的时候就长得这么大。"另外还有1901年、1903年等说。如果根据1921年二人结婚时黄蕙兰20岁推算，则其应为1901年生；而如果根据二人属相分别为猪、虎之说，则黄蕙兰应为1903年生。

接到电报后，黄老夫人也有些出乎意料。而在进一步打探了顾维钧的有关情况后，她立即表现得喜出望外。没想到，在巴黎和会上一举成名的青年外交家，堂堂的中国驻国联代表、驻美公使，如今居然主动送上门来希望做黄家的女婿，看来蕙兰真是有福呀！事不宜迟，黄老夫人赶紧带着黄蕙兰由伦敦赶赴巴黎，随即便令女婿再度安排宴会，以让女儿与顾维钧见面。就这样，一场民国版的"非诚勿扰"上演了。

当天的情形是这样的：应简崇涵夫妇之邀，单身的顾维钧与代表团中另一对夫妇前来赴宴。在这样一种小范围的聚会场合，32岁的顾维钧与19岁的黄蕙兰见面了。可以推测，见面之前，顾、黄二人心中都充满了期待。在顾维钧看来，眼前的黄小姐似乎没有照片上漂亮，因此稍稍有些遗憾，不过总体上还可以，起码也可以打个70分吧。但他肯定不会想到，黄小姐的失望要更大些呢。见惯了各国上流社会王公贵族的她实在无法接受，想象中衣着华丽、风度翩翩的青年外交官，居然是这样的打扮：留着老式的平头，穿着美国生产的西装，而且声称自己不会骑马、不会跳舞、不会开车，整个一土老帽儿嘛！比起那些英国贵公子来简直差太远了，看来这趟巴黎之行是白来了。结果，双方的第一次见面就在这样一种尴尬的气氛中匆匆结束了。尽管顾维钧充满智慧的言谈和彬彬有礼的举止很快博得黄老夫人的欢心，但黄小姐所表现出来的冷淡却是难以掩饰的。顾维钧对此洞若观火，临别时他不动声色地对黄小姐表示，自己第二天将再次来拜访。

顾维钧没有食言，第二天他果然来了，而且是有备而来。显然，已有过两段婚姻的顾维钧太了解如何打动涉世不深的富家千金了。与第一次见面时不同，顾维钧这天身穿华丽的外交礼服，乘坐的则是由法国政府提供的劳斯莱斯牌豪华汽车，悬挂的是外交车牌。看到这一幕时，见过各类大场面的黄蕙兰立刻被震住了。不错，她们家也有劳斯莱斯牌汽车，但却是自己花钱买的，而顾维钧年纪轻轻居然能够享受到法国政府的专车接送。更令黄蕙兰惊奇的事还在后面呢。见面后，顾维钧邀请她去观赏歌剧，而他们不仅不用花钱买票，还能享受剧院专为政府要员保留的特别贵宾席。毫无疑问，仅这两件事情，就足以满足任何一名少女的虚荣心了。黄蕙兰不禁感慨，自己的父亲纵然有再多的钱，却永远无法有机会乘坐法国政府提供的豪华汽车，也永远没有机会买到歌剧院内的贵宾票！看来"富贵"二字，其实有着天壤之别呀。当晚年回忆这一幕时，黄蕙兰依然感慨万千："我们是自己花钱，顾维钧却是可以让外国的政府为他提供交通工具的人，他是个要人。后来有一次也使我印象颇深。那次他带我去看歌剧，在歌剧院我们坐的是由政府保留的国事包厢。不管我爸爸花多少钱，也买不到这个包厢的座位，因为这是专门为要人保留的。"经过这如同梦幻般的一天，黄蕙兰对顾维钧的看法立即来了个急转弯——或许，她还真有那么点爱上这个面孔英俊的男人了。

那时的黄蕙兰，显然还是抱有许多童话般梦想的少女。特别是像她这种时常接触欧洲上层社会的身份，更是对"富"所买不到的"贵"充满渴望。有一天与顾维钧聚会，二人聊到了各自的经历，当顾维钧提到他曾去过的国家、见过的元首时，这二位便有了以下一番对话：

黄："白金汉宫、爱丽舍宫、白宫这些地方，我从没有想到会被邀请入内的。"

顾："我如被邀请，我的太太自然一同受邀前往。"

黄："你的太太已逝世了哟。"

顾："是的，但我有2个小孩，他们需要有个母亲。"

黄："你的意思是不是要和我结婚？"

顾："是的，我愿与你结婚，希望你会愿意。"

由此可以看出，在32岁的顾维钧面前，黄蕙兰小姐基本上是缴械投降了，她似乎下意识地在期盼着顾维钧求婚。当天回家后，黄蕙兰向母亲与姐姐描述了这一幕，结果她们表示极力赞成这桩婚事。先说黄老夫人吧，自打见第一面起就喜欢上了顾维钧，后者无论是才貌还是社会地位都堪称她心目中的乘龙快婿。正如黄蕙兰所言："顾维钧给她的印象很深，他具备了她梦想的女婿的各种条件。不管后来那些年头她如何厌烦我，但她一直宠爱顾维钧。任何时候只要他为了正式公务外出，穿戴整齐，佩戴勋章，出现在她面前，她的脸上就会浮现出欢悦的光彩而且喊道：'啊，你真漂亮！'顾维钧也很佩服我妈妈的坚强。的确，顾维钧和我妈妈的性格倒般配，而不是和我。他生在猪年而我生在虎年。我妈妈喜欢在公共场合声称她是顾维钧的岳母，并以有这样一位乘龙快婿而自豪。"再说姐姐琼兰，虽然与妹妹的关系不大好，但这时也发自内心地劝她接受顾维钧的求婚。

琼兰几乎是痛心疾首地说："蕙兰，你一定要嫁给顾维钧。别像我这样，找了一个凡庸之辈做丈夫。你想想，你将成为'马丹'（夫人）顾维钧，旁人要称你为'高贵的夫人'。"不过，黄蕙兰的父亲却从一开始就极力反对这桩婚姻，其理由则是：顾维钧穷，此前又结过婚。然而到最后，黄蕙兰仍决定嫁给顾维钧。

图4-15 对于富家千金黄蕙兰而言，与顾维钧的婚姻使她进入了另一个世界。

就在这年的中华民国国庆日，顾维钧、黄蕙兰二人宣布订婚。由于顾维钧急着返回华盛顿住所，因此原本打算两周后举行婚礼的，黄家以嫁奁等办不及未予同意。最终商定，顾维钧先行回美国，两周后黄氏母女也来美国游览一番，然后一同返回欧洲举行婚礼。巧的是，11月14日国联将在日内瓦举行会议，顾维钧届时也要参加。就在回到华盛顿后不久，从北京传来新的任命，顾维钧由驻美公使转任驻英公使。当听到这个消息后，黄蕙兰很是兴奋了一阵子——因为这意味着她将作为顾夫人被邀请访问白金汉宫，与尊贵的英国王室亲密接触。

图4-16 新婚不久后的顾维钧与黄蕙兰同使馆人员合影

眼看佳期一天天临近，此时的顾维钧心绪究竟如何，我们不得而知。看着眼前如少女般兴奋的黄蕙兰，他是否想起了刚刚去世不久的亡妻唐宝玥呢？他是否对这桩婚事产生过些许迟疑呢？说实话，如果不是为2个年幼的孩子无人照料而犯愁，如果不是急需一位合适的夫人应付各种外交场合，他会不会急着向黄蕙兰求婚？据说，顾维钧实际上对黄蕙兰的容貌是不大满意的。实事求是地讲，从流传至今的各种照片看，即便是经过了艺术加工，黄蕙兰固然气质不错，但其相貌的确只能用平常来形容。有一些坊间传言说，当时一度犹疑不决的顾维钧甚至曾在英国私下里向一位著名的占星家求助，结果占星家推算后告诉他，这桩婚姻将会大吉大利。高兴之余，顾维钧向那位占星家支付了一个金镑的酬劳，后来便有人戏称这桩婚姻为"一镑缘"。当然，这类故事的真实性有待考证。

不管这边顾维钧的心绪如何，那边黄家三母女可是兴奋地忙碌开了。由于婚期近在眼前，她们不得不立即行动起来准备嫁奁。而粗略浏览一下她们采购的清单，我们不难看出黄老夫人对女儿这桩婚事的满意程度。据目击者称，老夫人为女儿准备的嫁奁包括：

名贵豪华的床褥枕头一套，枕套的纽扣是纯金镶钻玫瑰花；

三十六件头的餐具一套。汤盆及菜碟是纯银材质的；甜品盘及仆人手托轮流分菜的大盆是纯金材质的；香槟酒杯是水晶材质上沿镶金的；所有扁平盘全是纯金材质的，当时总价1万英镑；

定制的纯金席位卡座一套，正中镌中文"顾"字，一面刻龙，另一面刻凤；

送给女婿的一对镶钻石和一对镶蓝宝石的袖扣，以及与之配套的背心纽扣，另加一对奢侈品牌"卡蒂埃"珍珠领扣；

配有司机的劳斯莱斯轿车……

对于这辆劳斯莱斯轿车，可能连黄蕙兰自己都觉得太过奢侈了。她后来回忆说："妈妈已为我特订了一辆大劳斯莱斯轿车，车窗如此之大，人们管它叫'水晶宫'。她认为一位公使夫人要乘坐这样的汽车才合身份，当然还要配上一个由登希尔提供服装的司机。与此同时，她还给她自己和姐姐各订了一辆劳斯莱斯。这些账单都送到爸爸那儿，作为我婚礼开支的一部分。"值得一提的是，身为公使的顾维钧本人尽管也有专用公务车，但与劳斯莱斯比起来就太寒酸了。而相比于女方的陪嫁而言，顾维钧赠送给未婚妻的礼物也太过平凡了。当然，黄蕙兰对未婚夫也非常理解："他送给我一只镶着喀什米尔蓝宝石的订婚戒指，他送我的结婚礼物是一件貂皮长斗篷。我的结婚戒指上镶了一圈钻石，这对他已是很奢华的了，而我则满不在意地收下来。"

10月21日，顾维钧离开华盛顿赶赴伦敦，然后偕黄蕙兰一同前往布鲁塞尔。在一切安排妥当后，他们在布鲁塞尔中国公使馆举行了婚礼。

婚礼上高朋满座，场面盛大热烈，黄蕙兰回忆道："我们在下午举行的婚礼很正规。亲人、挚友、妈妈在场。即使维钧的家属和我父亲想来参加，旅程对他们也委实太远了。我姐姐病了，姐夫更乐得以此为借口不来。由于当时在布鲁塞尔没有公使，驻西班牙的戴公使和夫人从马德里前来出席婚礼，使之更正式而隆重。从巴黎来的中国代办在公使馆客厅里主持这项非宗教性的婚礼。戴公使挽着我走到维钧站着的地方。我们相对鞠躬，并排站立，等证婚人宣读祝词。然后由公使武官捧来放在天鹅绒垫子上的结婚钻戒，维钧把它戴在我手指上。我借了一把佩剑分切结婚蛋糕，因为我的丈夫穿的是西式常礼服而不是公使官服。"更令新娘子吃惊的还在后面——当她精心打扮一番走进临时设在旅馆内的洞房时，却见新郎官已开始办公，正在向身边4位秘书口述备忘录。这也难怪，国联行政院第二天就要开幕，而新郎官又是中国第一任行政院理事。几个小时后，随着一对新人的婚宴草草结束，他们便连夜乘坐火车赶往日内瓦。也就是说，他们的新婚之夜居然是在赴日内瓦的火车上度过的！

好在黄蕙兰的失落很快就烟消云散了，参加完国联会议之后，顾维钧便返回伦敦，准备作为新任驻英公使觐见英国国王并呈递国书，而这也就意味着黄蕙兰将可以作为顾夫人一同进入白金汉宫。一想到自己从少女时代便梦寐以求的愿望即将实现，黄蕙兰就像得到了水晶鞋的灰姑娘一般兴奋。此时的她，无疑又成为世界上最幸福的女人了。为了圆满完成自己在外交夫人生涯中的首秀，黄蕙兰特地请来自己的旧相识、英国皇室成员爱丽斯公主指导一切有关礼仪。呈递国书当天，顾维钧夫妇按照礼节分别觐见英王乔治五世及皇后，之后再会合到一起茶叙一般性谈话。整个过程，初涉外交场合的黄蕙兰都应对得当，丝毫没有紧张。当茶叙完毕告辞时，她还姿态曼妙地完成了步步后退而三次弯身屈膝礼。

借助顾维钧这扇窗户，黄蕙兰仿佛走进了另一个世界，一个充斥着王公贵族和豪华舞会的世界，这恰恰是她所喜欢的。作为顾夫人，她时常受到白金汉宫的邀请去参加舞会。然而令黄蕙兰失望的是，自己的丈夫，尽管在美国留学多年，竟然不会跳舞。结果每当他们参加宫廷舞会时，没有舞伴的顾夫人只好尴尬地枯坐在一旁。好在这种令人不快的情形毕竟不多，这对青年夫妇很快就成为欧洲外交界令人瞩目的焦点人物。甚至可以毫不夸张地说，在顾维钧此后近四十年的外交生涯中，夫人黄蕙兰成了一道独特的风景，为他的传奇增添了许多色彩。

不管顾、黄二人当初联姻时究竟有无爱情的成分，但这段婚姻总体上应该说是双赢的。一方面，富豪之女黄蕙兰借此机会真正进入了欧美上流社会，另一方面顾维钧也确确实实得到了夫人巨大的帮助。或许是出于男人的自尊心，顾维钧起初对这位新婚夫人的高品质消费颇有微词。每当看到黄蕙兰打扮得珠光宝气、浑身上下的奢侈品牌，他往往会很不高兴地对她说："你不应穿戴你父母给你的衣饰，只可穿用我的能力可为你购置的！"的确，抛开男人的自尊心不提，即便仅从官场的角度考虑，顾维钧的观点也不是没有道理，毕竟以他的经济实力根本不可能为太太提供如此豪奢的生活。然而黄蕙兰却有自己的理由——穿戴父母给她的衣饰并无不当，为了使自己在伦敦社交界不跌份儿，母亲为她添置巴黎新装，父亲寄钱给她购买钻石头饰。在如此难以辩驳的理由面前，顾维钧也渐渐默认了现实，而社会各界也都知道他有一个有钱的老丈人，自然没有人怀疑他在经济上有什么问题。恰恰相反，由于黄蕙兰很快就在外交界树立起了令人瞩目的个人形象，他这个外交官丈夫也因此得到了不少好处。就说这形象上吧，虽然按照中国人的传统审美观看来，黄蕙兰的确算不上姿容出众，不过在西方人眼中，顾夫人却以其特殊的东方魅力令人着迷。在20世纪三四十年代，黄蕙兰一度是东方时尚女性的代表，据说有一次著名的《Vogue》杂志评选中国"最佳着装"女性，黄蕙兰甚至力压同样以时尚闻名的"第一夫人"宋美龄位居第一。与通常纤细柔弱的中国妇女不同，黄蕙兰身材修长，与各国外交官夫人站在一起丝毫不落下风。在一次宴会上，坐在黄蕙兰旁边的某国外交官曾傲慢地询问她："为什么中国男人总是留长辫、穿脏衣、打赤脚，女子则缠小脚弱不禁风？"黄蕙兰当即毫不客气地回应说："你看顾和我是这样的吗？阁下说的恐怕是几十年前书刊的记载。"该外交官闻言赶紧郑重道歉。

图4-17，图4-18　虽然按照中国传统观念来看，黄蕙兰其实算不上容貌出众，但她独特的气质却在西方社交界颇受欢迎。

更难得的是，尽管黄蕙兰没有受过系统的学校教育，但却精通英语和法语，其法语甚至比顾维钧说得还流利，因此轻松自如地周旋于各国要人中间，进而在交际方面助丈夫一臂之力。例如，顾维钧在出使伦敦期间，英国外交大臣贝尔福（Arthur Balfour）[①]就同顾氏夫妇私交甚笃，经常邀请他们到家中聚餐。据说这位当时已年过七旬的老先生曾推心置腹地对黄蕙兰说："当我服公务这样长久，时有倦勤之意，但和你们两位年轻夫妇在此谈论外交以外的趣事，实在是给我带来了快乐并增加新鲜活力。"

不仅如此，黄蕙兰还花大力气对丈夫进行了全方位的重新"包装"。虽然顾维钧可谓儒雅俊秀、风度翩翩，但在黄蕙兰看来，他无论是发型、着装还是爱好等方面都很"土"。为此，在婚后不久，正是由于黄蕙兰的精心"包装"，顾维钧在形象方面发生了很大变化。关于这一点，我们通过对比顾维钧不

---

①　亚瑟·贝尔福（1848—1930），英国首相，外交大臣。"一战"前后时期的英国外交大臣，曾经作为代表出席巴黎和会。

图4-19　曾任英国外交大臣的贝尔福

同时期的照片就可明显看出区别。黄蕙兰对此曾颇为自豪地说："为了我，他改变了老式的平头发型，留长了头发从中间分开。他开始穿英国裁制的服装。"

常言道，每个成功男人的背后，必定有一个成功的女人。这话若用在顾维钧和黄蕙兰身上恐怕再贴切不过了。

自从成为顾夫人后，为了帮助丈夫的事业，黄蕙兰的确付出了很多，尤其是在财力方面。在那个年代，由于国家贫穷落后，中国的外交官们也很难得到国际尊重。别的不说，单是驻各国使馆硬件设施的寒酸程度就常常招致人家的白眼。结婚不久后，尽管黄蕙兰也曾经历作为公使夫人觐见英国国王的荣耀，但一回到他们要长期生活的地方——驻英公使馆，兴奋之情很快就烟消云散了。在那间老房子巡视了一圈后，黄蕙兰得出了自己的结论：使馆破旧的房舍和简陋的家具陈设，严重影响了丈夫在国际外交界的地位，因此目前的当务之急便是下大力气装修使馆。

图4-20，图4-21　请注意这两张照片，分别拍摄于同黄蕙兰结婚前后。仅从发型的变化就可以看出，黄蕙兰对顾维钧的包装是非常成功的。

说起这驻英使馆，也算得上故事颇多的一所建筑了。原来早在 1876 年，当清朝派驻海外的第一位使节郭嵩焘奉命来到英国时，便选中伦敦市中心波特兰大街 49 号这座精美的房子作为公使馆。这座两层砖木结构的楼房原建于 1785 年，外形美观，内部装饰华丽，是英国 18 世纪的流行建筑，设计者则是大名鼎鼎的英国建筑师罗伯特·亚当和詹姆斯·亚当兄弟。虽然此后国内政权经历了多次更迭，但这里始终作为中国驻英使馆，一直沿用至今。值得一提的是，中华民国的国父孙中山先生，在当年进行革命活动时还曾差点儿在这里丢了性命呢。

图4-22　中华民国驻英使馆，也是著名的孙中山"伦敦被难"事件的发生地。顾维钧任驻英公使期间，其夫人黄蕙兰出巨资对房屋进行整修。

那是 1896 年 10 月，因革命起义失败的孙中山曾流亡英国，不想却遭到了清廷密探和英国情报人员的跟踪。11 日上午，当孙中山从伦敦住所葛兰旅店出来，准备去波德兰区探望他在香港西医书院时的老师康德黎时，在路上被尾随的 3 名使馆人员挟持到清朝驻英公使馆，随即被关入顶楼那间狭小的房间里秘密囚禁。得到报告后，清廷密令大清驻英公使龚照瑗不惜一切代价把孙中山秘密押运回国公开处决，这就是著名的"伦敦被难"事件。幸运的是，孙中山的遭遇得到了使馆中 2 名英国仆人的同情。在他二人的帮助下，孙中山的亲笔信被送到了老师康德黎先生手中。随后，康德黎为营救孙中山奔走于伦敦各有关部门。结果经媒体披露这件事后，许多英国记者和市民连夜包围了公使馆，要求释放孙中山。迫于英国政府和舆论的压力，龚照瑗只得释放了孙中山。

进入民国后，原清朝驻英公使馆由民国历届政府继续承租，1926 年 4 月又租用了邻近的 51 号，此是后话，暂且不提。却说顾维钧初次出任驻英公使不久后，便携新婚夫人黄蕙兰入住波特兰大街 49 号。不过对于住惯了豪宅的黄蕙兰而言，中国使馆的一切都是那么寒酸，简直令她难以忍受。据说在搬家的第一天晚上，顾夫人居然因床铺不舒服而一夜无眠。说实话，这所房子虽然颇有历史和来头，但它确实太陈旧破败了。一觉醒来后，黄蕙兰便直截了当地告诉丈夫，她要对使馆重新装修。然而顾维钧却为难地表示，北京方面财政一向困难，即使外交人员的薪水都无法正常拨付，哪里有钱装修使馆？没想到，黄蕙兰立即给父亲写信，要他寄来 5 万美元供自己装修使馆，并更换了所有的家具陈设。经过顾夫人的一番精心打理，中国使馆终于焕然一新，顿时提高了好几个档次。看到眼前的一切，顾维钧自然也感到高兴，不过他又郑重对妻子说："中央政府是不会付这笔钱的，而且将来我一旦离职也不能带走那些家具。"结果黄蕙兰却淡淡一笑说："我父亲是爱国的，这笔钱就算是为国家挣面子吧。"

图4-23　顾维钧与驻英使馆工作人员合影

从实际效果看，黄蕙兰慷慨的举动还真为国家挣了面子。要知道，放眼全世界的外交圈都是极讲究"面子"的。当波特兰大街的中国使馆以全新的面貌出现后，很快就成为伦敦外交界热议的话题和频频拜访的对象。所有这一切，对于顾维钧开展工作显然大有裨益。

不过后来的情形还真被顾维钧言中了。他这次出任驻英公使果然没有持续多长时间，不久后他便赴美国出席华盛顿会议了，而之后就在回国述职时阴差阳错地留在北京，在国内政坛闯荡了将近十年的时间。直到1941年，时隔二十年后，顾维钧才以驻英大使的身份再度入主波特兰大街使馆。值得一提的是，随着岁月的流逝，黄蕙兰当年精心装修的房屋也渐渐失去了光彩，在时事变迁中再度破败。1972年，中华人民共和国与英国建立大使级外交关系后，鉴于房屋年久失修，中国政府向英方提出了重建计划。几经波折，最终经英方同意，

图4-24　正是由于黄蕙兰的大手笔，顾维钧夫妇当时成为英国外交界热议的话题。

原楼于1980年全部拆除，1985年9月竣工，不过重建时恢复了外立面的原貌。

图4-25　黄蕙兰与英国王室成员一起出席活动

不管是争强好胜的缘故还是真心想帮助丈夫的事业，财大气粗的黄蕙兰在掏私房钱方面从不吝啬。1932 年，顾维钧被国民政府任命为驻法公使，1936 年又被正式任命为驻法大使，直到 1941 年才卸任。在此期间，随丈夫来到巴黎的黄蕙兰大显身手，充分施展自己的交际才能，同时也着实显示了娘家雄厚的财力。

就如同十年前在伦敦一样，黄蕙兰随丈夫抵达巴黎后，所做的第一件事就是斥巨资把破旧的中国使馆修葺一新。最初，公使馆租了巴比伦街的一幢楼里的两层，楼里还有许多其他房客。没想到顾维钧第一天去上班，就遇上一户房客家里死人出殡，大门上挂着黑纱。更令人哭笑不得的是，有一天，顾公使坐在办公室里，忽然桌上的电话响了，对方要预订当晚的电影票。原来公使馆旁边就是电影院，属于同一个房东，而电话线竟是合用的！此外令人难堪的是，有时楼上公寓的房客不知道楼下是中国使馆，因此常对使馆的工作人员呼来喊去，甚至把要洗的衣服丢到中国人面前。而且那个街道很狭窄，每逢递国书的时候，法国总统府派来的礼车就不能进入使馆门前，只能停在街道口外。或许是由于这些原因，顾维钧迟迟没有正式到任。直到 1936 年中法关系升格为大使级后，顾维钧才在政府的支持下以 500 万法郎的价格买下了乔治五世大街一幢四层楼房。大楼为大糖商、国民议会议员勒伯第之妻于 1892 年向巴黎赛马公司买下乔治五世大街 11 号的地皮后修建。1901 年，她将该房产赠予其女波旁·德卢浮尔夫人。1936 年波旁·德卢浮尔夫人去世后，将该房产留给了她的 2 个儿子和 2 个外孙女。从 1937 年 3 月 1 日起，这幢楼就正式成为中国驻法国大使馆的馆址。自从有了新的大使馆后，黄蕙兰便精心布置这里的一切，不惜花钱进行装饰，从而使得这里迅速成为巴黎外交界的中心。

对于黄蕙兰的鼎力相助，顾维钧无疑发自内心地感激。即便是后来两人分道扬镳，他也在回忆录中这样说："她很帮忙，昔在巴黎时，帝俄时代的王公伯爵都逃亡法京。他们虽失政权，但在法国的高级社会里拥有势力。她喜欢和他们结交，并以此自傲。在使馆里常三日一小宴，五日一大宴地招待他们。"当然，对于自己所做的这些努力，黄蕙兰本人也是颇有成就感的，她曾不无得意地说："法国，以及别的国家，在很大程度上要根据维钧和我的表现来确定他们对中国的看法。我们是中国的橱窗。"

图4-26　顾维钧夫妇与法国外交界人士合影

　　除了在这些重大投资项目上对丈夫鼎力相助之外，黄蕙兰还十分懂得"夫人外交"之道。例如，早在1921年9月，正当北洋政府的外交代表团为参加华盛顿会议的经费而犯愁时，顾维钧就自告奋勇地垫付了5万元筹备费。同年12月，当获悉许多留法中国学生生活困苦的情形后，黄蕙兰联合美国国务卿蓝辛夫人等妇女界名流，合力资助了30名女学生的食宿费用。在一些外交场合，黄蕙兰也能适当地对顾维钧予以协助。例如，1936年2月，当顾维钧准备赴法国就任大使之际，上海各界为其举行欢送会，结果顾维钧身患感冒无法出席，最终还是黄蕙兰代为出席。后来顾维钧任驻英大使期间，黄蕙兰也曾前往美国进行抗战宣传，其谈话水平也颇有外交风范："余自战乱中之欧洲来此，目前欧洲国家先后陷于崩溃之悲运，益感祖国人民英勇决心抗战之可贵。今日欧洲仅余一国，经近二年之作战后，仍能屹立抵抗侵略，中国则即将经过四年之抗战矣，吾人俱知中国之艰苦时期，业已过去，祖国人民以勇毅精神担负艰巨工作。据余所知，世界上任何英勇之力量，但不克遭受此种磨难而不需救援也。美国现在援助中英，中英人民之抗战情绪俱高；唯彼等如获悉美国人民已与其并肩斗争，则其情绪将尤为高涨，职是之故，美国人民捐输赈款之义举，极为重要。贵国人民捐款救济中国难民运动，已使吾国人民感觉美国人们已与其并肩奋斗。余曾亲见若干不忍卒睹之战争惨象，更知精神对于抗战之重要。故余深感吾国人民今日对于吾人共同维护民主主义之奋斗，正有重大之贡献。"

在顾维钧担任驻英大使期间（1941 年至 1946 年），恰逢"二战"烽火正浓，德国对英国发起了一波波攻击。作为来自英国盟友的大使夫人，黄蕙兰不但热心地投入到华人的慈善事业中，而且还参与伦敦当地红十字会组织的救护工作。关于黄蕙兰在外交领域的表现，就连见多识广的民国"第一夫人"宋美龄都曾对其赞誉有加。例如，在顾维钧出任驻美大使期间（1946 年至 1956 年），有一次宋美龄访美，为了招待好"第一夫人"，黄蕙兰特意将大使馆的套房让给她，并且在宋美龄出席公开活动时刻意保持低调。当宋美龄接见众多的客人与他们握手时，她总会悄悄地递上浸过花露水的热毛巾，适时、得体又周到。正因如此，有一次当来使馆拜访的官员纷纷称颂顾维钧的外交业绩时，宋美龄却指着黄蕙兰说："别忘了大使夫人起的重要作用呀！"而曾与顾维钧夫妇有着多年交情的外交官袁道丰也认为："老实说，在我国驻外大使夫人中，最出色的大使夫人要以黄蕙兰为首屈一指了。"

图4-27　黄蕙兰随顾维钧出席华盛顿会议

图4-28　华盛顿会议期间，顾维钧夫妇与王宠惠合影。

有趣的是，像黄蕙兰这样的个人背景，她似乎天生适合在外交圈生活，而一旦回到国内就会显得与周围的环境格格不入。纵观其一生，虽然自己的丈夫是一名中国官员，但她却很少在中国生活，满打满算，或许只有 1923 年至 1928 年间在北京的那一段时光值得怀念。

1922 年 4 月，参加完华盛顿会议的顾维钧载誉回国，黄蕙兰也随丈夫一同来到北京。令顾维钧意外的是，由于当时北京政坛的戏剧性变动，自己最终不得不硬着头皮留下来出任外交总长一职。眼看一时半会儿不能脱身，黄蕙兰也就安下心来"常驻沙家浜"。很快，她用父亲赞助的 25 万巨资买下北京铁狮子胡同内那所豪宅，然后对其进行彻底改造，以适合自己"洋化"的生活方式。据说经过改造后，顾总长的豪宅有 200 多间房，内有现代化的采暖系统、西式餐厅、客厅、舞厅，北部为花园，花园内有假山、亭轩等建筑，宅院四周还有回廊环绕。财大气粗的顾夫人仅仆役就雇了 20 多人，杂役、厨师、园丁一应俱全。很快，铁狮子胡同内的顾宅便成了全北京的社交中心，而黄蕙兰则当仁不让地当起了北京城的"社交女皇"。这里每天都可谓车水马龙、名流云集。结果，不管北洋政局如何动荡，顾维钧总能依靠其在外交界的巨大声望和雄厚的财力背景而独善其身，成为各方势力倚重和拉拢的对象。可以想象，在当时的北洋政坛，几乎再也找不出像顾维钧这样资源优势明显的人物了。

然而任何时代都一样，财力雄厚固然能在许多方面带来好处，却也会招致意想不到的祸端。更要命的是，国内与国外是完全不同的两个世界。在外交圈子里彰显财力可能对国家和个人都有好处，但同样的行为如果放在国内就要引起民愤了。在北京的那几年，尽管黄蕙兰挥霍的是自己娘家的钱，她的丈夫也从未从国家谋取过任何不义之财，但她的种种行为最终却成为舆论界抨击的话题。

像许多有"小资情调"的豪门之女一样，黄蕙兰一生喜欢宠物，尤其爱养狗。她把狗视为自己的"另一群孩子"，甚至到了不可理喻的程度。据她本人回忆，在巴黎时，一次她所宠爱的那只小狗所喜爱的石头不见了，而小狗每晚都要有那块石头陪伴才能睡觉。眼看自己的爱犬寝食难安，黄蕙兰居然连夜打发家中 6 位仆人屋里屋外地找那块石头。后来，她甚至把那块石头作为小狗的陪葬。在北京生活期间，黄蕙兰最得意的事业便是繁殖品种名贵的哈巴狗。为了照料自己养的 50 只爱犬，她专门雇用了 2 名仆人。但别忘了，这是在 20 世纪 20 年代的中国，成千上万的老百姓甚至连饭都吃不饱。从小到大生活在象牙塔里的黄蕙兰哪里知道，自己每

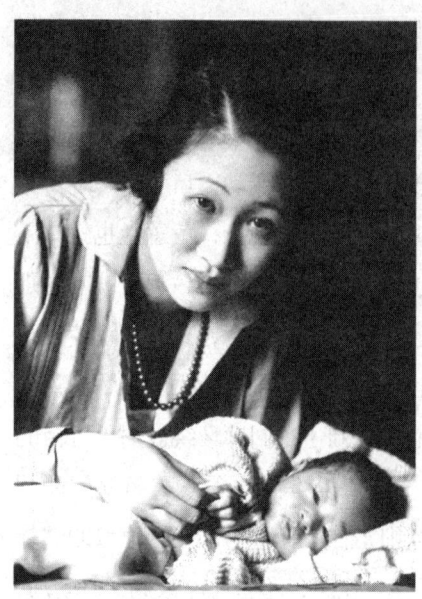

图4-29　初为人母时的黄蕙兰，她同顾维钧育有2个儿子。

图4-30　对于黄蕙兰的"夫人外交"，就连享有国际声望的蒋介石的夫人宋美龄都曾对其大加赞叹。

年花在养狗上面的钱，竟可以养活3个村子的老百姓。很快，她的奢侈就遭到了舆论界的尖锐批评。而在刺耳的责骂声中，黄蕙兰也害怕了，她不得不忍痛卖掉了大部分爱犬，只保留了3只，并且用养狗的费用在顾宅门口开办起施粥场。此外，每年冬天她还给穷人发些棉衣，这些慈善活动一直持续到1932年随丈夫出使法国为止。

无论如何，顾维钧与黄蕙兰这对夫妻之间的微妙关系，实际上也一直是当时外界热议的焦点。而作为接受"恩惠"的一方，顾维钧有时难免要承受许多精神压力。例如，在南京国民政府成立后，当顾维钧再度复出就任外交要职时，一些报刊当即予以讽刺："顾于北洋政府倾覆后，遭国民政府通缉。他避到国外，寄居了很久，他官瘾未过，遂由他夫人回国活动，起初宋子文不理他，宋夫人见多识广，任何礼物，不易动心，不知怎的，后来顾夫人弄了二个哈密瓜送去，礼虽不贵却在难觅，宋氏夫妇大快朵颐之后，顾夫人遂走通了这条路。不久，顾维钧回国，部长、大使又不落空了，而且成为今日中国的红人儿。"更麻烦的是，由于黄蕙兰的许多做派，常常招致国内新闻界的批评，比如指责她生活奢侈，甚至传言她的汽车零件都是黄金制作的；指责她嫌弃中国同胞手脏，因此从来都是戴着手套与人握手。

1939年有一则报道，将黄蕙兰的衣着同蒋介石进行对比："我们最高领袖对于部属当时告诫说：衣着不在乎华丽，却必须绝对保持端整清洁。至于我们这位蒋委员长，他自己穿着到底怎样，一般人大概很希望知道吧？要说他的衣服，确不愧国人模范，他并不像某将军样故意做作，却是很恰当地表现出一个领袖的风度，普通家常便服，从不超过每套100元的代价，以质朴耐穿而系国产时尚，色泽喜欢鼻烟色……顾维钧夫人黄蕙兰女士，久居欧美，深染洋化，对于衣服自也特别考究，尤其是收藏，全合科学手续，她每季衣服更换，必须逐一经过干洗。据她介绍给张学良夫人于凤至女士说：凭她尝试，全沪（也可说全中国）的洗染店铺，只有霞飞路华龙路西凡尔登干洗店最合她的心意，后来于女士周游各国，返抵上海时，也告诉闺友，称许黄女士的经验充足，选别精严，实在凡尔登的工作，可以媲美、英、法美各国。"

中国有句古话："天下没有不散的筵席。"毫无疑问，与顾维钧的结合，就像是黄蕙兰人生中最丰盛的一场筵席。而二人在享用这场盛宴的同时，也在渐渐走向告别的时刻。对顾维钧而言，尽管他对黄蕙兰在经济上给予的支持深怀感激，但唯独缺乏真爱。由于工作繁忙，他多年来养成的习惯似乎都是黄蕙兰对他生活的照顾，特别是对他的衣着、行头的关注，然后与他一起出入各种高级社交场所，而二人私下里的情感交流却几乎被忘却了。当然，从小娇生惯养的黄蕙兰毕竟不是传统中国文化熏陶下的贤妻良母型女性。对于丈夫的冷落，她的怨言越来越多："顾维钧很有才华，但他缺少温柔和亲切的天赋。他对我不是很亲热，而是常常心不在焉，有时令人生厌。他最关心的是中国，为国家效命。""但是当我打扮整齐，等待他的赞许时，他往往只不过心不在焉地看我一眼而已。""他对待我，就是忍让，供吃供住，人前客客气气，私下抛在一边。"最终她绝望地发现："他是个可敬的人，中国很需要的人，但不是我所要的丈夫。"所谓旁观者清，其实就连晚辈都看出他们的婚姻注定不会长久，黄蕙兰在自己的回忆录中写道："我的女儿帕特（菊珍），他已故的前妻留下的小女儿，曾经说过，不管维钧对我的美丽有多么爱慕，也不管我如何决心当好一个中国式的贤妻，维钧和我都太不一样，因而难以指望我们会和谐地生活在一起。他的家庭是中国旧式家庭，不穷也不富。他的母亲裹脚，只会说上海方言，也从未离开上海出过远门。她甚至没有到过北京。而我的丈夫曾为了在美国读书，只能住在大学附近包伙食的公寓里过省钱而简单的生活。每星期六晚上，作为美食，公寓会供给一道煎碎土豆块，这在我们婚后的岁月里一直是他爱吃的东西。我常常以他的'包饭公寓口味'开他的玩笑，当然这不大公道，因为在别的方面他的口味还是很考究的。……他已故的前妻虽然受过西方教育，但是年轻而顺从，我则不同。我从不愿伤害别人，连动物也不愿伤害。我是个软心肠的人。我只盼望从丈夫那里得到爱情。"

图4-31　遗憾的是，由于种种原因，到后来，顾、黄二人的婚姻已
名存实亡，直至1956年正式离婚。

　　1956年，当顾维钧从中国台湾"驻美大使馆"岗位上退休后，他与黄蕙兰之间的裂痕终于彻底无法挽回了。黄蕙兰不得不面对现实："维钧每个星期要到纽约去度周末，从星期五一直待到下个星期二，与他那位在联合国工作的女相好相会。"终于，在共同生活三十六年后，68岁的顾维钧与黄蕙兰平静地分手。离婚后不久，顾维钧便和多年的旧爱严幼韵结婚。而经历了大半生浮华的黄蕙兰，则寓居美国曼哈顿，一边坐享父亲留给她的50万美元遗产，一边则着手口述自己的回忆录——《没有不散的筵席：顾维钧夫人回忆录》，于1993年12月寿辰那天无疾而终。

三、与复旦校花的幸福时光

20世纪50年代初，疏离了国民党政权的胡适携太太江冬秀避居在美国纽约城东一所简陋的小公寓里。那一段时期，由于没有别的收入，胡博士夫妇要靠微薄的积蓄度日，生活很是拮据。幸运的是，虽然胡博士无法挣钱养家，但他的太太每天却能靠打麻将有固定的收入。据知情者透露，胡太太尽管没什么文化，打牌的技术却堪称一流。胡博士虽颇不服气，但每每坐到牌桌上却必输无疑，闹得他直呼："牌里有鬼！有鬼！"

人们常说，但凡有4个中国人的地方必能撑起一桌麻将，即便是在异域也不例外。其实胡博士大可不必为此汗颜，实际上，他哥伦比亚大学的师兄、大名鼎鼎的外交家顾维钧晚年定居美国后，也经常会搓搓麻将。原来在晚年时，顾维钧的夫人几乎每周都要为丈夫安排一桌牌局。或许大知识分子的牌运也有相似之处吧，反正顾老是十有九输。据说顾维钧打麻将也称得上思路敏捷，不过一旦有人问他牌运如何，他总是回答说："十九必输。这不是我的技术不如人，实因这是一种'统战'，花样繁多，有时我的精力不能顾到全局，因此牌运对我不甚客气。"然而与寒酸的胡博士不同，家底还算殷实的顾博士对输赢并不在意。恰恰相反，晚年的顾氏夫妇很喜欢请客，家中经常大宴、小宴不断，高朋满座。当然，顾维钧能在晚年过着如此惬意的日子，首先就必须有坚强的经济后盾，而他在古稀之年才攒下这点家底，说起来还要靠海牙国际法庭十年任期内的高薪呢。

作为一名富家子弟，加上一生仕途得意，因此顾维钧在盛年时从未考虑过退休之后的经济问题。更何况，凭借其父亲顾溶的雄厚财力，顾维钧本人也受惠不少。据记载，1909年，当顾溶在故乡嘉定开设义庄用于对乡邻的慈善救济活动时，所捐的田地就达2320亩。1916年顾老爷子过世时，顾维钧分得了五分之一的财产，足以保证他今后不必为家庭生计操心。殊不知，随着担任外交官的时间越长，顾维钧发现，如果仅仅依靠政府发的那点薪水，恐怕真要入不敷出了。与同样定居在美国的胡适相比，此时的顾维钧应该算是无忧无虑了吧。毕竟在彻底退休之前，他已凭借在国际法院的高薪职业积攒了较为充裕的养老钱。行文至此，可能许多人又会感到惊讶：常年驰骋在国际外交圈的顾维钧，难道还要靠在国际机构打工挣外快才能安度晚年吗？然而这的确就是事实。

　　鲜为人知的是，民国时期外交官们的三公支出是非常寒酸的，有时甚至干着赔本的买卖。一直以来，中国外交人员的薪金是根据国家规定的薪俸待遇按级别支付的，虽然顾维钧所得薪金要比一般人高些，作为大使，他的每月薪金实际为528美元，包括应扣除的12.5%所得税，而且政府多次发行国内公债，薪金中不时会扣除一定数额的债券摊派。况且国外生活费用高、开支大，最后往往所剩无几。例如，在南京政府时期，1931年6月中央政府竟积欠驻德、驻奥公使馆款项达6万余元。无奈之下，驻德公使蒋作宾趁归国之机向蒋介石递交报告，要求偿清欠款。蒋公使如此，顾公使亦是如此。或许唯一幸运的是，他有个不差钱的夫人黄蕙兰。可即便如此，一味依赖夫人的补助毕竟不是长远之计，也实在有损男人的自尊。于是在公务之余，顾维钧也曾思量着进行一些合法投资。

　　在这里必须澄清的是，尽管多年身居要职，但深受西方政治理念影响的顾维钧却从未利用职权谋取过灰色收入。不仅如此，他还一再告诫当时的政府人员在举借外债时拒绝接受回扣，或向外购买军火时拒收"回佣"，以免为对方所利用。实际上，他自己就拒绝过美国联邦无线电公司的现金馈赠，并直率地向对方指出：这样做就是行贿。

　　1930年短暂下野期间，顾维钧与人合资，准备在甘肃玉门地区兴办一项从事石油开采的企业。当时，他以平民的身份和交通银行、金城银行组成中国投资集团，与美孚石油公司共同组成企业，着手在玉门勘测和开发石油资源。所谓合作，也就是中方提供全部的费用，对方则提供外国专家和技术设备，此事当然得到了国民政府的核实批准。广泛勘测的结果证明，玉门地区的石油能源确有开发价值，于是在1931年年底着手打试验井。1935年，顾维钧和银行家周新民等人组成"中国煤油勘探公司"筹备处，请求南京政府以五年为期，授予探采甘肃、新疆、青海三省石油的特权。南京政府认为，像石油这样重要的矿业开采与开发，按孙中山先生的设想应归国营，但又考虑在当时国库竭蹶无力经营的情况下，与其弃置，不如利用民间资本提早开发，于是由实业部授予顾维钧等人特许权，准许开发，并于当年11月1日由国民政府颁发了82号训令，核准该案。1937年，中央地质调查所与顾维钧的"中国煤油勘探公司"合作发现了玉门油田。然而眼看投资即将得到回报的关键时刻，中日战争全面爆发了，玉门油矿的开发被迫暂时搁置。

抗日战争爆发后，中国急需开发自己的石油。专家们认为，比较现实的可能是开发玉门石油。但甘肃石油开发权已由政府特许给顾维钧等人，政府要开发，必先收回开采特权。但实业部当年授予顾维钧等人的特权规定：勘探期限为五年，勘探期满后有二十年的开采期限，并可再延续二十年。也就是总共有四十五年的开采特权，即从 1935 年算起，到 1980 年方才期满。

为了低成本从顾维钧等人手中收回玉门油田的开采权，当时刚刚上任的经济部长翁文灏要了回聪明。他在仔细阅读了有关授予顾维钧等人玉门石油开采特权的全部档案文件之后，终于找到了突破口。原来在 1935 年，顾维钧等人的申请经实业部上报行政院后，内政、外交、军政、财政、实业 5 部及全国经济委员会、军事委员会、资源委员会奉命开会审查，最终对该申请案提出了 8 项原则，其中 1 项就是限定必须"在呈请特许案核准后六个月内开始探勘"。而中国煤油探矿公司筹备处虽然派人对青海、玉门一带进行了地质调查，但却没有进行严格意义上的"探勘"。于是翁文灏指示负责主管国营工业的资源委员会，以中国煤油探矿公司未能遵奉特许状如期开发为由，呈请经济部收回该公司的玉门石油开采特权。顾维钧与其合伙人当时也的确无力开发，加上国难当头不便计较，于是便同意交回特权。到 1943 年时，顾维钧正在巴黎出任驻法大使，忽接国内经济部来电称，勘探玉门油矿的执照业已期满，政府将终止合同收归国有，以应战事之需。就这样，顾维钧上百万的投资打了水漂。

雪上加霜的是，在动荡的局势中，顾维钧不但产业投资没有丝毫回报，就连最可靠的不动产投资也最终烟消云散了。想当初，凭借出身豪门的夫人黄蕙兰的资助，他先后斥巨资在北京购置了铁狮子胡同的豪宅，后来又在上海、天津两地买了 7 所住宅，如天津的中国大戏院，其地基就是顾维钧所有。如果再加上从父亲那里继承的田产和房产，顾维钧在如今也称得上是"房叔"了。然而世事无常，在抗日战争期间，他在上海的一些房子毁于日本侵略者的炮火轰炸中，在江湾投资的一块土地也被日本人划入江湾军用机场，战后国民政府接收时也未给予任何补偿。甚至就连他在天津花旗银行保险柜内存放的一些贵重物品，如前妻唐宝玥的珠宝，还有外钞和金币等也统统被日本人抢走了。等到国共内战爆发后，作为国民党阵营里的重要成员乃至后来的"头等战犯"，顾维钧留下来的几乎所有财产都被新政权没收了。当时就曾有媒体以同情的口吻报道说："顾维钧先生年逾六旬，名重国际，综其一生，自始即迥翔外交界中，今已由驻英大使转任驻美大使矣。前当外长王世杰氏一度倦勤时，中央拟以顾氏调任，以其习于海外生活，无意返国作语。闻与接近者谈：顾氏历任外交使节，每年所耗颇巨，国家所发驻外使领之资，为数甚少，殊不足以供生活，遑论折冲交际。故其每年所赔于此者，恒须在千万以上。战后欧美生活，均较中国为低，否则将犹不止于此数。谑者谓，非富人不足以当中国之驻外使节，盖实情也。有一次，顾氏由英返国，除向中央述职外，兼为料理私事，如收回各地房产等物。闻其产业以在北方者为多，如天津之中国大戏院，北平被日军部占用之大住宅；宅系吴三桂旧邸，有亭台花木之胜，孙中山先生即寿终于此，现尚留有石碑一方，嵌在壁间完好无损。时经顾氏一一亲往按手竣事，始行重飞英伦云。"

正因如此，当顾维钧 1956 年终于从国民党政权脱身时，他突然悲哀地发现，一生几乎过惯了锦衣玉食生活的自己，在年近古稀时还得考虑将来的养老问题。而他之所以紧接着去海牙国际法庭任职，很大程度上就是出于经济上的考虑。

不过比胡适幸运的是，顾维钧晚年虽然谈不上大富大贵，倒也衣食无忧。特别是与最后一任夫人严幼韵女士的结合，更成为他人生中最幸福、最平和的经历。

1956 年，在维系了三十六年的婚姻之后，顾维钧同豪门之女黄蕙兰的筵席终究散了。三年之后，顾维钧第四次结婚，对方则是与他相恋多年的严幼韵。

要不怎么许多人都艳羡于顾维钧的"桃花运"呢，实在是因为他的几任夫人个个都非寻常之辈。说起这严幼韵，也算是出

图4-32 顾维钧的第四任夫人严幼韵，也是名门千金，年轻时曾是复旦大学的校花。

身名门的大家闺秀了，虽然家中不如黄蕙兰豪富，但其本人的才貌却要更胜一筹。

严幼韵出身上海富商家庭，其祖父是著名实业家、书画家严信厚，此公一生致力于民族工商业、金融业的兴办，有过不少创举。他曾投资创办中国第一家机器轧花厂——通久源机器轧花厂，并在上海投资兴办过麻袋厂、面粉厂、榨油厂及内河船运业，后又在南京路开设了著名的老九章绸缎庄。出生在这样一个家庭里，严小姐自然受到了良好的教育，加上她容貌出众、风姿绰约，年轻时也算是上海滩的名花。1925 年，严幼韵考入沪江大学，两年后转入复旦大学商科，成为首批入该校的女生，很快就成为众多男生心目中的"校花"。由于她家住在静安寺，离复旦大学较远，因此家人便专门为她购买了一辆小轿车，并配了一个司机。不过严小姐自己也会开车，于是人们常常能看到香车美女的场面。当时，即便是在中国经济最发达的上海滩，拥有私家车的人也是少之又少，而严幼韵大学时代便学开汽车，其时髦程度可想而知。又因为她的车牌号是"84"，一些男生就将英语 Eighty-four 念成上海话的"爱的花"。直到严幼韵结婚前夕，还有许多人对她的私人生活追踪关注。1929 年 8 月，复旦校刊还专门登出一篇关于严幼韵近况的报道：

> 严幼韵姑娘，我想不必再用什么笔墨替她介绍了，她在我们校里几乎没有一位同学不知道她的芳名，没有一位同学的脑中不深深地印着她的倩影，就是上海的其他各大学里，凡稍意留心女学生的，也都知道我们校里这样艳丽的一朵"爱的花"（Eighty-four）。
>
> 关于她的毕业，发生了一个小问题，在本刊上也有过一会争论，有的说她已于这暑期毕业了，有的说她还没有毕业，下学期仍在我们校里肄业。好了，不用再争论了，我已从她的朋友处听到了确实消息了。
>
> 我们的学校是读学分制的，所以往往有许多同学因为缺少两三个学分不得不再在校里留等半年，严姑娘也是在这样情形下的一个，说起来真可怜，她本当于这年行毕业礼的时候，收到学位的文凭，也因少了一个半学分，只好委曲她得再等一下，但是她不愿在这样炎热的天气里来读暑期学校，也不愿因了一个半学分的缘故，再费去半年的光阴，然而怎么样呢，我告诉读者，她现在正在从事于著作。我们校里有这样的一条规则，凡学生在课外不论何种课程，如有研究心得的著作，经教授阅读之后，认为满意，就可得到相当的学分。炎

暑去了，我们的暑期学校也将放假了，严姑娘的论文不久就要送到我们校里来了。

正是在上大学期间，严幼韵在一次舞会上认识了第一任丈夫杨光泩。说起来，杨光泩也算是当时青年才俊中的佼佼者了。他是普林斯顿大学国际法博士，回国后曾担任过清华大学的教授，后又进入外交界，与时任外交总长的顾维钧接触较多，彼此交谊颇深。1929 年 9 月 6 日，严幼韵与时任清华大学教授兼外交部顾问的杨光泩在上海大华饭店举行了婚礼。婚礼非常豪华，由外交部长王正廷主持，出席婚礼的有千余人。新郎是年轻有为的外交官，新娘是复旦校花、名门闺秀，如此典型的郎才女貌的结合，自然成为媒体追捧的对象。1930 年，杨光泩奉国民政府派遣赴欧洲任职，先是以一等秘书身份担任专门委员，后任驻伦敦总领事，并在顾维钧的指导下多次出席在日内瓦举行的国联会议。就这样，严幼韵开始了外交官夫人的生活。1938 年，杨光泩奉命赴菲律宾，以公使衔担任中国驻马尼拉总领事。不料珍珠港事件爆发后，严女士一家原本平静幸福的生活骤然被打断了。1942 年年初，日军攻占马尼拉，随即便以不承认重庆政府为由逮捕了杨光泩和他的同事，后竟不顾国际道义杀害了他们。

杨光泩为国捐躯后，严女士不得不带着 3 个女儿开始艰难度日。1945 年，严幼韵来到纽约，不久出任联合国礼宾官，成为一名出色的女外交官，直到 1959 年 10 月正式退休。就在这一年，她与顾维钧正式结婚，一度随丈夫在海牙生活，后又定居纽约。

同严女士生活的二十六年时间，无疑是顾维钧一生中最幸福安定的时光。尽管这桩婚姻属于纯粹的黄昏恋，但二人却共同语言颇多，相亲相爱。严女士善于理家，精于治家，并把主要精力倾注在照顾丈夫的生活上。严女士的女儿就发现："顾先生很年轻时就从事外交工作，其实'家'的概念对他来说很淡薄，没有什么个人生活，也很少有私人朋友。跟母亲结婚以前，顾先生在海牙国际法庭工作，那时他没有家，住在旅馆里。可能是长期没人照顾吧，我们见到他时，他非常瘦，在家里吃饭也像参加宴会一样正式，有个人专门站在他身后，随时递上一块餐布服侍他，起初我们都觉得怪怪的，因为我们家是非常随意的。……顾先生本来是很严肃的一个人，跟我们在一起时间长了，顾先生也被我们'改造'过来。他是一个非常好玩的人，他会像孩子一样喜欢过生日 Party。每年他过生日的时候，我们都要动脑筋想，怎么庆祝。他的生日是 1 月 29 日，后来成了我们家除了圣诞节、春节以外，每年最重要的一个日子。有一年我们全家去滑雪，他和母亲年纪大了，就计划在附近散步。有一天我们回来时，看到他带着新买的滑雪服，原来他忍不住'童心大发'，要跟我们一起滑雪去，后来《时代》周刊还登了一篇文章，说 72 岁的顾维钧开始学滑雪。"

的确，顾维钧之所以能活到 98 岁的高龄，与严幼韵的精心照护是息息相关的，以至于他晚年在谈到长寿秘诀时总结了 3 条：散步、少吃零食和太太的照顾。就连顾维钧的大儿子德昌也不得不承认，如果没有幼韵，他父亲恐怕要缩短二十年寿命。难怪，顾维钧在回首自己一生中的 4 段婚姻时，将与严幼韵概括为"主情"，而与唐宝玥的婚姻为"主贵"，与黄蕙兰的婚姻则为"主富"。

2017 年，纽约当地时间 5 月 24 日晚，严幼韵女士在纽约家中去世，享年 112 岁。

四、美男子间有故事

民国最著名的美男子之一、风流半生的少帅张学良晚年在美国曾对美籍华人历史学家唐德刚这样说："顾维钧这个人，我非常佩服，这个人啊，我批评他，实在是个能干的人，但是他不卖力气。他要是真卖力气他真行，可是他不卖力气。这个人，我跟他我们两个人过得很好。梅兰芳看到他，都打千啊……我跟他两家很好，我们俩在一起，他太太也知道。我们在巴黎要出去玩去，他太太说叫他带你去玩去。我在巴黎我也不会说法文呵，她说叫他带你去嘛。"不难看出，在当年风华正茂时，包括顾维钧、张学良、梅兰芳等一干美男子，不但各自都有许多风花雪月的儿女情长，而且他们之间也有着较为密切的往来，演绎着众多鲜为人知的故事。

从年龄上看，顾维钧（1888 年生）要比张学良（1901 年生）、梅兰芳（1894 年生）大不少，但也基本算是同一代人。

据顾维钧回忆，早在担任外交部秘书时他就认识了梅兰芳了。那时，"梅郎"刚刚在京剧界崛起为超级大腕儿，风靡全国，民间甚至流传有"讨老婆要像梅兰芳，生儿子要像周信芳"的戏言。然而由于受传统观念的影响，伶人的社会地位还不很高，顾维钧就是在这样的情形下初次结识了梅兰芳。有一次"当全体京剧名伶奉命在总统府演出时，在高级官员到达时，他们出台打千。我和梅兰芳初次见面时，他对我打千，其实我不过是外交部的秘书。两年以后我们再次见面时，他向我鞠躬而未打千。以后他从国外演出归来，我们又见面了。从那以后，我们只是握手。这种变化不仅标志着社交礼仪的简化。而且也表明民众方面某种程度的民主化"。

而作为当年京城"美男子"圈里的新贵，张学良尽管年纪比顾维钧和梅兰芳都小，风头却丝毫不落下风，与两位"资深"美男子的交往也比较频繁。据记载，这几位当年常常一起去北戴河度假，或者一起打牌，或者一起打高尔夫。那几年，京津一带的报纸上经常会刊登他们的照片。与当时大多数社会名流一样，张学良也喜欢京剧，并因此结识了梅兰芳，不过他对后者所扮演的角色似乎并不大追捧。他在晚年回忆说："小生，我喜欢叶盛兰，那唱得真是好，那唱绝了！还有裘盛戎，我最喜欢，都是辽宁人。我当年在北京，那些名戏子都是我的朋友，余叔岩啊，梅兰芳啊。"关于这二位之间的交往，还曾流传过一桩轰动全国的公案呢。

图4-33，图4-34　少帅张学良，民国时期著名的美男子，虽然比顾维钧小13岁，但二人的私人关系却非同一般。

话说在 1931 年 9 月 18 日那天，时在北平养病的张学良在参加完英国公使馆的宴会后，又赶赴前门中和戏院观看梅兰芳演出的《宇宙锋》。却不料途中忽有沈阳急电，少帅随即匆匆赶回医院。事后人们才得知，当天晚上发生了骇人听闻的九一八事变。事发当晚，确有人证明张学良正与夫人于凤至及红颜知己赵四小姐在北平前门外中和戏院观看梅兰芳的《宇宙锋》。据张学良的弟弟张学铭回忆，当时张学良因伤寒症住协和医院已久，心情烦闷。九一八当晚，因病情有所好转，且为了招待宋哲元等将领，便离院赶至中和戏院观看梅剧《宇宙锋》，随行人员有护士、警卫等，因此订了三个包厢。梅兰芳夫人福芝芳也证实，九一八事变当晚，梅兰芳的确在中和戏院上演全本《宇宙锋》，她是在长安街的平安电影院看完一场电影后才赶到中和戏院去的。在戏院，她看见张学良和赵四小姐坐在一间包厢里看戏。台上的梅兰芳也看到了张学良，当他演到赵女在金殿装疯时，瞥见有个人匆匆走进包厢，伏在张学良耳边嘀咕了几句，他不知道那人是张学良的侍卫副官长谭海。因为隔得远，梅兰芳无法看到张学良的表情，只看到张学良忽地站起身来，大踏步走出包厢，随后，他的随行人员、陪同他看戏的人陆续离开了戏院。戏还未演完，却突然一下子走了二三十人，这不仅使其他观众纳闷，也让台上的梅兰芳有所不解，不过他断定一定是出了什么大事。就张学良的身份和地位，他若不是突遇政治上或军事上的大事，绝不会如此不给好朋友梅兰芳面子的。然而很快就有谣言说，少帅在九一八当晚没干别的，就搂着著名电影明星胡蝶在跳舞呢！此言论一出，如同沸水里滴了一滴油，群情激奋，民众们的矛头纷纷指向了胡蝶，大骂她是红颜祸水。社会名流马君武愤然于 11 月 20 日在上海《时事新报》发表了题为《哀沈阳》的两首"感时近作"，诗曰："赵四风流朱五狂，翩翩胡蝶最当行。温柔乡是英雄冢，哪管东师入沈阳。""告急军书夜半来，开场弦管又相催。沈阳已陷休回顾，更抱阿娇舞几回。"这首诗发表后的第二天，胡蝶就在报纸上发表《胡蝶辟谣》，她当晚根本就不在北京，如何能和少帅共舞，现在我们也知道，不仅事变当晚，这两人一辈子到死都从来没有见过面。此外，她的东家明星公司的张石川等人也纷纷在报上为胡蝶做不在场证明。但是群情激奋的中国人民需要一个发泄口，尽管胡蝶出来辟谣，却平息不了舆论，大家都将信将疑。

耐人寻味的是，就在少帅张学良因丧失国土而承受千夫所指之际，他的好朋友梅兰芳却在公众面前表现出了强烈的民族正义感。九一八事变后，他先后编演了京剧《抗金兵》和《生死恨》，以表达中华民族宁死不屈的抵抗侵略的决心。当1937年卢沟桥事变发生以后，他更是毅然告别舞台，先后隐居香港和上海，并蓄须明志誓死不为日本人演出，直到抗战胜利后才重新开唱。

就在这样一种格外复杂的时代氛围下，顾维钧与张学良建立起了非常密切的关系。早在1921年，张学良就随父帅张作霖来到北京，并一直住在前身为顺承郡王府的大帅府。一年后，顾维钧回国任职，二人由此结缘。在北洋政府最后的几年时间里，由于是奉系控制北京政坛，而长期出任外交总长乃至内阁总理的顾维钧自然与张氏父子关系紧密。1928年，张作霖于皇姑屯被炸身亡，张学良返回奉天。1931年，已归顺南京国民政府的张学良重回北平，直至1933年出国考察。这两年间，顾、张二人的交往更加密切。虽然此时的顾维钧一度淡出政治舞台，但他与张学良的私交却更加深厚。关于二人的交情之深，我们可以通过张学良晚年的回忆窥见一斑："我们在杨××家里打麻将，顾太太来了，拽着顾走，顾坐那儿就不走，这个顾太太指名骂杨××的太太，指名骂，你这个不要脸的东西！这顾太太拿着茶水，给顾的头上哗哗哗地浇下去。顾呢，我就是不动弹。浇完了，她也没办法了，走了。她当我们面骂杨的太太，骂的那个话，不好听得很啊，那杨的太太也坐那儿，也不动。我们在那儿也不好意思。"而顾维钧则回忆说："我应张学良之邀，曾经他要我也当他的高级顾问，我婉言谢绝了。第二天，他派秘书长王树翰送来一封高级顾问的聘书，我没有接受。几乎是每天早上，肯定每周有三四次，他都邀请我和他打高尔夫球。通常是4个人一起打，除我以外还有端纳先生，第4个人是少帅的英文秘书，我们径呼之为李。那时少帅身体不很强健，所以在高尔夫球场上每进两三个洞之后，他总要在为他个人使用而特别修建的有游廊的平房里休息一会儿。"

从两位顶级"美男子"的交往细节来看，要说当年张少帅对顾维钧可真够仗义的，简直可以说是全方位的关照。特别是在北洋政府垮台后的最初几年间，当时顾维钧在政坛上一度"靠边站"，甚至还遭到了南京国民政府的通缉。1930年，闲来无事的顾维钧忽然萌生了在东北进行土地开垦投资的念头。闻听此事，张学良当即慷慨地免费赠送好友 2 平方英里的处女地，外加一栋房子，无非就是希望顾维钧能常住东北，随时与自己联系。不过对于少帅的好意，顾维钧却婉言谢绝了。不久，少帅又派人告诉顾维钧，他可以在黑龙江西北部地区随意领取最肥沃的土地，价格则低得吓人——每垧 4 元。但顾维钧却认为此事纯属私人性质，他实在不愿掺杂官方或政治的意图，因此没有利用少帅赋予的特权，而是用每垧 8 元的原价购买了 7000 垧的一大块土地。当然了，所需的款项据说也是他那有钱的太太提供的。为了进行开发，他还特地聘用了一位从康奈尔大学农学系毕业的中国留学生负责此事。遗憾的是，仅半年后，随着九一八事变爆发，顾维钧又在南京国民政府的召唤下再度复出，在外交舞台上同日本人展开新的较量。这样一来，在日益动荡的局势中，他的垦殖事业被迫中断。几年后，那一大片土地干脆被日伪政权没收，他的巨额投资自然也打了水漂。

当然，张学良之所以对顾维钧如此仗义，很大程度上也是因为要仰仗其在外交方面的"智囊"作用。要说这张少帅，别看年少成名、春风得意，但却每每在关键的外交问题上栽跟头，即便是有顾维钧这样的"高参"也无法为他力挽狂澜。特别是在 1929 年的中东路事件和 1931 年的九一八事变中，尽管顾维钧给他提供了不少宝贵的建议，但由于张学良本人的失误，导致中国外交接连吃了大亏。

1929 年 7 月，由于对苏俄长期控制中东铁路的局面深感不满，在民族主义情感的驱使下，年轻气盛的张学良决心不惜动用武力收回对该铁路的控制权。为此，他先发制人，不顾国际惯例，违反此前两国政府的有关协议，强行占领中东铁路部分管理权，并将苏方管理人员遣送回国，结果爆发了较大规模的武装冲突。

遗憾的是，此时还不到 30 岁的少帅尽管满腔热情，但在顾维钧看来显然太缺乏政治经验，完全没有其父帅的老练和狡猾。当双方的冲突尚未正式爆发前，顾维钧正在国外旅行，不过对于这个小老弟的一举一动他都时刻关注。他不无忧虑地认为："张学良无疑是个爱国者，对日、俄两国的政策都特别怀疑。根据报纸上的报道和从我个人所收到的书信来看，张少帅关于苏俄对他在满洲的积极政策可能做出的反应的估计是相当不现实的。我觉得少帅正在迫使苏俄作战争尝试，这种尝试不是故意的而是为了准备对付敌对行动的爆发。因为我担心任何这种可能发生的事件的后果，便给以前的同事罗文干博士发了一封电报，请他转告少帅千万小心。不久，我离开法国去加拿大避暑。抵加后不到三天，罗博士就给我一封信，说少帅邀请我立刻回到沈阳会商，并且要我迅速答复。我不愿意去满洲，因为我感到需要再休息一些时间。我写信给罗博士和少帅，说明我不能立刻回国的理由。在这封信没有到达之前，我又收到一封电报，说少帅非常急于和我见面。鉴于这封电报，我才离开加拿大去沈阳。"经过张学良的一再催促，顾维钧如期到达沈阳。在当天晚上的会谈中，尽管他结合各种情报极力劝阻张学良不要轻举妄动，但后者显然并不当回事。

随着局势的迅速恶化，最令顾维钧担心的事终于发生了："一天，在打进几个洞之后，少帅请我们到他那所平房里小憩。我们四人围着一张摆着果汁饮料的木桌坐下，谈话由我开始。我说在打球时我看到几辆满载军队的火车，一辆接着一辆向北方开去。我问道：'那些军队开到哪里去？'他说：'去哈尔滨。'我说：'去干什么？'他说：'啊，这次我要吓唬一下苏俄。'他表示曾经得到报告，苏俄向满洲边境和满洲里派遣军队。我说：'我看见军队时就猜到了。我对你的虚张声势觉得好玩，因为你是打扑克牌的能手，虚张声势是玩牌的一种方法。但是，假如你发现你的对手手里真有好牌，你怎么办呢？'他转过身去用手撑着头，显然是认真思考了一会儿，然后扭过头对我说：'我自有对策。'很明显，他只想到了一个结局，就是在武装冲突中彻底获胜，而没有想到可能出现相反的结果。因此，他不能回答我的问题，只给了我一个实际不是答复的答复。"

尽管当时苏联在远东的兵力有限，张学良又自恃得到了南京方面的强力支持，但他显然过于乐观了。武装冲突爆发后，双方的战斗主要在满洲里和扎赉诺尔地区展开。从 7 月末开始直到 11 月，东北军与苏军之间的大小战斗进行了数十次。真是不打不知道，一打吓一跳。战前意气风发的少帅做梦也没有想到，尽管他自认为当时东北军无论从兵力还是装备上都算是响当当的，但真与苏军硬碰硬地干起来竟是那样得不堪一击。11 月，苏军先后攻占扎赉诺尔、满洲里、海拉尔。东北军死伤及被俘人员 9000 余名，而苏军仅伤亡 800 余名。眼看败局

图4-35　1929年，张学良贸然挑起了中东铁路事件，结果吃了大亏。图为苏方士兵展示战利品。

已定，心高气傲的少帅不得不主动求和。12月底，双方签订《伯力协定》，中方被迫接受苏方提出的恢复中东铁路中苏共管的原状、双方释放被俘人员等条件。令人吃惊的是，多年以后，顾维钧才在自己的回忆录中透露了一个惊人的秘密，他认为此次中东铁路事件其实是南京政府的一桩外交阴谋，其目的则是便于控制张学良！他分析说："南京在沈阳的对俄政策上是否起过作用是个疑问。我在沈阳时，吴铁城先生和张群将军作为蒋委员长派往满洲的2个代表在那里待了相当长一段时间。很可能张之所以卷入对俄问题乃是南京对付不听号令的所谓四大集团军的不同战略的一部分。第一种方法据说是用财政手段对付冯玉祥的第二集团军，因为冯玉祥有财政困难。第二种方法是用政治手段对付阎锡山的第三集团军。第三种方法是用军事手段对付李宗仁的第四集团军，就是以武力摧毁它。但是对付少帅则用外交手段。中央政府打算把少帅诱入圈套，因为少帅妄自尊大又无充分外交经验；吴铁城、张群可能设法使他陷于对俄的困境，使之必须依赖南京，这样中央政府就能控制他了。"

图4-36　九一八事变时的张学良

无论顾维钧对中东铁路事件的这种分析有无道理，有一个事实却是毋庸置疑的。作为多年的好友，顾维钧目睹了张学良巨大的心理落差，由事件发生之初的热情高涨和乐观自信一下子跌落进沮丧的沼泽。更悲哀的是，经过此次打击，哪怕张学良从本质上讲仍算是一名爱国主义者，但从此却再也不敢贸然与实力远远超过于自己的日本或苏联对抗了，这便为不久后九一八事变中离奇的一幕埋下了伏笔。

1931年9月18日夜，日本关东军经过精心策划，炸毁沈阳北郊柳条湖的一段铁路，并同时攻打沈阳城及东北铁路沿线各重镇，发动九一八事变。尽管当时顾维钧本人还在退隐状态，但他早在事变前就密切关注着日本在东北的阴谋活动。综合各种迹象，凭着敏锐的政治嗅觉，他认为日本军事当局可能会采取重大军事行动，因此提醒张学良方面要充分注意来自日本的报道，关东军在日本军部的指示和教唆下，可能会采取激烈的行动并发展成为严重事件。虽然张学良闻讯后第一时间派专机接顾维钧到北平面谈，但他并没充分认识到时局的严重性，也没有采取必要的防范措施，以至于对关东军的行动毫无心理准备。

图4-37 张学良与蒋介石合影

图4-38 中原大战后的张学良

九一八事变爆发后，张学良的命运彻底发生了改变。不但老家东北的大好河山迅速落入敌手，他自己也因不抵抗政策沦为国人唾骂的对象。而就在张学良跌落到人生低谷之际，他的好友顾维钧却毅然挺身而出，不但为他积极出谋划策，而且开始在外交战线上奋力维护国家的主权。据粗略统计，从1931年10月12日至1932

图4-39 顾维钧夫人黄蕙兰与张学良夫人于凤至（左2）一起参加活动。

年3月4日间，仅顾维钧发给张学良的电报就有137封之多！由此可见他们之间的关系非同一般。当然与手握兵权的张学良不同，顾维钧所能做的无非仍是职业外交家那一套。在这种情形下，张、顾二人又积极配合，力图借助国际力量解决问题。

1932年1月，以英国人李顿为首的国联调查团成立，开始着手就中日冲突展开调查。4月11日，张学良在中南海怀仁堂设宴招待李顿一行，并有顾维钧及张学良的智囊人士，日方观察员吉田伊三郎等82人出席。少帅在宴会上的长篇演讲中，如实地表明了其政治见解和心情：他强调中国人民与其他文明国家民族相同，酷爱和平、憎恶战争，故对日本之军事侵略与蹂躏极感愤怒。危难关头，一方面是出于民族义愤，另一方面或许也是为了帮老朋友渡过难关，顾维钧毅然加入李顿调查团前往东北。不过，有些旁观者却对此有另外一种角度的看法，1932年5月14日的《礼拜六》上刊登了一篇题为《顾维钧为的是一个人》的评论，作者就含沙射影地讽刺道：

> 顾少川毅然出关，顾能博得国人的好评；素以热衷卑谄外人所薄的小顾，却有这种大无畏的精神。虽则出关之后，处处给日人严厉的监视，然而不屈不挠，倭人也无可如何；惠灵吞（顿）的气概，总算差强人意。小顾这一次的出关，据我所知，完全为的是某当道，当初九一八事件发生之后，某当道貌作镇定，心神未尝不乱，照常听戏，照常跳舞。小顾的太太，本是外国跳到中国，伯爵跳到公使馆的好手，互搂之下，发现某当道的弱点，就同小顾说起，小顾便自告奋勇，并且向某当道说，可以他的外交手腕，挽救某当道的厄运；某当道自然竭力拜托，于是保上一本，保到中央。小顾居然旧梦重温，做他的外交部长，后来各方的空气太坏，才让给了罗文干，罗本是连挡，实际上

背后还是小顾。调查团来华，小顾运用外交手腕，和李顿寸步不离，处处替某当道打算，听说他曾经有电报给某当道：说此次愿做牺牲，无论如何，必使某当道地位转变，能得佳境，某当道居然也会天良发现，自叹说养了许多兵将，赶不上一个顾少川。左右宵小，为之色变。某当道未始不想凭外交手段，把东三省收回来，重做关外王，可是这个迷梦，岂能如愿？

两个月后，国联调查团结束了在东北的调查返回北平，准备起草调查报告书。为了给调查团提供一个安静的场所，张学良特意将他们安排在了避暑胜地北戴河，并指定北平铁路局局长高纪毅、北平行营总务处长朱光沐及他的高级副官朱海北一行人组成国际调查团海滨接待组，并由北宁铁路总局拨款 10 万元，赶建电灯房，安装路灯，粉刷整修各国代表的住所，为他们的到来提供良好的居住环境。显然，就如同顾维钧一样，少帅也对国联调查团寄予了很高的期望，更希望他们能为自己洗清罪名。令他失望的是，尽管有顾维钧在调查团中全力斡旋，但这样的外交努力根本收不到什么效果。到 1933 年 3 月，压力之下的张学良被迫发表"通电"引咎辞职，随后便携夫人于凤至、赵一荻和顾问端纳等人赴欧洲考察。巧合的是，此时顾维钧又被南京政府任命为驻法公使。9 月，当张学良赴巴黎访问时，顾维钧特意为老朋友举行了午餐会。

在意大利访问期间，张学良突然萌生了赴苏联考察的想法，随即便请求顾维钧促成此事。他悄悄对顾维钧说："我为什么想到俄国去呢？那是因为它与我的老家东北太近了，早年在中东铁路冲突中就是老对手。现在我很想去见识一下共产党国家到底是什么样？"然而由于此前产生的一系列过节，苏联人显然不太欢迎张学良，不过他们给出的理由是：目前日本关东军已经强占了东北三省，中日战争处于一触即发之势。苏联担心由于允许张学良的来访而刺激日本，从而引来苏、日之间的外交摩擦。当顾维钧将这个消息告诉张学良时，后者仍不死心地表示："尽管如此，我还是非常想到苏联去。请你再次与苏联驻法国大使转达我张汉卿诚恳的请求，同时转告苏方：我张汉卿决不怕日本，也不甘心东北的国土沦丧。只要我以后有一天能重掌军权，就一定促成中国的抗战！……"遗憾的是，尽管顾维钧为此进行了多方游说，但直到张学良结束对欧洲的访问，苏联也没有正面答复。

　　1936 年 12 月，张学良策划了震惊世界的西安事变。此时，顾维钧正在法国担任大使。事变顺利解决之后，张学良却沦为失去自由的囚犯，从此再也没有机会出现在政治舞台上。而顾维钧，尽管依然在国民党的外交舞台上活跃了二十年的时间，但他对于老朋友的处境同样也无能为力。直到多年以后，在人生的最后一段时光里，他们不约而同地选择在美国定居。关于这两位老朋友在美国是否有过来往，我们没有见过相关报道，但这段"美男子"之间的情缘，想必二人都不会忘记吧。

第五章
繁华散尽几多愁

"我之所以继续参与政治，只不过是为了中国的国际声誉而维持一个政府而已。"

——顾维钧

"尽管在蒋委员长的劝说下，我加入过国民党，但我不是一个积极分子。"

——顾维钧

"我看不出两党政策之间有什么大的区别。任何国家只有统一才能强大……"

——顾维钧

"在世界上，在所有的告别中，再也没有比与权力告别更令人痛苦的事情了"。

——法国外交家塔列朗

"虽然离开大陆数十载，顾维钧却未加入美国籍，保持着'一生都是中国人'的信念，一直到离开。"

——杨雪兰

世界上从来就没有百分之百的完美，顾维钧的人生自然也不例外。在无数的光环和成功背后，还隐藏着众多尴尬与失落。无论是职业生涯还是个人境遇，这位风云人物也曾经历过数次低潮，而这所有的一切他自己根本无法左右。因为在近代中国历史的旋涡里，任何人都无法彻底置身事外。即便是以职业外交官自居的顾维钧，同样三番五次被卷入到国内政治斗争中，结果竟两度被列入通缉名单。在历史的十字路口如何抉择？顾维钧似乎也难以回答清楚。因此就这个层面来看，他的人生又是不完美的，只能说是半世繁华、半世寥落。

一、被通缉的内阁总理

1928 年 7 月 9 日，在国民革命军刚刚占据北京一个月后，南京国民革命政府发布了一份通缉令，内称："王揖唐、曾毓隽、吴光新、姚震、汤漪、章士钊、曹汝霖、陆宗舆、章宗祥、顾维钧、汤芗铭、王印川等，劣迹昭著，着军事委员会、内务部、总司令部、各省政府、各特别市政府、迅饬所属，一体通缉，归案惩办，以儆奸邪而申国纪。"此前，尽管在奉系军阀张作霖入主北京的一年多时间里，顾维钧已经基本淡出了政治舞台的中心，但在"革命"的南京国民政权看来，他这个多年来为历任军阀头子效力的外交官，毫无疑问是"反动"的，理应受到惩处。于是乎，在巴黎和会上被视为民族英雄的顾维钧，居然与五四运动中身背汉奸骂名的曹汝霖、陆宗舆、章宗祥等人一道上了"黑名单"。看到这份名单，不知顾维钧的心里该做何感想？

纵观顾维钧在北洋政府时期的仕途生涯，虽然在绝大多数情况下都是顺风顺水，俨然官场不倒翁，不过却也有过几次提心吊胆的时刻。因此对于经历了不少政治风浪的顾维钧而言，1928年遭到的这次通缉其实也算不上什么灭顶之灾。实际上早在四年前，一次在北京上演的政变甚至比现在还要凶险呢。

那是在1924年10月25日，顾维钧刚刚起床，他家的厨子突然从外面急匆匆地跑了进来报告说："不好了！出事了！冯玉祥将军的军队占领了电信局，包围了总统府，满城都是从前线回来的冯将军的兵。"原来就在前一天，本来属于直系将领的冯玉祥突然宣布倒戈，随后率军从对奉军作战前线撤回北京发动政变，一举推翻了曹锟政府。作为曹锟极为信赖的外交总长，顾维钧深感恐惧，担心冯玉祥会对自己下手，因此他当天就避居北京使馆区一位外国友人家中，第二天又悄悄逃往天津。关于顾维钧的这次逃亡，当时的报端还颇带演义色彩地进行了大幅报道，说顾维钧是化装成女人才逃到天津的。风波平息后，顾维钧本人对此说法一直矢口否认。而他当时的夫人黄蕙兰后来则在回忆录中说，顾维钧此次逃亡确实没有穿女人衣服，不过当年为了丈夫的安全起见，她曾经从下人那里弄来一套蓝布的农民衣服让他换上，同时让他将平时所穿的皮鞋换成了一双只有下人才穿的粗布鞋。对于这次极为尴尬的政治逃亡，顾维钧本人是这样回忆的："（当时）许多内阁成员都失去了联系，我自己在第二天搭乘我加拿大密友何士先生的汽车离开北京。我抵达天津时已近拂晓，在天津法租界帝国饭店的门口遇到辛普森先生，他是《北京导报》的编辑。第二天一早，《北京导报》登出消息说顾维钧博士化装成女人逃离北京。幸亏有辛普森先生亲眼看到了我，但是报纸上的东西传播很广，这条无根据的消息曾以讹传讹，广泛流传。甚至连庄士敦爵士——他当过宣统皇帝的英文教师，后来成为威海卫的行政长官，退休后著有《紫禁城的黄昏》一书，他也在自己的书中引用了这则消息。"

图5-1　1924年10月发动北京政变的冯玉祥

无论其中的真相如何，反正在冯玉祥发动政变后，顾维钧不得不暂时中断了自己在北京的政治生涯，时间长达一年半之久。

在如今天津市和平区河北路267号，有一幢英国别墅式三层楼房，现为国民党革命委员会天津市委员会使用，它原来的主人正是顾维钧。1922年参加完华盛顿会议回国任职后，顾维钧像当时很多北洋政府要员一样，也开始筹划在天津租界修建一所公寓，以备政局发生变乱时作为避难之所。于是在夫人黄蕙兰的支持下，他先是托熟人在英租界威灵顿道买了一块地，接着专程从英国请来设计师将这所公寓设计为典型的西洋古典式楼房。房屋建成之后，占地面积共1320平方米，建筑面积1547平方米，主楼三层，砖木结构，共有楼房35间、平房2间。虽然当时京、津两地之间的交通已较为便利，但顾维钧却几乎没有在天津的公寓里住过，倒是他的家人和亲友经常将这里作为落脚地。唯独1924年的"北京政变"发生后，顾维钧曾在天津的公寓避过一阵风头，而不久后他便周游世界去了，其间也曾在上海老家待了一段时间。六十多年后，顾维钧的女儿顾菊珍曾几度来到天津造访自家当年的故居。顾维钧更不会想到，这所宅子不但见证了他当年政治上的起起落落，而且在多年以后会再度得到时代的垂青。近些年来，由于顾维钧故居保存了当年的风貌，这里又成为拍摄影视剧的理想场所，据说《大转折》《周璇》《影后胡蝶》《最后一任市长》《巨人的握手》《弘一法师》《郭沫若与安娜》《张自忠》《梅兰芳》《少年周恩来》等影视剧，都曾在这里选景。

纵观顾维钧在北洋时期的经历，他几乎与所有军阀都能相安无事，而唯独对冯玉祥的看法比较负面，其重要的原因恐怕就是1924年的那次政变。多年以后，顾维钧在评价冯玉祥时依然认为："像那时期中国所有实力雄厚的军阀一样，冯玉祥也是一个很有野心的将军，极欲获得政权，以统治中国。……我认为那次政变是冯玉祥将军受个人野心驱使并掺杂了他对吴佩孚将军的某些宿怨而贸然做出的行动。"

正像近代许多重要的政治人物一样，顾维钧似乎也经历了"三起三落"的人生轨迹，而1924年的这次无疑就是第一"落"了（另外两次为1928年和1949年的政权更迭）。在之后的一年半时间里，顾维钧基本上过着隐居生活。然而在北洋时期，以他的威望和才能，以及在国际社会拥有的影响力，大多数政治势力还是非常需要的。到了1926年，随着段祺瑞政府的垮台，奉系军阀控制北京，顾维钧的回归也自然顺理成章了。是年5月，当颜惠庆内阁成立时，顾维钧被任命为财政总长。不到半年，在动荡的政局变幻中，他又被推举为代理内阁总理兼外交总长。由于当时北京方面没有正式的国家元首，因此摄政的内阁总理顾维钧，又扮演了实际上的国家元首的角色。与此同时，顾维钧无奈地发现，虽然自己多年来始终在极力避免卷入国内政争的漩涡，但正所谓"躲过了初一，躲不过十五"。如果说1924年冯玉祥猝然发动的政变只是让他暂时退出北洋政权舞台的话，那么四年之后南方国民党人北伐战争的胜利则使他跌入了人生的第一个低谷。

图5-2　1927年，张作霖与北洋政府诸要员合影。前排左3为顾维钧，前排左7为张作霖。

1926年10月，正当南方国民政府的北伐战争进行得如火如荼时，顾维钧在军阀吴佩孚、张作霖等人的支持下出任北京政府代理国务总理兼外交总长，并在此职务上一直待到次年6月，充当着北京政权名义上的行政首脑。如此一来，他自然就成了

图5-3　1927年2月27日，顾维钧（左）、张作霖（中）、梁士诒（右）等人在北京商讨政局。

南方国民政府"革命"的对象。直到1927年6月，随着张作霖建立安国军政府，顾维钧才正式辞去此兼各职，隐居在北京西山。1928年6月，国民党北伐军一路势如破竹逼近北京，张作霖被迫退回东北。当时，与张作霖私交颇深的顾维钧还特地乘坐专列为后者送行至天津。却不料张大帅竟在皇姑屯被炸身亡，北洋军阀时代至此彻底成为历史。7月6日，南京国民政府宣布北伐完成。三天后，新政权便以顾维钧曾服务于北京政府为由对其明令通缉。获知此消息后，顾维钧不得不再度携家眷出逃至海外。

尽管自出道以来就一直在为北洋军阀政权服务，但顾维钧其实与国民党人很早就有联系。据他本人回忆，早在美国留学期间就认识了当时还在闹革命的孙中山："我想那是在1909年秋天。我是由W.F.陈介绍给孙中山的，地点就在他的房间里。只有我们3个人。我们谈得很投机，还一起到第一二五街一家中国饭馆吃饭，然后又回去。孙谈话最多，他的话使我信服。"想当年，出于对清政府腐败的失望和对变革的渴望，当辛亥革命爆发后，广大海外留学生在感到震惊的同时，又怀着一种无比激动的心情关注事态发展。顾维钧本人就回忆说："我们有好几天都对学习失去了兴趣，把注意力集中在阅读报纸上。……有好几天，我们屏住呼吸，急切地等待着消息，希望尽管有镇压措施，革命仍能成功。"

回国服务后，顾维钧在政界也结交了不少的国民党人。那时，由于国民党在北洋政权体制内还拥有合法地位，因此许多国民党人也长期活跃于北京政坛。仅在外交界，像著名的国民党成员王正廷、王宠惠、黄郛等人，都曾与顾维钧共事。只不过在1926年后，随着南北方彻底成为敌人，这些国民党籍的政客相继离开北京。而对于无党无派的顾维钧来说，他之所以始终留在北京服务，原因很简单：一是北京政府是当时国际承认唯一代表中国的合法政权，二是他从不卷入党派之争。

图5-4 1926年8月，顾维钧与奉系众将领在南口前线视察。1为张学良，3为张宗昌，5为顾维钧。正是由于在北洋政府末期扮演了重要政治角色，顾维钧被南京国民政府列为通缉犯。

图5-5 皇姑屯事件现场

　　1919年巴黎和会前夕，为了争夺在国际舞台上的话语权，当时孙中山领导的南方军政府就曾派外交代表陈友仁、郭泰祺前往华盛顿游说，希望美国支持中国由南方军政府派遣代表团出席会议。在华盛顿，他们碰到了时任驻美公使顾维钧。当得悉顾维钧已被北京政府任命为出席和会的全权代表之一时，双方随即发生了一番争执。据顾维钧回忆："他们称北京政府为北方政权，称我为北方政权的代言人。……他们坚决支持南方军政府，愿意看到北京政府垮台；我则站在我的角度上向他们解释，国内的政治斗争虽属不幸，然不足为怪；至于家丑外扬，则既无必要，也不明智。……我认为，我是中华民国的代表。共和国宪法明确规定了中华民国的领土和管辖范围，我从不认为我代表的是除几个南方省份之外的中华民国。政治之争应限于国内。"由于政治理念的差异，他们谁也无法说服对方。耐人寻味的是，倒是北京政府显得宽宏大量些，经过多方协商，南方政府的代表王正廷得以与顾维钧一起出席了巴黎和会。

图5-6　位于北京东交民巷使馆区的六国饭店

图5-7　南京国民政府成立时情形（1927年）

　　1923年7月23日，顾维钧顶着巨大的舆论压力，出任"贿选总统"曹锟政府的外交总长。面对南方各界的指责，他发布通电为自己的就职辩解："行使约法赋予之职权，维持国际现有之地位，唯吾力之是视，不敢告劳，求其心之所安，不能有二。"然而在两天后，旅居上海的议员田桐①却发布通电驳斥顾维钧，他甚至毫不留情面地骂顾维钧是"洋奴"："数年以来，国人认熟解洋语、善着洋服、惯食洋餐之人为外交系……夫外交家这主观的也，非客观的也，外交家之所由来，即爱国男儿精神之所勃露者也。以上三者为构成洋奴之要素，不能谓为构成外交家之要素，摹仿外人之声音笑貌，仰其鼻息，体贴入微者，未有能知国家大事者，洋奴之技，西崽之才，正与外交家相悖谬。"但是面对这些指责，顾维钧却有自己的理由，而且是很充分的理由。

作为一名深受西方政治理念影响的"海归"，顾维钧一向将自己定位为纯粹的技术官员，毕生的志向便是利用自己的专业特长为国家服务，同时也实现个人的梦想。与那个时代许多理工科出身的海归不同，他所选择的专业是国际法和政治学，这也注定他必然在官场奋斗。不过他始终认为："我之所以继续参与政治，只不过是为了中国的国际声誉而维持一个政府而已。"或许也正是由于自己较为单纯的目的，他一直非常自信，认为自己在人们的心目中是独立的形象，未直接卷入政治斗争，更没有参与旨在统治国家的军事斗争，属于众所周知的"超然派"。至于民国初长期持续的党派纷争和军阀较量，顾维钧基本上不感兴趣，也从不主动参与，因为他把中国看作是一个整体。

然而，尽管顾维钧当时几乎将自己在外交方面的才能发挥到了极致，但他一个人的"正能量"毕竟是有限的，他不可能永远只活在自己的世界里。到北洋政府晚期，他看到许多昔日的同事纷纷南下投奔国民党阵营，眼看北伐军占领北京只是时间问题，眼看自己所服务的政权一步步走向覆亡，他却只能尴尬地选择留守，而他留在政府首脑职位上的唯一理由，便是保证根据宪法使国家事务有秩序地进行。或许在此时，他终于无奈地发现，一个人在政治过程中运行而又试图超越于政治之外，这显然是不现实的。于是乎，就在这种纠葛之中，曾经一次次为

---

① 田桐（1879—1930），字梓琴，湖北蕲春人，辛亥革命先驱，同盟会发起人之一，曾任南京临时政府内务部参事等职。1912 年 8 月 25 日，同盟会等 5 团体正式改组为国民党，被推举为参议。1913 年当选国会议员，"宋案"后至安徽起兵，失败后赴日，参与筹组中华革命党，任湖北支部长。1917 年南下参加护法政府。

挽回国家权益奔走呼号的杰出外交家却沦为了"革命者"的通缉犯。

北洋政权覆灭后，沦为通缉犯的顾维钧暂时到国外避了一阵风头。不过在当时的中国，像他这样与英、美等国关系极为密切的外交人才仍大有用武之地。1929年12月，顾维钧的好友张学良在东北易帜，正式归顺南京政府。在张学良的疏通下，顾维钧的命运再次迎来转机，不久后国民政府便宣布对其既往不咎，随之取消了通缉令。此后一年多的时间里，顾维钧应张学良之邀回国，经常往返于沈阳、北平、北戴河之间，顺便也为好友提供外交方面的建议。很快，一场超大规模的政局动荡又让使顾维钧成了香饽饽。

1930年夏天，顾维钧与张学良一起来到北戴河度假。与当时许多达官贵人一样，顾维钧在北戴河也拥有自己的避暑之所。如今，这所门牌号为中海滩1号的别墅已然被改为国有宾馆。放眼望去，这座红瓦白墙的典型欧式建筑颇为引人注目。有关资料显示，该别墅的建筑面积近500平方米，分为两层，底层为地下室，四面围廊呈封闭状，庭院中还植有各种树木。想当年在北洋政府任职期间，顾维钧就经常在夏天的周末携全家来这里度假。那时的北戴河真可谓名流云集，而人们也时常能看到顾维钧与他时髦的夫人黄蕙兰"晒幸福"的情景。就在1930年夏天，国内爆发了蒋介石、阎锡山和冯玉祥之间的新军阀混战，即著名的"中原大战"。战事初期，反蒋各派一度占据上风。反蒋各派还联合形成由汪精卫、陈公博领导，郭泰祺和邹鲁等人支持的国民党扩大会议。尽管顾维钧既不是国民党，又是"前朝遗老"，但反蒋派却十分看重他在外交界的声望，因此开始千方百计对他进行游说和拉拢。巧合的是，当时张学良也在北戴河避暑，而他更是南京方面和反蒋派竞相拉拢的对象。一时之间，顾、张二人的别墅真可谓宾客盈门。

关于当时的情形，顾维钧是这样回忆的："1930年夏，反蒋各派联合形成由汪精卫、陈公博领导，郭泰祺和邹鲁等人支持的国民党扩大会议。我这时在北戴河休假，有一天晚上，陈公博和郭泰棋还有另一个人来看我，要和我进行一次严肃的会谈。他们向我公开了以下各派联盟的计划：即汪精卫的改组派、西山（会议）派、阎锡山和冯玉祥。他们还告诉我有一个组织政府的秘密计划，由阎锡山当主席，汪精卫当行政院长，他们要我当外交部长，我明确加以拒绝。但是，因为我们是朋友，他们继续催促我答应。最后，他们说：'好吧，先别考虑外长了，不要马上做出决定，请到北京去，因为汪精卫要和你面谈。'因此，第二天我去北京。记得在火车站上有很多政界人物迎接我：有国民党的要人们，有阎锡山将军和冯玉祥将军的代表，我立刻被领到汪精卫家里参加为我接风的宴会。他对我谈了上述计划，并且说他们都在等我答复，然后公布人员名单。我问他们已经取得什么国际承认的保证，建立一个不被列强承认的政府是无用的。他们回答那就是他们要邀请我参加的缘故。他们要成立的政府是非常特殊的，除非他们已经做好一切必要的准备并且保证新政府会存在下去，否则试图组织政府是无用的，而我看他们的政府不可能维持下去。就我个人而言，我暂时还不愿卷入政治，宁愿继续过平民生活。他们要我好好考虑。我说：'北京（其时正当8月）太热，很想回北戴河。'他们请我再待一天，因为阎锡山将军要和我谈话。次日早晨得到消息，阎锡山已经不见了。他看到当时局势不可能组成政府，就在8月18日离开北京回山西去了。所以，整个计划便成为泡影。"

在这次南京国民政府初期的政治大洗牌中，各方势力除了看重顾维钧本人在外交方面的影响力外，还非常希望通过他来拉拢张学良。中原战争爆发后，由于蒋、冯、阎各派基本上旗鼓相当，因此拥有几十万兵力的少帅张学良就显得格外重要。所以当张学良和顾维钧一到北戴河，各派的代表便接踵而至。先是蒋介石的代表吴铁城、张群、方本仁等人赶到，而他们带来的"礼物"清单包括：除了任命张学良为中华民国海陆空军副总司令外，还任命张学良将军的下属于学忠为平津卫戍区总司令、王树青为河北省政府主席、张学铭为青岛警备司令、胡若愚为青岛市长等。接着，阎锡山、冯玉祥的代表商震、傅作义，汪精卫的代表郭泰琪、陈公博等人也到了北戴河。8月24日，汪精卫派出的代表陈公博、覃振一行来到顾维钧住处，张学良也应邀到来，他们想利用顾维钧的关系说服张学良。由于张学良始终不置可否，陈公博、覃振等人最终无功而返。与此同时，南京方面却继续出招。8月27日，蒋介石的代表、与法国关系密切的国民党元老李石曾到达北戴河，他还特地携法国驻华公使与英国驻华公使一同来访问张学良。当天晚上，李石曾在英国船舰上宴请张学良，顾维钧也参加了这场宴会。或许是蒋介石集团的"国际牌"起了作用，9月18日张学良通电拥护南京政府，反蒋联盟随即土崩瓦解。当然，少帅本人也从中获利不少。在冯玉祥、李宗仁、阎锡山等大佬纷纷偃旗息鼓后，张学良一跃成为仅次于蒋介石的首脑。具有戏剧性的是，仅过了整整一年，风光无限的少帅却又一夜之间沦为千夫所指的民族罪人。不过就在张学良跌入人生低谷的同时，他的好友顾维钧却在危难之际乘势复出，再度成为举国瞩目的焦点人物，并由此掀开了自己外交生涯的新篇章。

1931年九一八事变发生后，为了应对棘手的外交局面，南京国民政府于9月30日成立特别外交委员会作为指导对日外交的研议机构。由于顾维钧在英、美等国广泛的人脉资源以及丰富的外交"抗日"经验，特邀他担任该委员会秘书长，具体操作外交事务的运作。国难当头之际，尽管此前与国民党政权之间有过不愉快的经历，但顾维钧仍不计前嫌，正式投身于南京政府的外交事业中。11月23日，他又临危受命，出任外交部长。而这样一来，他便开始了长达二十多年的与蒋介石政权的合作。

说起顾维钧与蒋介石的交情，其实算不上深厚。严格说来，1928年以前二人并不认识，更无任何直接接触，相互之间只能算是有所耳闻。在1926年5月出任颜惠庆摄政内阁财政总长时，由于工作的关系，顾维钧就通过金融界听说了蒋介石在南方所取得的成功。他承认，如果没有财政上的支持，一个政界首脑不可能有远大前程或取得重大成就，而蒋介石显然与旧式的地方军阀有所不同，他不但有全新的政治理念，了解财政问题的重要性，而且懂得指挥军事战役。令顾维钧尴尬的是，1928年北洋政权彻底垮台后，由于自己"不光彩"的经历，他遭到了南京政府的通缉。不过蒋介石后来又曾派代表特地为此事进行解释，说通缉令并非他的本意，而是他的政敌胡汉民一手操纵的，希望顾维钧不要介意。显然，顾维钧确实没过多地计较这次"误会"。九一八事变后，为在外交上对抗日本侵略者，顾维钧很快就与蒋介石走到了一起，从而由一名被通缉的"北洋遗老"变成了南京政府的重要一员。

鉴于顾维钧的才华与威望，蒋介石无疑是非常欢迎其加入南京政府的。据顾维钧回忆，为了让他参加在南京举行的特别会议，蒋介石甚至专门派飞机来北京迎接；有一次特别委员会休会后他返回北京时，蒋介石又特地派人送来一张充作旅费的300元支票。虽然"不差钱"的顾维钧退回了支票，但对委员长的一番盛情还是十分感激的。到后来，蒋介石对顾维钧的礼遇也是有增无减。1942年12月，顾维钧从英国回重庆述职，蒋介石特地邀请他同赴黄山住了一夜。过江后，他和蒋介石步行了一个半钟头，随走随谈。蒋介石对他殷勤备至，送他就寝时还亲自前往房中检查床褥，出门时还必喊人帮助其穿大衣并备汽车。所有这些细节，都使顾维钧铭记在心。

1931年11月，为了应付越来越严重的对日外交局面，蒋介石特派宋子文赴北京邀请顾维钧担任外交部长。面对同为哥伦比亚大学毕业的师弟宋子文的劝说，明知这是个烫手山芋的顾维钧也一度婉言拒绝，但经不住委员长的"诚意"，加上爱国之情的驱使，他最终于23日答应出任

图5-8　同样毕业于哥伦比亚大学的宋子文

代理外交部长。可惜顾维钧这次只是扮演了一回"救火队员"的角色，仅一个多月后，主张与日本人面对面谈判的他就不得不在舆论的压力下匆匆"下课"。

尽管在此后的二十五年间，顾维钧始终是蒋介石政权的外交战线上的重要一员，但与北洋时期相比，他本人所拥有的自由度却大大降低了。在顾维钧看来，蒋介石虽然也重视外交，但却更加专制独裁，这也使他深感郁闷，因为他无奈地发现："1928年以后，南京政府非但不屑于征求中国外交代表的意见，而且常常在做出决定时只通知那些驻直接有关国家的外交代表外，对驻其他国家的外交代表甚至连通知都不给。"而蒋委员长则为此辩解说："中国外交人才，怯懦无骨气，无责任心，唯私利是图。"虽然蒋介石的这番话肯定不包括顾维钧，但后者作为老资格的外交家却对此持保留意见。顾维钧认为，只有北洋政府老外交界的人才是办外交的内行，其余任何人都是办外交的外行，而他当时虽然做的是国民党的官，但对国民党阵营内的外交官始终不以为然。

尽管如此，顾维钧仍忠心耿耿地为蒋介石政权服务了二十五年的时间，并为此付出了相当大的代价，这实在是他个人职业生涯的又一重悲哀。

二、第22号战犯

从北京到南京，从南京到北京；从北洋军阀到国民党，从国民党到共产党；从1912年到1928年，从1928年到1949年，顾维钧经历了中国大地上的两次政权更迭。令他郁闷的是，尽管自己多年来的活动范围基本上局限于相对独立的外交领域，尽管自己始终以超脱党争的面目示人，但麻烦却总是不请自来。这不，随着国共内战逐渐尘埃落定，自己也再度陷入了政治旋涡。

1948年12月25日，即将进入北京的中国共产党从西柏坡发出了一份战犯名单。这份名单是中共中央授权新华社以电报形式公布的，电报列出了43名国民党头等战犯：蒋介石、李宗仁、陈诚、白崇禧、何应钦、顾祝同、陈果夫、陈立夫、孔祥熙、宋子文、张群、翁文灏、孙科、吴铁城、王云五、戴季陶、吴鼎昌、熊式辉、张厉生、朱家骅、王世杰、顾维钧、宋美龄、吴国桢、刘峙、程潜、薛岳、卫立煌、余汉谋、胡宗南、傅作义、阎锡山、周至柔、王叔铭、桂永清、杜聿明、汤恩伯、孙立人、马鸿逵、马步芳、陶希圣、曾琦、张君劢。据权威人士称，这43名头等战犯均属"罪大恶极，国人皆曰可杀者"。通过浏览这份名单，人们不免惊讶地发现，作为唯一的驻外大使，顾维钧不仅榜上有名，而且名列第22位，居然排在宋美龄、胡宗南、阎锡山等人之前！就这样，两次国家政权的更迭时期，在两党各自发布的通缉令中，顾维钧竟然是唯一一位两次均榜上列名者。而对于顾维钧的上榜，新政权给出的理由是，作为1946年以来的国民党驻美大使，他为蒋介石集团争取美援用于内战方面不遗余力。

其实要跟其他国民党头等战犯比起来，顾维钧几乎没有直接同中共对抗过，而其漫长的政治生涯中也很少与共产党打交道。只有为数不多的几次，由于工作的关系，他曾与一些中共人士有过直接或间接的接触。

不过令人吃惊的是，如果真要追溯起来，顾维钧最早间接与中共发生关系居然是在1922年，对象则是中国共产党主要创始人之一的陈独秀。据记载，那是在1922年8月9日，时在上海法租界进行活动的陈独秀被法国当局逮捕。消息一经传出，陈独秀曾经的同事兼好友胡适当即与李大钊等人一起商量营救的方法。虽然胡适作为民国时期最著名的自由派学者，后来也曾担任国民党政权驻美大使，他同共产主义并无任何关系，但他却能抛开一切党派主义之争与陈独秀、李大钊之辈倾心相交。事发后，心急如焚的胡适先是准备不惜一切保释陈独秀，于是便委托上海亚东图书馆经理汪孟邹设法打听消息并与巡捕房交涉。然而几天后，胡适收到汪孟邹的信，明确表示交保不成。无奈之下，他又请汪孟邹去打听巡捕房呈出的逮捕陈独秀的证据是什么，以便对症下药。汪孟邹很快回信，详细列举了陈独秀案中的重要证据。经仔细研究后，胡适灵机一动想到了一个重要人物或许可以帮忙，他便是与法国政府交往密切的刚刚出任王宠惠内阁外交总长的顾维钧。于是他赶紧给顾维钧写了一封长信，请其无论如何要出点力，并郑重声明：自己不是为独秀一个人的事乞援；陈曾三次入狱，不是怕坐监的人；不过一来为言论自由计，二来为中法两国国民间的感情计，不得不请指法国公使出点力。虽然顾维钧与胡适并没有太多的交往，但一来二人都是从哥伦比亚大学毕业，有师兄弟的情分在；二来胡适在当时中国舆论界的影响力不容忽视。最终，顾维钧当即派秘书到法国公使馆疏通。8月19日，上海法租界巡捕房以对陈独秀罚款400银元了事。有趣的是，这样一桩重要的事，顾维钧却不曾载入自己的回忆录中，我们还是通过胡适的有关史料才意外得知的。

根据顾维钧在回忆录中的明确记载，他一生中与中共人士只有五次面对面的接触。如前所述，第一次便是1924年他在负责中苏谈判时与李大钊之间的摩擦。当时，身为北大教授的李大钊鉴于中苏谈判迟迟没有结果，愤而当面质问外交总长顾维钧。围绕着外蒙古问题，双方进行了激烈的辩论。顾维钧认为："外蒙古问题是中国对该地区的主权和领土完整问题，不容随意侵犯。"而李大钊则认为："即使把外蒙古置于苏俄的支配和统治之下，那里的人民也有可能生活得更好。"由于各自所考虑问题的出发点根本不同，因此双方争论的结果只能是话不投机半句多，顾

图5-9 中共早期领袖陈独秀

维钧甚至觉得李大钊"失去了辨别是非的理智"。然而尽管如此，当后来李大钊作为中共首领遭到张作霖政权的迫害时，顾维钧却没有因为曾经的芥蒂而落井下石。

1927年，在北伐军的节节进逼中，北洋政府不再对国民党容忍，宣布一切"过激党"均为非法。那时在军阀眼中，国民党与共产党并无什么区别，都属"赤党"。在听到李大钊等人躲进苏联使馆进行活动的消息后，4月6日，张作霖授命京师警察厅总监陈兴亚率领警察、宪兵和便衣侦探300多人赶至东交民巷的使馆区。陈兴亚向使团代表欧登科递交了一份警厅公文，表示："近来，大批共产党员躲避在使馆区内……""煽动学生、工人，预谋在首都暴动……这种布尔什维克思想的蔓延，必定损害外国人并破坏地方安宁与秩序"，所以必须采取果断措施抄查上述共产党人躲避处，请予许可。虽然各国公使对搜查苏联使馆皆无异议，但认为中国军警进入东交民巷，显然违反了《辛丑条约》的相关规定，自然应由外交部出面商议。于是张作霖便将此意通告外交总长顾维钧，但是后者却明确表示不愿承担此责任。无奈之下，张作霖这才直接派吴晋与欧登科接洽。接着，中国军警打破外交惯例闯入东交民巷的苏联使馆，将携全家躲避在此的李大钊等50余

图5-10 中共早期领袖李大钊，也是顾维钧最早直接接触的共产党人。

人逮捕。虽然顾维钧对于李大钊本人可能并无太多好感，对共产党也并无多少同情，但他仍秉持自己的为人原则，以至于在事发后曾两度辞职抗议，隐居西山。

投身国民党政权后，顾维钧同中共之间的接触也逐渐多了起来。而在国共合作、共同抗日的大背景下，他对中共的态度一度颇为同情。例如，早在1936年西安事变发生之后，时任驻法大使的顾维钧对驻德大使程天放及驻英大使郭泰祺二人说："就国内形势讲，中国非抗日不可，既然要抗日，对中共不妨宽容。"也正是在驻节巴黎期间，他与中共再度发生联系。当时，中共领导人董必武特地前来拜访。对于中

共人士的主动拜访，顾维钧是这样认为的："那时我是无党派人士，人们都知道我是个无所依附、对国民党也不热心的人。因此各党派人都来和我晤谈，他们对我似乎很信任，可以畅所欲言。我估计他们是把我当作一个可以理解不同观点的人。确实，我对任何派系都没有敌意；我相信，没有哪一家的政治思想是绝对正确而超越一切的。我也和董先生谈过，觉得他和众人没有什么不同……我们谈过中国的对外关系，甚至还谈过俄国人的问题，而我们彼此的观点却是距离不大的。"不过他也不得不承认："关于苏俄政府的内幕问题，我们的看法是不一致的。董必武认为他们一党专政的统治是正确的，而我则不以为然。"而到1945年旧金山会议时，顾维钧同董必武之间又有了一次更深的交往。

图5-11 中共领导人董必武，顾维钧与其曾有较多的接触。

那是在1944年8月中旬，随着世界反法西斯战争进入最后阶段，建立战后和平国际组织的问题被提上了议事日程，于是中、美、英、苏四国代表在华盛顿附近的敦巴顿橡树园举行了具体筹建联合国组织的会议。这次会议制定了未来联合国组织的基本框架，并建议由美、苏、英、中及结束战争以后的法国担任联合国安全理事会的常任理事国。1945年3月5日，中、美、英、苏作为4个发起国正式向参加反法西斯联盟的44个国家发出请柬。按照美国的意思，这次会议要求中国代表团具有广泛的代表性，而作为重要抗日力量的中国共产党自然应该派出代表。

图5-12 正是由于顾维钧的极力促成，董必武得以代表中共出席联合国成立大会。

然而与美国人的想法不同，蒋介石想一手包揽代表团的组成，把中共排除在外，不料这一举动首先遭到了顾维钧的强烈反对。当顾维钧应召回国商讨中国参加旧金山联合国成立大会有关事宜时，他从国家整体利益出发，直言不讳地向蒋介石谈了自己的看法，暗示中国代表团应包括中国共产党的代表，但蒋介石并未首肯。与此同时，周恩来代表中共中央就出席旧金山联合国会议的中国代表团成员问题致函"调停"国共关系的美国大使赫尔利，表示联合国会议决不能单独由国民党派遣其代表出席，而应包括国民党、共产党、民主同盟三方代表。对于中共的要求和建议，罗斯福和赫尔利都认为合情合理。3月15日，罗斯福致电蒋介石，委婉地表达了中国代表团应该包括中共代表之意。顾维钧立即把罗斯福的电报交给蒋介石，他趁机再次进言，极力主张国民政府应摒弃内政上的歧见，任命1位共产党人为中国代表团的正式代表，并提名由董必武充任。无奈之下，蒋介石最终听从了顾维钧的建议，接受中共代表董必武作为中国代表团成员。3月27日，国民政府行政院发表了中国出席旧金山联合国会议代表团成员名单：代理行政院院长宋子文（首席代表）、外交家顾维钧、国民参政会主席王宠惠、青年党代表李璜、前金陵女子大学校长吴贻芳、驻美大使魏道明、前驻美大使胡适、民社党代表张君劢、中共代表董必武、《大公报》总编辑胡霖共10人。4月25日至6月26日，来自50个国家的282名代表在美国旧金山市举行会议，一致通过了《联合国宪章》。6月26日，《联合国宪章》签字仪式在旧金山的军人退伍纪念堂隆重举行。中国作为4个发起国之一首先站在签字桌前。正午时分，顾维钧代表中国第一个签字，使中国成为4个发起国中第一个在联合国宪章上签字的国家，董必武则代表中国共产党和解放区人民在宪章上庄严地签了字。在这次会议期间，董、顾二人配合默契，双方合作十分融洽。顾维钧对董必武及其秘书、后来曾担任中华人民共和国外交部副部长的章汉夫评价都很高。在他眼中，董必武是一个上了年岁读过古书的人，为人和蔼可亲，但颇机敏，长于辞令且精通国际事务；而章汉夫是"共产党的一个杰出人物，为人善良而谦虚，不引人注意但很能干"。

顾维钧或许不会想到，正是由于自己在这次旧金山会议前后的表现，中共方面开始对他另眼相看，就连中共领袖毛泽东后来都一直念念不忘。值得一提的是，1971年，中华人民共和国恢复在联合国的一切合法权益后，毛泽东对即将赴纽约参加第26届联合国大会的中国代表团成员章含之说，他对顾维钧的外交才华很有好感，并指示要为顾维钧带去问候和礼品，还邀请顾先生在方便的时候访问北京。章含之到美国后，在顾维钧的女儿、联合国工作人员顾菊珍的陪同下见到了顾维钧，送去了毛泽东的礼物和问候，这使顾维钧颇受感动。

除了董必武之外，顾维钧还曾与邓发、叶剑英等中共人士有过接触。1945年9月30日、11月20日和22日，时任驻英

图5-13　参加联合国会议的顾维钧

图5-14　顾维钧在联合国大会上发言

大使的顾维钧在伦敦多次会见了中共领导人邓发。邓发带来了周恩来的介绍信和毛泽东的问候，并提前透露了重庆谈判将会取得成功的消息。对于中共方面的热情，顾维钧回忆道："据邓发说，共产党领导人毛泽东要他告诉我，国民政府和中国共产党之间的重庆会谈会成功，中国的团结将得到维护，我在这一点上，可以宽心。显然，他们注意到，我有促进团结的愿望，特别是他们听到我建议出席

图5-15　中共领导人邓发

旧金山会议的中国代表团要包括中共代表在内，以便成为一个真正的全国性代表团。我对邓说，我非常高兴地听到他们的消息，因为每一个人，包括外国友人在内，都渴望看到我们的统一、民主和繁荣得到维护和发展。中国应该把自己的国家迅速建设好，以便能够面对外部世界的紧张局势，并作为一个主要强国做出充分的贡献。"他当时曾明确对邓发表示："我看不出两党政策之间有什么大的区别。任何国家只有统一才能强大……现在日本的危险终于消除，所有的中国人，应该齐心协力，建设一个新国家。一个政党的权力和成功，与整个国家的更高利益相比是微不足道的。"不过当二人就对时局的主张交换意见时，顾维钧又认为邓发说服力不足，讲不出合乎逻辑的道理。

1946年6月，卸任驻英大使的顾维钧在回国述职时曾在北平访问了军调处执行部的中共代表叶剑英，在听取了他对东北问题、国民政府改组等问题的看法后，顾维钧评价其是一位"头脑清楚、熟悉情况的雄辩家"。

通过这些往事不难看出，作为一名典型的自由主义者，顾维钧最初对于中共并无政治偏见，而是以一种"超然"的姿态考虑国家利益，基本上不对主义问题进行评价，对党派之争也很反感。关于顾维钧的这种处世原则，后来协助其完成回忆录的美籍华人历史学家唐德刚就曾有切身体会。那是在20世纪70年代，当哥伦比亚大学的青年历史学家唐德刚开始与顾维钧合作撰写回忆录时，后者竟因其特殊的家庭背景而一度怀有戒心。原来唐德刚的妻子吴绍文是国民党元老吴开先（1899—1990）的女儿，而吴开先则被认为是名声不佳的CC系①大将之一。由

① CC系是指国民党内以陈立夫、陈果夫兄弟为首的政治势力，其名称"CC"则来源于1927年9月他们在上海成立的"中央俱乐部"（Central Club）。该派系的势力主要分布在国民党中央党务部门，如组织部、中统局、地方各级党部和教育系统，因此有所谓"蒋家天下陈家党"之说。

于这一缘故，顾维钧才对唐德刚有所疑虑。

也正是由于这种政治理念，使顾维钧一度在国民党政权内显得有些"另类"。例如，在抗战胜利后，顾维钧所企盼的是推进国内政治建设，而蒋介石所考虑的首要问题却是如何解决中共问题。当时，国民党许多军界政界要人幻想凭借军事优势在三至六个月内将此问题从根本上彻底解决，而顾维钧却认为，共产党问题"不仅是军事优势问题，也涉及政治、经济和社会问题。共产党人对局势看得比较清楚，通过土地改革和民主政治的宣传而对人民做工作"。以至于当外交部部长王世杰就解决共产党问题征询其意见时，他就极力主张对中共采取让步政策，以组织联合政府，缓和国共紧张局势并为双方的合作提供机会。顾维钧甚至认为，如果将中共排除在政府之外，必然阻滞重建工作，因为使用武力解决的方法则无异于政府自杀。1946年5月，顾维钧曾当面对蒋介石说，如果对中共采取强硬政策，有可能导致一场无休止的武装冲突，这样既会使国家遭受损失，又会招致民众反对，世界舆论同样会谴责这种政策，进而影响中国从国外获取有效援助和中国的国际地位。遗憾的是，当两个月后顾维钧被任命为驻美大使时，国共全面内战已经爆发。此时的他无奈地发现，随着自己在这场内战中被卷入得越来越深，力求保持超党派的中性立场已经很难坚持了。到后来，他已经不可能完全置身于政治之外了。而更悲哀的是，在身不由己地被卷入政治旋涡之后，他不得不再度选择与失败者为伍。或许正是由于这一原因，在美国，许多人将胡适和顾维钧视为"中国的两位伟人"。

的确，1947年左右，就在国共内战战略态势发生重大转折的时刻，顾维钧虽已认识到国民政府是一个违反民意的独裁政府，并在某种程度上表达了自己的不

图5-16　虽然始终自认为是超党派技术官员，但顾维钧最终仍无法摆脱国内党争的旋涡。

满，但在西方政治理念的驱使下，他对共产党的偏见已经取代了原有的立场，最终将自己与国民党政权牢牢捆绑在一起，以一种殉葬者的姿态走下去。

事实上，尽管顾维钧向来厌倦党争和主义之争，自民国初年进入政坛一直力求保持超党派的中性立场和自由主义者的独立品格，但却在1941年被迫加入国民党。

此事说来颇具戏剧性。1941年5月，国民政府决定任命顾维钧由中国驻法大使改任驻英大使。然而当重庆方面依照外交惯例征询英国政府对这一决定的意见时，英国驻华大使卡尔却建议中方最好选派一位国民党高级人士担任此职。无奈之下，为了国家利益，为了使英方同意自己出任大使，顾维钧只得在蒋介石的一再劝说下勉强加入了国民党。在1945年5月举行的国民党第五次全国代表大会上，顾维钧甚至当选为中央执行委员，从而由"无党派人士"变成了"党"的高层领导。不过在后来，他本人对于自己加入国民党这件事似乎很不愿提起。即便有人问起，他也反复说明自己只是名义上入党，无论是思想上还是组织上都不是一个合格的国民党党员。事实上，顾维钧始终认定自己的党籍是别人安排的，因为他虽然名义上是个国民党人，但在该党的任何会议上从未说过一句话，而国内政界也基本上把他看作是国民党圈外的人士。对于这一点，中共方面也是认可的。1946年6月，当顾维钧在北平拜访军调处执行部中共代表叶剑英时，后者就盛赞其在国外的工作，并希望他继续作为一位独立的无党无派人士支持国内和平事业。

图5-17 尽管1941年身不由己地加入国民党，但顾维钧本人的无党派色彩还是得到了各方共认。

然而几乎与此同时，顾维钧对于中共的态度却悄然发生着改变。当时，他已被任命为驻美大使。临赴华盛顿前，蒋介石曾单独与顾维钧讨论国共问题，后者一改此前的立场，表示可以考虑使用武力以实现国家政治上的统一。诚然，对于自己所

图5-18，图5-19，图5-20　虽然长期为国民党政权服务，但顾维钧始终在极力避免陷入党争。

服务的政权，顾维钧同样有许多不满之处，但是作为该政权的外交官，他又不得不选择与其站在一起，并尽自己所能为其争取美国的援助。于是在一声叹息中，后人无奈地发现，国共内战初期的顾维钧尚能保持某种独立的姿态，而当国共两党在战略态势发生重大转折之时，他的理性天平却发生了严重的倾斜。然而如果要深挖思想根源，顾维钧的这一抉择或许又在情理之中。毕竟作为一名深受美国文化影响的自由主义者，仅从意识形态的角度而言，他自然很难认同共产党的理念。多年以后，留在大陆的一位曾与顾维钧共事的先生是这样为其"定性"的："有了机会，顾维钧是有投降人民的可能的。不过，阶级本质决定了顾维钧，时代特点决定了顾维钧。顾维钧有了他的小天地，终于无法跳出他的小天地。"这位先生还"指证"说："抗战时顾维钧2次到重庆。他的住处是嘉陵宾馆，是重庆最好的建筑。但他时常向我发牢骚，说生活不方便。他说：'没有出国门一步的人，觉得自古已然，也没有什么。只有我们在国外住得很久的人，才感觉这也是问题，那也是问题。'特别是他办外交，就不懂什么叫作帝国主义。从前上海黄浦曾经有一个很大的"打倒帝国主义"的标语牌。他说：'既是要和人家往来，又要打倒人家。特别是在人家一入国门的时候，就给人家这样一个坏印象，不知道这是什么作风？'他把打倒帝国主义和与帝国主义国家订交看成是一件不相容的事。在顾维钧的外交辞典中，压根儿就没有帝国主义这个词。这就是顾维钧之所以为顾维钧。"也就是说，在"新政权"看来，顾维钧的"资产阶级"本性就注定他会"站错队"。

另外还有一件事颇值一提，是顾维钧本人多年后透露的。他抱怨说，1949年中共占领上海后，拿走了他家的房子和田地，甚至恐吓说，除非把全部账簿和地契都交出来，否则就要清查顾家的老账。此外，中共还没收了顾维钧在天津和北京的财产。我们无法确定这些事情对顾维钧的政治抉择产生了多大影响，但事实是，随着国民党政权岌岌可危，他对共产党的恐惧心理越来越深。而到1947年标志着冷战开始的杜鲁门主义出台后，顾维钧对于共产主义的批评声调越来越高。此后，为了挽救国民党政权，他几乎是倾尽全力在美国多方奔走，以争取一切尽可能的援助。正是在顾维钧等人不遗余力地游说下，1946年6月26日，美国众议院外交委员会执行

图5-21　遗憾的是，在抗战胜利后，蒋介石执意发动内战，从而使得顾维钧的政治立场随之发生改变。

会议以 15 票对 2 票通过《美国军事援华法案》。28 日，美国国会决定延长对中国的租借法案期限。根据租借法案，美国移让给国民政府物资总值达 78100 万美元。至 6 月底，美国政府为国民政府训练部队和军事人员达 15 万人，装备国民党军 45 个师。同时，还用军舰、飞机直接运送国民党军 14 个军、41 个师、3 个交通警察总队共约 54 万人到达进攻解放区的前线。在此期间，美国还赠予国民党军大量飞机和舰艇。21 日，美国国务院批准替国民政府建立 8 个大队的空军，其全部设备及训练费用达 3.07 亿元。飞机总数为 936 架。美国通过的这一《美国军事援华法案》实际上是对中国内政的武装干涉。

1947 年 5 月 8 日，顾维钧受国民党政府训令，向美国提出 5 亿美元紧急贷款请求，以稳定政治和经济局势。为了打动美国，他对国务卿马歇尔说："目前对付共产党的政策似乎已别无良策，因为他们不让政府安宁。"他对参议员范登堡说："政府是出于无奈才进行战争的，它宁愿用政治方法来解决。但是共产党有军队，它一边高喊反对内战，一边毫不迟疑地利用军队扩大其势力范围。"为了获得美援，顾维钧利用自己多年积累的人脉，四处奔走，不断地敦促美国"院外援华集团"对政府施压，要求加大援华的力度。8 月 24 日，美国特使魏德迈受命来中国考察，返回华盛顿前夕，他公开发表声明指责国民党政府官员贪污、腐化、办事效率低下等诸多弊端。对于美国人的指责，顾维钧并非不知道，但他仍然极力为国民党政府辩护，并抨击魏德迈的声明"是从时间较短的访问和对所访问的少数城市的仓促调查中所得出的轻率结论"。令顾维钧失望的是，眼看国民党政权既无力支撑战局，政治上也拒绝进行全面革新，美国最终做出了等待观望的决定，因而对于频频登门求援的顾维钧开始变得极为冷淡。尤其是美国国务院，许多人都对他的活动感到厌烦，有人甚至提出由胡适来取代他出任驻美大使。1948年 3 月 24 日，在遭到马歇尔的一番奚落后，顾维钧在日记中悲哀地写道："过去三十年，我至少和十几个国家的三四十位外交部长谈过话，打过交道，其中包括 6 位美国国务卿，但这是我第一次感觉到难以开诚布公交换意见。"由于此类的打击，他一度萌生了退意。4 月 2 日，尽管美国国会通过了《援华法》，规定在十二个月内向中国国民党政府提供 4.63 亿美元的援助，但顾维钧已清醒地意识到，自己所努力挽救的政权注定要退出历史舞台了。

图5-22　美国总统罗斯福

与此同时，顾维钧原本还引以为豪的"外交成就"也开始受到中共方面辛辣的贬斥。1946年11月4日，在顾维钧的多方推动下，南京国民政府外交部长王世杰和美国驻华大使司徒雷登签订了《中美友好通商航海条约》（简称《中美商约》）。从表面上看，这项条约基本上是平等互利的。然而在实际上，当时中国的生产落后，远洋运输不发达，根本无法实现条约所带来的好处，因此只能是美国单方面享有在中国的一系列实惠。结果在《中美商约》缔结后，便立刻受到国内各界人士的强烈批评。当时有上海市民就形象地把条约赋予双方的权利比做"赋予一辆汽车和黄包车使用马路的同样权利"。而中共方面更是严厉抨击南京政府的这项外交"成果"，认为其不过是战后美帝奴役中国、蒋介石出卖国家主权的中、美之间第一个新的不平等条约。11月26日，《解放日报》发表社论指出：蒋介石政府与美帝国主义在南京签订了《中美友好通商航海条约》，这是历史上最可耻的卖国条约，是蒋政府把中国作为美国附属国的重大标志之一，是中华民族又一次新的国耻。作为条约的主要推动者，顾维钧也未能幸免。直到多年以后，官方的教材中是这样描述的："中美商约以彼此'平等''互惠'的形式掩盖着不平等的内容及性质。实际上是中国对美国一切开放，美国帝国主义在中国土地上可以为所欲为。条约签订后，驻美大使顾维钧竟无耻地宣称：'全中国领土均向美国商人开放。'"

转眼间，到了1949年。眼看着国民党政权在大陆的统治已进入倒计时，顾维钧也面临着职业生涯中最尴尬无奈的时期。尽管明知国民党败局已定，明知这个政权已遭到了美国的抛弃，尽管自己已经受牵连被列为头等战犯，但他依然要硬着头皮苦撑局面。1月21日，蒋介石在内外交困中宣布"引退"，将烂摊子留给副总统李宗仁代理。4月24日，人民解放军攻破南京，国民政府虽南迁广州继续支撑,但彻底崩溃已是指日可待。而就在此时,顾维钧对这个政权仍"不抛弃、不放弃"。为了争取美援包括直接的武装干涉以挽救国民党政权,他到处奔走效力,一方面恳请美国政府指示驻华大使司徒雷登留驻广州,另一方面恳请美国拨款帮助国民政府稳定军心应对财政赤字,然而美方的反应却令他心灰意冷。

图5-23 在顾维钧的努力下,美国在中国内战期间一度大力援助国民党。图为顾维钧出席两国签约仪式。

图5-24 与此同时,国民党的统治却日益腐败。图为当时物价飞涨背景下挣扎的民众。

然而,在这种情况下,顾维钧仍旧为巩固国民党政府,争取美国支持四处奔波,他甚至联合胡适、蒋廷黻企图在台湾地区组建一个国民党的反对党——自由党,以促成两党制,改变蒋介石统治集团的独裁形象,博得美国人的好感。可是蒋介石怎么会容许别人在台湾地区分享他的权力呢？这个计划注定以失败告终。绝望之际，为了打动美国，顾维钧甚至罕见地参与到一起内政密谋中，即由自由主义者胡适等人组建政府取代蒋介石。

早在 1947 年 6 月，美国人士毕范宇就曾告诉顾维钧，目前解决中国问题的根本方法在于美国支持中国的自由主义者，只有自由主义者才能把中国从混乱中解救出来。不过顾维钧却认为，自由主义者固然在民众间有较高的声望，也博得了美国的好感，但他们在群众中没有根基，实在无法独自完成这一任务。令顾维钧没有想到的是，几个月后，当国民政府前铁道部次长黎照寰在访美时向他透露："最近中国发动了一场运动，以谋取国民党党内、党外的自由主义者的合作。美国驻华大使司徒雷登对此大加鼓励，发动这场运动的想法是使自由主义者参加政府工作，并推动一系列的改革。"黎照寰还说，由于在国民党党内没有合适的人来领导政府，他们一伙已决定提请顾维钧这位国际知名人物来作为他们的领导。尽管心里可能有那么一丝激动，但头脑清醒的顾维钧当场就婉言谢绝了对方的好意，他认为国内"现在很难找到一个享有像蒋介石那样威望的其他领袖人物"。

1949 年 1 月蒋介石宣布"引退"后，顾维钧分析了美国政府的政策，认为他们之所以采取等待观望的消极政策，是因为期望看到中国组成一个"自由"的政府后再增加援助。在这种情形下，他也开始动摇了，将希望寄托在了"自由主义"身上。为此，他甚至在私下里列举了应付时局的六条最重要的措施，其中包括：组织一套不自私、有勇气、有经验的顾问班子为蒋介石服务；在现代化基础上重组中国军队，由忠诚、精干和富有经验的军官负责指挥；以年轻有为的人接替年老腐化的人；任用文官为各省主席，以恢复人们对政府的信任与合作；实施照顾及任用年轻大学生的计划，为他们谋取出路并灌输为国家服务的信念；经济和贸易自由，给人民以谋生和外国商人在华经商的机会等。5 月 8 日，顾维钧在会见杜勒斯时主动建议说："我们应该敦促我国人民首先重建一个新的内阁，全部由胡适、晏阳初、吴国桢、孙立人、俞大维等以诚实、正直、富有才干而著称的人组成，并且准备好实行改革的计划。"显然，顾维钧所开列的这份名单中，几乎全是美国熟悉的归国留美学者。6 月 4 日，他与国民党联合国代表蒋廷黻会谈时，甚至明确地提出"新内阁"的具体组成人选：行政院长胡适，外交部长蒋廷黻或王世杰，国防部长孙立人，经济、农业或社会部长晏阳初，财政部长陈光甫，其余不太重要的职务则留给各地方派系，如西北马家集团、国民党、川系、桂系以至于粤系等。对于自己的大胆设想，顾维钧认为："这确实是我们挽救中国的最后一个机会和最后一张王牌。"然而令他失望的是，胡适却以"生性不愿指挥别人，强令别人服从"为由拒绝了这一邀请。不仅如此，胡博士反而认为："尽管蒋介石有他的缺点，他也是应当得到支持的。"对于这一结果，心急如焚的顾维钧并没有彻底死心，而是继续策划他的"新内阁"

图5-25　顾维钧与王世杰交谈

计划。既然胡适不愿出面，顾维钧又转而开始考虑由吴国桢出来组阁，胡适则在吴国桢内阁中担任外交部长。只可惜由于蒋介石始终拒绝退居幕后，顾维钧等人的计划也就胎死腹中了。到了1950年后，尽管自由主义者仍在不甘心地运作，但顾维钧已对此不感兴趣了，而是将全部的精力投入到辅佐蒋介石上了。

图5-26　著名自由派人士胡适在担任驻美大使期间的影像

就在顾维钧扮演着国民党外交战线上的"忠臣"角色时，他的许多同行却在历史面前选择了不同的道路。

国民党政府从南京撤退到广州后，内外交困中，各驻外使领馆也陷入惶惶不可终日之中。更悲哀的是，由于中央政府即将垮台，致使驻外机构和使领馆都相继发生了拖欠薪酬的问题，有的甚至到了要靠卖汽车过日子的程度。即便在最受照顾的驻美使馆，大使顾维钧也不得不拿出私房钱来解决部分经费短缺问题。危局面前，驻外使领馆人心开始涣散，就连许多大使级人物也在考虑中共建立政权后他们的出路。例如，时任联合国副秘书长的胡世泽就曾私下里向顾维钧表达过自己的忧虑，一旦在国内成立一个共产党政府或联合政府时，他们能做或应做些什么？对于国民党政权而言，真是"屋漏偏逢连夜雨"。1949年10月9日，即中华民国国庆日前一天，国民党驻法使馆及驻巴黎领事馆在凌其翰的主持下，正式向国民党当局发出《起义宣言》，同时也向新成立的"共和国"外交部发出了"宣布同国民党反动集团脱离关系"和"拥护中华人民共和国"的2份电函。随后一段时间里，国民党外使领馆出现了"离馆"风潮。

图5-27　中国人民解放军攻占南京

与此同时，由于中共新政权的成立，国民政府被越来越多的国家所抛弃。自中华人民共和国10月1日宣告成立后，不到两个月中就得到了一系列国家的正式承认。1950年上半年，又有缅甸、锡兰、阿富汗、巴基斯坦等南亚国家宣

图5-28　为了挽救国民党政权，一向很少卷入国内政治的顾维钧曾与美国朝野密商对策。

图5-29　美国方面一度十分器重的孙立人（前排左2）将军。

布了对中华人民共和国的承认。甚至西方的英国、荷兰、挪威、丹麦、芬兰、瑞典和瑞士等国家也在此期间先后宣布承认中华人民共和国。而在联合国这个舞台上，国民党的外交也开始遭遇全面失败。1949 年 11 月，国民政府驻联合国首席代表蒋廷黻得知，美国、澳大利亚、墨西哥、菲律宾和巴基斯坦等国将提出一项联合决议案，决议案将给予中国人自由选择政府制度的机会，并要求各国不要为本国的利益而趁机利用中国目前的动乱。虽然蒋廷黻一再要求美国代表不要提出此案，但遭到拒绝。对于"友邦"的"背叛"，顾维钧无奈地哀叹道："美国似乎要在公众心目中以旁观者的姿态出现。显然，在国民政府对付共产党方面，它一点忙也不想帮。"后来回忆当时联合国内的情景时，他这样写道："除南美少数几个小国外，几乎没有代表团支持我们，尤为突出和令人失望的是保持沉默的亚洲各国代表团。除黎巴嫩和伊朗外，所有亚洲其他国家都对中国的控诉不发言，或在表决时弃权。"就这样，一向在国际外交舞台上风光无限的顾维钧，居然破天荒地陷入了孤单与尴尬的境地："我觉得向外交使团人员致意时，现在要加倍小心，这么多国家承认中共政权，在社交或公共集会上不论我问候他们的大使还是他们向我致意都是不妥当的，这不是个人问题，而是涉及个人所代表的国家，这在外交界是关系重大的。"在顾维钧漫长的外交生涯中，1946年至1956年担任国民党政权"驻美大使"的十年无疑是他人生中最灰暗的时刻。他后来曾心情复杂地回忆说："这时实在是我最为困窘的日子。一切来自中国的消息都是那么令人沮丧，而我仍要继续工作，在美国政府颇不友善的态度下为国家尽心竭力。"

图5-30　冷战的爆发，在一定程度上缓解了国民党政权的危机。图为活动在台湾海峡的美国第七舰队。

顾维钧的哀叹还远没有结束。由于决定同蒋介石或台湾地区不再有过多的牵连，美国政府决定放弃援助台湾。1950年1月5日，杜鲁门总统公开发出了"禁止给中国以军事援助"的声明。至此，国民党希望从美国那里得到军援的希望彻底破灭了。唯一值得庆幸的是，由于稍后朝鲜战争爆发，到1952年，美国和台湾地区的关系再度趋向好转，国民党获得援助重新开始增加。艾森豪威尔当选总统后，随着反共强硬派人物杜勒斯被任命为国务卿，美台关系转入一个新阶段。1954年9月中国人民解放军炮击金门事件发生后，美台双方开始了共同防御条约的谈判，而台湾方面的代表便是"外交部长"叶公超与顾维钧。

在新的历史时期面前，顾维钧也到了与国民党政权说再见的时候了。毕竟作为台湾方面的驻外"大使"，他的身份实在太尴尬了。回想自己这一生，虽然也曾在北洋时期遇到过国内存在 2 个政权的情况，但他那时所代表的政权毕竟是得到国际承认的，是真正"合法"的政府。而如今，台湾的"国民政府"究竟算什么？特别是 1954 年 4 月 26 日至 7 月 21 日内瓦会议时，中华人民共和国首次以五大国之一的地位和身份参加讨论国际问题，这对台湾当局来说无疑是当头一棒，顾维钧本人也深受刺激。

图5-31　晚年的蒋介石与儿子蒋经国合影

当时，一位前来拜访的菲律宾记者曾对他说："国民党'中国'在日内瓦完全被忘掉了。"面对无力回天的困境，向来心高气傲的顾维钧终于意识到，是到了退出外交舞台的时候了。

图5-32　1954年日内瓦会议期间，日内瓦街头悬挂起中华人民共和国国旗。

图5-33　中华人民共和国恢复联合国合法席位时，友好国家代表鼓掌。

图5-34　晚年的蒋介石

1956年1月，顾维钧返回台北述职。虽然此前蒋介石曾询问他是否愿意出任"考试院长"一职，但他仍诚恳地表示自己"已像一匹老马，体衰力竭了"，希望由年轻人来接替他的工作。与以往不同的是，蒋介石的表现也很冷淡，在顾维钧告辞时并没有像以前那样送他出门并送上车。显然，顾维钧已失去了蒋介石所需要的价值。4月，回到美国的顾维钧正式辞去"驻美大使"的职务，并礼节性地接受了台湾方面"总统府"资政的聘任，不久后便转赴海牙国际法院任职了。

三、梦回嘉定

2010年6月14日，台北当地媒体刊登了这样一则不起眼的报道：

"马英九总统"今天上午在"总统府"内接见美国哥伦比亚大学的副校

长，"马总统"特别举出哥大杰出校友胡适和顾维钧，没想到翻译不认识这位民国初年与梅兰芳、汪精卫并列三大美男子的顾维钧，"马总统"当场插话打断翻译，由自己来说。"马总统"接见美国哥伦比亚大学副校长，他立刻想到哥大杰出校友顾维钧，"马总统"表示："顾维钧先生，可以说是外交方面非常有名的校友。"翻译说："Mr. 顾维钧。""马总统"插话说："Wellington Koo。"翻译太年轻，不认识这位民国初年的美男子外交官，"马总统"打断翻译、自己旁白。

图5-35　嘉定法华塔

　　要说由于政治的原因，在大陆鲜有人知道顾维钧的名字还算情有可原，但如今居然在台湾地区连学外语出身的年轻人都不知道他是谁，着实令人唏嘘呀。好在同样是美国留学出身的马英九做了补救，否则就要在美国人面前大失颜面了。

　　而在大陆，相当长的一段时期内，顾维钧这个名字恐怕只有从事专业历史研究的圈内人才知道。甚至在他的老家嘉定，许多本地人也根本不知道顾维钧究系何方神圣了。前些年，笔者曾在一篇报道中读到这样的故事：嘉定一位呼吁保护旧城的老者试图向几位有关部门工作人员讲述西大街的重要性，在说到其中一幢房子是顾维钧祖宅时，对方不解道："顾维钧是谁？没听说过嘉定有这个名人。"这位老者当时竟气得大喊："他不是嘉定的名人，是全国名人！"

　　中国人自古就有情系祖籍的传统，千百年来很少改变。虽然顾维钧出生于大城市上海，然而就像绝大多数甚受传统观念影响的人一样，顾维钧仍一直将嘉定视为自己的故乡。

　　如今的嘉定虽然已隶属于上海，这些年来又因为F1赛事（世界一级方程式锦标赛）的缘故发展为新型卫星城，然而若论其历史来，这座江南古镇的文化底蕴却令人叹服。许多官方媒体是这样介绍嘉定的："嘉定区素称人文奥区，古贤今秀，代不乏人。自宋元而明清，龚宗元、杨滋、朱鹤、徐学谟、李流芳、孙元化、王鸣盛、钱大昕等，或以政绩驰誉或以骁将著称，或以治学有成名世，或以书画雕刻取胜。民国以降，吴宗濂、周湘、徐鼎康、王培孙、吴蕴初、廖世功、杨卫玉、张昌绍、陆瘦燕、廖世承、秦汾、童世亨、陈邦典、顾维钧、胡厥文、陆俨少等皆为名垂史册的人物。著名的历史事件有：明代嘉靖年间，一无名童子英勇抗倭，舍身救城；清初，清兵三屠嘉定，侯峒曾、黄淳耀率众抗清，视死如归；清咸丰年间，以徐耀为首的嘉定罗汉党联合青浦天地会、上海小刀会揭竿起义，'扫除贪官污吏'；太平天国后期，太平军屡挫清军和英法侵略军，三次攻占嘉定城；民国十七年（1928）春，中共嘉定县委领导境内西乡千余农民举行"五抗"（抗租、抗债、抗粮、抗捐、抗税）暴动；抗日战争时期，以吕炳奎为首的外冈游击队，坚持抗日武装斗争。"

　　如今，行走在嘉定老城的大街上，恐怕只有那高耸的法华塔和塔下的孔庙有些文化气息了。在顾维钧出生的那个年代，或许老城中心的这身量纤纤的法华塔仍是方圆几十里内的最高建筑罢。据介绍，此塔又名金沙塔，始建于 13 世纪初的南宋开禧年间，后来的嘉定老城正是以此塔为中心，然后分别沿东、南、西、北修建了四条大街。在法华塔的南首，则是著名的嘉定孔庙了。据说嘉定孔庙始建的年代几乎与法华塔同时，其规模当年号称"吴中第一"。不知是否由于这一塔一庙庇护的缘故，小小的嘉定城自宋代以来竟孕育了一大批文化名人，在科举方面的表现更是出类拔萃。而在这份长长的名单上，居然出现了三位外交部长：顾维钧、吴学谦、钱其琛！这究竟是历史的巧合，还是嘉定风水真有某种魔力？

　　想当初，顾家原本是嘉定城富户，后因太平天国战乱而迅速衰败。不过到清朝末年，由于顾维钧之父顾溶的努力经营，顾家再度复兴。虽然已定居大城市上海，但顾溶并没有断绝与故乡的联系。发达后，他在嘉定最繁华的西大街修建了祖宅"厚德堂"。"厚德堂"内有房三十余间，砖木结构，平房与楼房相间，街南一开间，二进深，街北五开间，三进深。或许是名人效应发挥了作用，如今的顾家老宅已被政府列为不可移动文物。值得一提的是，就在顾家老宅的周围，至今还留存着一大批近代名人的故居，他们的主人分别是：文化世家黄氏家族、著名化学家陈世璋、著名中医吴达侯、唐绍仪胞兄唐绍澜、清末外交家吴宗濂、著名实业家吴蕴初……

在评价海外华人时，人们常用"香蕉"与"芒果"来形容。毫无疑问，一生中大多数时间生活在海外的顾维钧属于典型的"芒果"——他的心永远属于中国。特别是到晚年定居美国后，他对中国的思念与牵挂更是与日俱增。有一位研究者曾这样分析顾维钧："有人说，以中国人的眼光观察顾维钧，他是外国人。不错，顾维钧绝大部分时间生活在欧美国家，并且是在西方文明陶冶下成长起来的。顾维钧仅在美国学习、工作、参加各种国际会议及其晚年寓居该地的时间就将近半个世纪，美

图5-36　晚年的顾维钧

国文化对其影响极大。顾氏本人亦承认，他'对问题的看法，往往不像一般中国人，而是更接近西方人'。有人说，以外国人的眼光观察顾维钧，他是中国人。也不错，顾维钧是华夏民族的血统，并且接受的是中国传统式的启蒙教育。他说：'我的一生，即使年轻还在中国时，始终感到作为一名中国人是非常自豪的。打开地图一看，中国的领土辽阔、人口众多，自然资源丰富，这些条件综合一起，是建设一个伟大国家的巨大资本。中国人有聪明才智，我国的文化和哲理，我一直认为确实高出于西方。'"真可谓入木三分。难能可贵的是，顾维钧不仅在生活方式、思维方式上都保持着纯正的中国本色，而且他虽身居美国多年却从未申请绿卡。

在保持中国本色和家乡情怀方面，顾维钧甚至留下了许多广为流传的趣谈。特别是关于他爱吃国产的臭腐乳这件事，就经常被一些媒体报道，例如下面两则：

《顾维钧爱吃臭腐乳》：顾博士有一样特别的脾气，便是喜欢吃国产臭腐乳，这是同别的博士们不同之点。别的博士们，受了外国教育，便连月亮也是外国的好了，哪里还肯吃臭腐乳？当顾博士在驻法大使时，他的私邸里，特别雇用了一个专制臭腐乳的中国工人，制造臭腐乳，供他过瘾。有一次正当制成，臭气弥漫，充满室内，但顾博士并不在意，反而觉得这种气味，

嗅之有趣。哪晓得无巧不巧，有法国警官来访，刚踏进门槛，便觉得臭气洋溢，大为惊奇。见到了顾氏之后，不免询问一番，说是哪里来的臭气。顾氏不脱外交家辞令，笑说："这是敝国最近在研究中的一种化学小发明，我们刚在试验中哩。"法警官信以为真，问道："真的吗？可否给我参观一下？"顾氏大摇其头说："这种小发明，何足道哉，况且现在尚未研究成功，实验时期，未便公开，如果将来成功的话，一定请批评指正。"法警官信以为真，一笑而过。后来，法警官对人说及：中国发明一种化学东西，顾大使不愿公开。一般法人，都很关怀，但始终不知道这是一种古老的发明哩。（《吉普》1946 年第 8 期）

《顾维钧特嗜》：顾维钧现在已是成了名闻中外的要人了，在外国提起惠灵顿·顾，有谁人不知哪个不晓，最近已荣转任驻美大使，飞纽约赴任矣，当其衣锦荣归，到嘉定去扫墓，在上海逗留了二三天，亲友们大其忙头，接到的请客帖而说，即时连吃十天，连早上吃点心也包括在内，还是不克分身，所以辞谢的辞谢，联请的联请，这么一来，才缩短为二天，方才敷衍过去，吃的地方，当然在金门、国际、华懋、礼查等第一流菜馆。不过也有一次例外，顾大使到亲戚家里去吃饭，说起来这是人情之常，并不稀奇，稀奇的是这份请客的宴席上，有一样特别菜，说出来真笑煞人，原来是一大盆油炸的臭豆腐干，使这位"惠灵顿"吃得津津有味，你说稀奇不稀奇？其实顾大使从小就爱好这样美味，差不多每顿饭总要吃两块，当初到外国去当口，还带过一坛，一同出洋。此番回国大菜中菜吃得发腻，突然有这么一样好东西吃，自然要吃得津津有味了。（《海星》1946 年第 20 期）

而对于自己的家乡嘉定，顾维钧也有不少感人之举。例如，在 1934 年 10 月，时任驻法公使的顾维钧，为了救济家乡贫民，特地同嘉定籍旅沪富商合作，集资在嘉定县城西门外锡沪路旁练祁河南开设纱厂。还有一年，顾维钧从法国回上海休假，期间曾短暂返回嘉定为唐宝玥扫墓，"那时，嘉定县长许次玄，性好阿谀，得讯后，怀刺往谒。顾氏当予延见，寒暄后，他向嘉定县长许次玄说嘉定是他故里，所以时常要回来探望的，县长负地方的治安，公务很忙，不必再来拜访，因为地方的公务要紧。这分明是温和的申斥，当时，这位碰了橡皮钉子的许县长，心里颇为难过，然而也没法，只得赔着笑脸退出。许次玄在地方上名誉，向不甚至洽，所以这消息传出后，一般怀恨他的，莫不带着心灾乐祸的心理，觉得开心之至"。（《海星》1946年第8期）

另外，早在民国时期，嘉定百姓也以出了顾维钧这样一位杰出老乡而倍感自豪。例如，当年《申报》就报道过顾维钧从华盛顿会议回国后收到嘉定同乡欢迎的场面："1922年5月16日，嘉定旅沪同乡假座美丽川菜馆，欢迎顾少川公使，席间由主席许苏民君致欢迎词，略谓：顾君在凡尔赛、华盛顿两次会议，为国为乡，增光不少，梓乡教育实业，尚见幼稚，希望顾君分其为国宣劳之功，对于梓乡事业，加以指导及赞助。继由杨卫玉、黄允之两君先后致词，略谓：嘉之向来有名人物，大率为文学家，顾使以外交家折冲坛坫，为世界伟人，同乡之景仰，不自今日始，而今日之得亲风采，共话乡情尤为快幸。继由顾使答词，略谓：鄙人向在国外，不克与同乡诸公接谈为憾，今日得共叙一堂，饫聆教益，实为感快，鄙人越昨曾返梓乡，觉各种事业，较之八九年前已觉进步，此由邦之教育家实业家尽力所致，鄙人极愿随诸君后，有所贡献。"

图5-37　顾维钧纪念馆陈列室

尽管顾维钧曾被中共宣布为头等战犯，不过在历史向前的脚步中，所有的恩怨注定要烟消云散。1972年10月5日纽约，已是耄耋之年的顾维钧在女儿顾菊珍家中会见了一位特殊的客人——出席第27届联合国大会的中国代表团成员章含之。

顾维钧当时也不知道，这位来自大陆的女外交官竟是受中共最高领导人毛泽东之托专程前来拜访的。由于特殊的历史原因，这件事当时并无正式报道，我们只是通过章含之后来的追忆才了解个中详情："1972 年 9 月我正准备随中国代表团前往纽约出席第 27 届联合国大会，主席在一次临行前的指示谈话中给了我一项特殊任务，要我去看望国民党前外交部长、驻美大使顾维钧先生。主席说他很敬佩顾维钧的外交才华和为人。当时顾老先生已八旬高龄，退休后在美国当寓公。毛主席嘱咐我说不要用官方名义去看望他，也不必提是毛主席要我去的。因为顾老先生与我父亲也可称是世交，我可以用晚辈名义去看望他。顾老先生的女儿是当时在联合国工作的一位局长，可以请她安排。毛主席说要我向顾维钧先生介绍大陆的情况并且邀请他回大陆看一看。毛主席还要我告诉他统一祖国是海峡两岸爱国人士的共同意愿。根据主席的指示，我于这年 10 月 5 日在纽约顾老先生女儿的住所拜访了他并共进晚餐。那时老人虽已高龄，但精神极好，并步履矫健。他极有兴趣地问了大陆许多情况，但却回避了访问大陆的邀请。一年前我们刚刚取代台湾恢复了在联合国的合法席位，在此时计划访问大陆的确时机尚不成熟。可惜的是，一直到顾老先生逝世，他都未曾有机会回到故土亲眼看一看家乡的变化。10 月 9 日，我刚从纽约到北京，马上接到通知，要我第二天晚上去主席那里汇报与顾维钧会面的情况。这是我到外交部工作后唯一一次与毛主席单独在一起谈话。主席对会见问得非常仔细，也很谅解顾维钧暂时不便回大陆访问。"

正如晚年同样定居美国的张学良一样，或许顾维钧之所以迟迟没有应邀回大陆访问，自有其特殊的考虑或顾虑罢。不过尽管如此，对于自己的家乡嘉定，晚年的顾维钧却格外牵挂。据说只要遇到上海来的人，他都要问是否去过嘉定，并且总是惦念着要吃家乡的塌棵菜和罗汉菜。1983 年，当女儿顾菊珍回国观光时，顾维钧再三嘱咐她一定要到家乡看看，并将自己珍藏多年的明代"嘉定四先生"和民族义士侯峒曾、黄淳耀的墨迹带回献给国家。顾菊珍回国后，专程到嘉定察看了两处顾家祠堂旧址，而且还拍摄了许多照片带回去给父亲留作纪念。当了解到故乡的巨大变化后，顾维钧的心情非常激动。1984 年，他还亲笔书写了杜甫的诗句"露从今夜白，月是故乡明"的条幅，馈赠给嘉定县博物馆收藏。就在这一年的 9 月 18 日，一件中国外交史上划时代意义的大事发生了——中、英两国代表团就香港问题的联合声明达成协议，中国政府将于1997年7月1日对香港恢复行使主权。回想起来，这位近代中国史上最杰出的外交家，穷其一生精力，所要谋求的不就是不平等条约的废除及国家权益的收回吗？然而当年的他再杰出，所达到的成就离梦想总是那么遥远。而如今，这一天终于到来了，老先生不知该做何感想？

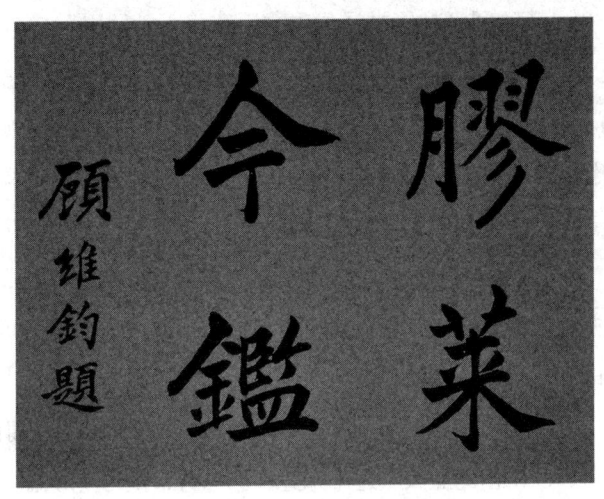

图5-38　顾维钧手迹，1923年题。

晚年的顾维钧，还为后人留下了另一项宝贵的财富——回忆录。与民国政坛上不少"超级大腕儿"蒋介石、李宗仁、张学良等人一样，顾维钧晚年也将自己一生的经历口述记录下来。另外，他自从担任公职开始就一直保持着写日记的习惯，每日所做之事都用英文记录下来，加上外交生涯中保存了大量的第一手资料，重要的外交文书都保留副本，与国外政界要人谈话后也将要点打印成稿以存档，所有这些资料，后来都存放在哥伦比亚大学特设的一个房间里。1967年顾维钧从国际法院退休后，美国著名的出版社麦克米兰公司、哥伦比亚大学出版社和道布尔戴出版社就找上门来，约请他写回忆录，并允以优厚的稿酬，都被他谢绝了。不过在此之前，顾维钧已经应母校的邀请开始了口述史的项目。在哥伦比亚大学博士唐德刚等人的努力下，顾维钧的口述录音竟持续了十七年的时间，至1976年才完成，其英文打字稿多达1万多页！放眼全世界，只有丘吉尔的第二次世界大战回忆录能与之媲美。在将回忆录英文原稿捐赠给母校哥伦比亚大学的仪式上，顾维钧不无自豪地笑称："我的唯一遗憾，是嫌我的自传太长——约11000页！

但是我却有一借口，如果这借口是有点儿合理的话，就是我服务公职太早，超过了半个世纪，由1912年至1966年。"由于规模太过庞大的缘故，美国方面只是将顾维钧的回忆录制作成了缩微胶卷，出版计划却迟迟无法实现。当然，顾维钧本人还是希望能将自己的回忆录译为中文，在他看来："由于我毕生效力于中国的对外关系，如果我的回忆录能被译成中文，我将不胜欣慰和感激。这项翻译工作的确是一项艰巨的任务，但是我希望这对研究那些动乱年代外交史的中国学人是有所裨益的。"1982年，中国社会科学院近代史研究所在征得顾维钧同意后，决定根据《回忆录》的微卷译成中文，由中华书局出版，至1994年6月全书共13册全部出版发行。对于此事，作为顾维钧回忆录主要功臣之一的唐德刚还曾抱怨说："1972年，中美关系正常化，外交活动日益增多。在1979年前后，一批中国学者访问美国，并曾同中国驻美外交人员一起与顾维钧共进晚餐。席间，顾维钧说他有一本英文稿的回忆录，中国社科院的几位学者就说，能不能拿来让我们回国翻译一下出版呢？顾维钧就这样答应下来了。随后，91岁的顾维钧就将回忆录的稿子交给了中国学者，而哥伦比亚大学还不知此事。当时，撰写《顾维钧回忆录》的目的是保存史料，不是为了出书，所以，该回忆录是以英文用缩微胶片的形式出的，是专为学者们进行研究用的。再说，他的书部头太大了，谁能出得起呢？据说国内组织了不少人翻译这部书稿，已经出了好几卷，可是关于这部书稿成书的坎坷过程以及我们撰稿者披胆沥血的情形，国内却一点儿也不知道，我们也都成了'无名英雄'。"

1985年11月14日晚上十一时，顾维钧在家里临睡前淋浴方毕，正想披衣时，突然昏厥辞世，享年98岁（虚岁）。几小时前，他刚刚写完一生最后一天的日记："这是平静的一天。"对于顾维钧的逝世，美国《纽约时报》《华盛顿邮报》以及华文报纸都载文表示哀悼，他的母校哥伦比亚大学特设顾氏奖学金，表示追思。11月21日，顾维钧追悼会在纽约坎贝尔殡仪馆举行，中外宾客300余人参加了追悼会。蒋经国、宋美龄等送了花圈。18日下午，中国常驻联合国代表、驻纽约总领事前往麦克逊大道坎培尔殡仪馆吊唁，中国驻美大使韩叙及前驻美大使章文晋也发来唁电："顾老为我国杰出的外交家，业绩显著，我们忝属后辈，素所景仰，晚年回忆录正在出版，对我国外交学界贡献卓著，尤所钦佩。"台湾方面的舆论对顾老的一生事业也大加赞赏，极尽华美之词。海峡两岸对一位民国政界要人的评价如此一致，在近代史上实属少见。

图5-39　顾维钧子女幼年时在使馆内玩耍

　　顾维钧逝世后，遗孀严幼韵女士将其155件遗物捐给上海嘉定博物馆，并捐10万美元，资助建立了顾维钧生平陈列室。1986年11月，顾菊珍夫妇在顾维钧逝世一周年之际，将在欧美各地收集到的反映他外交生涯的80余幅照片，制成了"顾维钧先生生平展览"版面，先后在北京、天津、嘉定等地展出。1998年，中央电视台编辑了中英文短片《顾维钧》。1999年1月29日，在顾维钧诞辰一百一十一周年之际，顾维钧生平陈列馆在其故乡法华塔院正式开馆。这一年，电影《我的1919》在嘉定首映。而此时，在顾维钧的故乡，终于有越来越多的人惊讶地发现，原来嘉定历史上还曾有过这样一位近代名人呀。

附记：顾维钧后人概况

顾维钧共有三子一女，长子顾德昌和女儿顾菊珍为唐宝玥所生，次子顾裕昌和三子顾福昌为黄蕙兰所生。另外最后一位夫人严幼韵与前夫生有三女：杨蕾孟（曾任美国双日出版社的总编）、杨雪兰（曾任美国通用公司副总裁）、杨茜恩（地产界成功女性），顾维钧都视为己出。

顾德昌，1915年出生于华盛顿，3岁时母亲唐宝玥因患西班牙流感不幸离开人世。5岁时随父亲和继母黄蕙兰一起到伦敦。长大后就读于上海圣约翰大学，"二战"期间曾出任中国驻美使馆的空军武官，退役后回到台北进入商界，后移居美国。

顾裕昌，1922年出生于华盛顿，早年入圣约翰大学附中读书，后随父母去往巴黎上学。与其父一样，他长大后考入哥伦比亚大学，攻读国际法学和外交学，获博士学位。毕业后一度应聘入联合国秘书处法律组工作，不久转入商界，其间与一位菲律宾议员的女儿结婚，1975年因心脏病突发不幸去世。

顾福昌，1923年出生于北京，少年时与胞兄顾裕昌一起在圣约翰大学附中读书。中学毕业后考入哈佛大学，不久也转入哥伦比亚大学。大学毕业后，在卢森堡经营一家公司，20世纪70年代病逝。

顾菊珍，1918出生于华盛顿，出生后不久其母唐宝玥即离开了人世，不过继母黄蕙兰对其颇为疼爱。1940年在英国完成学业后，回国投入抗战。与几位兄弟大相径庭的是，身为女儿家的顾菊珍却继承了父亲的外交基因。1947年进入联合国托管及非自治领土部任研究员，不久升为联合国秘书处政治托管非殖民部非洲司司长，同时还兼管联合国退休基金委员会。到1979年退休，她在联合国整整工作了三十二年。

附录一
顾维钧大事记

1888 年 1 月 29 日

出生于江苏省太仓州嘉定县（今上海嘉定区），名维钧，字少川，英文名 Wellington。祖籍江苏嘉定，父顾溶，字晴川；母蒋氏。行四，有二兄一姐一妹。

1891 年 3 岁

随兄入朱先生家塾。

1899 年 11 岁

随姐丈蒋昌桂入基督教卫理公会所办英华书院读书。

1900 年 12 岁

夏，大病数月，辍学。与名医张骧云侄孙女张润娥订婚。

1901 年 13 岁

考入基督教圣公会所办圣约翰书院读书。

1904 年 16 岁

8 月，自费赴美留学，入纽约州库克学院读英语及预科课程。

1905 年 17 岁

9 月，考入哥伦比亚大学，注册法学院，主修政治与国际外交，七年后获博士学位。在校期间积极参加各种活动，先后担任学生会代表、学校刊物编辑、校际辩论代表队员，并应《纽约先驱报》聘，从事关于中国电讯之翻译。

1908 年 20 岁

夏，读完大学课程，取道欧洲回国探亲，返美前奉父命与张润娥结婚。婚后携张润娥同到美国，安排其分居费城，学习英语，后协议离婚。

1909 年 21 岁

1 月，应清朝特使唐绍仪及公使馆之邀到华盛顿会见，受到唐绍仪的赏识。

1912 年 24 岁

2 月，中国驻美公使张荫棠转达中华民国临时大总统袁世凯电，邀顾维钧任总统府秘书，正是唐绍仪所推荐。3 月，在导师穆尔教授的帮助下，简化博士论文后口试通过，随后便提前取道伦敦经欧陆、西伯利亚铁路回国。4月底到达北京，由国务总理唐绍仪引见给袁世凯，同时兼任总统府及国务总理秘书。6月，因唐绍仪辞职，顾维钧与其同进退辞职去天津。后在唐绍仪的劝说下继续回总统府任秘书，其间携唐绍仪之千金唐宝玥回上海省亲，返回北京后应颜惠庆邀请入外交部任秘书处秘书，兼任总统府英文秘书。

1913年至1914年　25岁至26岁

外交部设翻译科，兼任科长。1914年升任外交部参事，仍主管翻译科事兼总统府英文秘书，参与袁世凯时期一系列重要外交谈判。

1915年 27岁

1月，日本提出"二十一条"，顾维钧在此次谈判中扮演了重要角色。同年8月被任命为驻墨西哥公使，并特派他先赴伦敦与驻英公使施肇基商讨欧战情况。10月，在伦敦奉命转任驻美国公使，11月赴美就职。

1916年 28岁

1月，袁世凯称帝。作为驻美公使顾维钧拒绝使用洪宪年号和更改文书格式。4月，签署中美《六厘金币库券合同》。11月，签署中美《芝加哥银行借款合同》。

1917年 29岁

4月，建议北京政府追随美国参战。11月，就《蓝辛石井协定》向美国递交照会。中国对德宣战后，在驻美公使馆成立专门小组，开始搜集资料，为参加战后和会做准备。

1918年 30岁

10月，夫人唐宝玥在美国病故，时德昌2岁、菊珍不足1岁。12月，为奉派全权代表参加巴黎和会。

1919年 31岁

1月28日，在巴黎和会"十人会"上代表中国代表团发言，对以山东问题为重点的中国立场作了有力申诉，驳斥日本的要求，得到和会内外普遍赞赏。中国代表团决定不出席6月28日之和会全体会议,并拒绝在《凡尔赛和约》上签字。

1920年 32岁

在巴黎结识黄蕙兰,当年10月10日在巴黎使馆宣布订婚,11月在布鲁塞尔中国公使馆结婚。10月调任驻英公使。12月,当选国联理事会非常任理事(兼国际联盟及国联行政院中国代表)。

1921年 33岁

秋,任出席讨论解决山东问题的华盛顿会议中国三全权代表之一,赴美参加会议。

1922年 34岁

2月,签署《解决山东悬案条约》和《九国公约》,华盛顿会议结束后返回伦敦。4月,奉召回北京。6月,颜惠庆组阁,邀任财务委员会主席。8月,任王宠惠内阁外交总长。不久,因内阁失败辞职。

1923年 35岁

7月起至1924年10月,历经高凌霨、孙宝琦、颜惠庆诸内阁,任外交总长。

1924年 36岁

10月,因冯玉祥发动北京政变弃职出走。

1925年 37岁

寓居上海。

1926年 38岁

5月,再任颜惠庆摄政内阁财政总长。7月,任杜锡珪内阁财政总长。10月,任代理内阁总理兼外交总长。11月,发表终止与比利时条约宣言。

1927年 39岁

1月,署理国务总理兼外交总长。6月16日辞职。18日,奉军张作霖入主北京,自封大元帅,成立军政府。

1928年至1930年 40岁至42岁

1928年7月,被南京国民政府通缉,赴欧洲、加拿大旅居。1929年,应张学良之邀返抵沈阳，在东北投资开垦，经常来往于北京、沈阳、北戴河之间，为张学良提供外交咨询。

1931 年 43 岁

九一八事变发生，南京成立"国民党特种外交委员会"，应邀任委员，重返外交界。11 月 23 日，出任国民政府外交部部长。12 月，因主张和日本直接谈判遭反对，辞职。

1932 年 44 岁

国联成立李顿调查团，被委任为中国代表，陪调查团在中国各地进行调查。同年 8 月，被任命为驻法国公使。9 月初，与李顿调查团同船去欧赴任。10 月，任国际联盟全体大会代表及驻国联行政院代表。在国联行政院与日代表松冈洋右辩论，提出对"中日问题和解草案"之修正案。

1933 年 45 岁

5 月，任日内瓦裁军会议代表。6 月，出席伦敦世界经济会议。7 月，出席国联对华技术合作委员会。9 月，出席国联第 14 届大会，发表关于中日问题之演说，为中国申诉。

1934 年 46 岁
6 月，请假回国。

1935 年 47 岁
暂居国内。

1936 年 48 岁

年初，因中法外交关系升格，2 月正式任命为驻法大使，4 月赴巴黎就任。9 月，代表中国出席国联第 17 届大会。

1937 年 49 岁

7 月 7 日，"卢沟桥事变"爆发，日本全面侵华。10 月初，奉派赴布鲁塞尔出席"九国公约会议"。

1938 年 50 岁

为保证法属印支之安南铁路过境运输开放及畅通，多方与法国交涉。

1939 年 51 岁

第二次世界大战全面爆发。

1940 年 52 岁

巴黎陷落，中国驻法使馆随法国政府迁至维希。

1941 年至 1946 年　53 岁至 58 岁

调任驻英大使。主要交涉有关英国战时援华贷款 5000 万镑，开通滇缅路及收回香港等问题。

1942 年 54 岁

1942 年 10 月至 1943 年（55 岁）3 月，回国述职，陪同英国国会代表团在各地访问，促成签订中英新条约。3 月，经美国返英。

1944 年 56 岁

奉派参加敦巴顿橡树园会议，任首席代表，讨论第二次世界大战战后事务，参与筹建联合国及草拟《联合国宪章》等工作。

1945 年 57 岁

4 月至 6 月，奉派为出席旧金山联合国成立大会之代表团代理团长，代表中国在《联合国宪章》上签字。7 月，返回伦敦，担任联合国筹备委员会委员。9 月，作为外交部长王世杰的助手参加伦敦外长会议。同时参加联合国筹备委员会的执行委员会，于联合国机构的建立、大会的召开等方面作出贡献。12 月，任中国出席联合国第一届大会代表。

1946 年 58 岁

1 月，任出席联合国安全理事会第一届会议代表。3 月，回国述职。6 月，返英卸任。7 月到美，任驻美大使。

1947 年 59 岁

5 月，向美国政府提出 10 亿美元贷款要求。

1948 年 60 岁

11 月，向美国总统杜鲁门提出援华要求。12 月，被中国共产党宣布为头等战犯。

1949 年 61 岁

5 月，与胡适等人向蒋介石建议推行改革，劝说胡适出山组织由留美学生组成的新内阁。

1950 年 62 岁

6 月，朝鲜战争爆发，就杜鲁门声明向台湾方面提出应对建议。

1951 年 63 岁

6 月，向美国国务卿杜勒斯声明台湾当局有关对日和约的立场。

1952 年 64 岁

10 月，向台湾政权提出辞职要求，被劝阻。

1953 年 65 岁

3 月，向美国提出缔结美台"共同防御条约"的要求。

1954 年 66 岁

11 月，与美国就"共同防御条约"进行谈判。

1955 年 67 岁

1 月，与美国政府交涉国民党军从大陈岛撤退和美国协防金门、马祖事宜。

1956 年 68 岁

1 月，返台湾述职。4 月辞职，免去大使职务，同时受聘为"总统府"资政。8 月，获提名递补中国籍国际法院法官徐谟遗缺。同年（一说离婚在 1959 年）与黄蕙兰离婚。

1957 年 69 岁

1 月，经联合国大会和安理会多次投票，当选海牙国际法院法官。

1959 年 71 岁

与严幼韵结婚。

1960 年 72 岁

开始口述回忆录的工作。

1964 年 74 岁

当选为海牙国际法院副院长。

1966 年 76 岁

10 月，退出海牙国际法院法官竞选。

1967 年 79 岁

10 月，自海牙国际法院退休，定居纽约。

1972 年 84 岁

10 月 5 日，在纽约会见奉毛泽东之命前来拜访的章含之。

1976 年 88 岁

口述回忆录完成，并将其赠予母校哥伦比亚大学。

1985 年 98 岁

11 月 14 日，病逝于纽约寓所，享年 98 岁（虚岁）。

附录二
北洋政府历任外交总长

陆征祥：1912 年 3 月 30 日—9 月 22 日

胡惟德（署理）：1912 年 3 月 30 日—6 月 10 日

梁如浩：1912 年 9 月 16 日—11 月 15 日

陆征祥：1912 年 11 月 15 日—1913 年 9 月 4 日

曹汝霖（代理）：1913 年 9 月 4 日—9 月 11 日

孙宝琦：1913 年 9 月 11 日—1915 年 1 月 27 日

陆征祥：1915 年 1 月 27 日—1916 年 5 月 17 日

曹汝霖（署理）：1916 年 5 月 17 日—6 月 30 日

唐绍仪：1916 年 6 月 30 日—9 月 29 日

陈锦涛（署理）：1916 年 6 月 30 日—12 月 24 日

夏诒霆（代理）：1916 年 10 月 24 日—11 月 13 日

伍廷芳：1916 年 11 月 13 日—1917 年 7 月 9 日

汪大燮：1917 年 7 月 15 日—11 月 30 日

陆征祥：1917 年 12 月 1 日—1920 年 8 月 13 日

颜惠庆（署理）：1920 年 8 月 11 日—1921 年 5 月 14 日

颜惠庆：1921 年 5 月 14 日—1922 年 8 月 5 日

顾维钧（署理）：1922 年 8 月 5 日—11 月 29 日

王正廷（署理）：1922 年 11 月 29 日—1923 年 1 月 4 日

施肇基（署理）：1923 年 1 月 4 日—2 月 3 日

黄　郛（署理）：1923 年 2 月 3 日—4 月 9 日

顾维钧（署理）：1923 年 4 月 9 日—1924 年 1 月 12 日

顾维钧：1924 年 1 月 12 日—10 月 31 日

王正廷：1924 年 10 月 31 日—11 月 24 日

唐绍仪：1924 年 11 月 24 日—1925 年 2 月 21 日

沈瑞麟：1925 年 2 月 21 日—12 月 31 日

王正廷：1925 年 12 月 31 日—1926 年 3 月 4 日

颜惠庆：1926 年 3 月 4 日—3 月 25 日

胡惟德：1926 年 3 月 25 日—5 月 13 日

施肇基：1926 年 5 月 13 日—6 月 22 日

蔡廷干（署理）：1926 年 7 月 6 日—10 月 1 日

顾维钧（署理）：1926 年 10 月 1 日—1927 年 1 月 12 日

顾维钧：1927 年 1 月 12 日—6 月 16 日

王荫泰（代理）：1927 年 6 月 16 日—6 月 20 日

王荫泰：1926 年 6 月 20 日—1928 年 2 月 25 日

罗文干：1928 年 2 月 25 日—6 月

附录三
主要参考文献

《申报》《民国日报》《东方杂志》《京报》《晨报》《现代评论》等。

[法]谢和耐著：《中国社会史》，耿升译，江苏人民出版社，1995年。

[美]费正清主编：《剑桥中华民国史（1912—1949）》，杨品泉等译，中国社会科学出版社，1993年。

[美]罗兹·墨菲著：《上海——现代中国的钥匙》，上海社会科学院历史研究所，章克生等译，上海人民出版社，1986年。

[美]唐德刚：《晚清七十年》，岳麓书店，1999年。

[美]唐德刚：《张学良世纪传奇》，山东友谊出版社，2002年。

[美]唐德刚著：《袁氏当国》，广西师范大学出版社，2004年。

[英]马士著、张汇文等译：《中华帝国对外关系史》，上海书店，2000年。

Chu, pao-chin, V. K. WelliingtonKoo: A Study of The Diplomatand Diplomacy of Warlord China, During His Early Career, 1919–1924, University of Pennsylvania, 1970.

陈乐民主编：《西方外交思想史》，中国社会科学出版社，1995年。

陈耀东著：《国民外交常识》，新月书店，1929年。

程道德等编：《中华民国外交史资料选编（1919—1931）》，北京大学出版社，1985年。

丁中江著：《北洋军阀史话》，中国友谊出版公司，1996年。

傅启学著：《中国外交史》，台湾商务印书馆，1983年。

高军、李慎兆、严怀德、王桧林等编：《中国现代政治思想史资料选辑》，四川人民出版社，1984年。

高克著：《顾维钧外交官生涯片断》，上海人民出版社，1995年。

高晓林、何虎生编著：《金陵秋梦：民国主要高官的最后结局》，中国工人出版社，2002年。

共青团北京市委青年运动史研究室：《北京青年运动史（1919—1949）》，北京出版社，1989年。

黄蕙兰著：《没有不散的筵席：顾维钧夫人回忆录》，中国文史出版社，2012年。

金光耀主编：《顾维钧与中国外交》，上海古籍出版社，2001年。

金问泗著：《从巴黎和会到国联》，传记文学出版社，1967年。

李恩涵著：《北伐前后的"革命外交"（1925—1931）》，台湾：中央研究院近代史研究所，1993年。

李育民著：《近代中国的条约制度》，湖南师范大学出版社，1995年。

林明德著：《近代中日关系史》，三民书局印行，1984年。

罗志田著：《乱世潜流：民族主义与民国政治》，上海古籍出版社，2001年。

石源华著：《中华民国外交史》，上海人民出版社，1994年。

唐启华著：《北京政府与国际联盟（1919—1928年）》，东大图书公司，1998年。

陶文钊著：《中美关系史（1911—1950）》，重庆出版社，1993年。

王建朗著：《中国废除不平等条约的历程》，江西人民出版社，2000年。

王立新著：《美国对华政策与中国民族主义运动（1904—1928）》，中国社会科学出版社，2000年。

王铁崖主编：《中外旧约章汇编》，三联出版社，1981年。

许纪霖、陈达凯主编：《中国现代化史》，上海三联书店，1995年。

杨天石著：《海外访史录》，社会科学文献出版社，1998年。

岳谦厚著：《顾维钧与抗日外交》，河北人民出版社，1998年。

岳谦厚著：《顾维钧外交思想研究》，人民出版社，2001年。

章伯峰主编：《北洋军阀1912—1928》，武汉出版社，1990年。

郑曦原编：《帝国的回忆：〈纽约时报〉晚清观察记1854—1911》，当代中国出版社，2011年。

郑曦原编：《共和十年：〈纽约时报〉民初观察记1911—1921》，当代中国出版社，2011年。

中国第二历史档案馆编：《中华民国史档案资料汇编》（第三辑）（外交卷），江苏古籍出版社，1991年。

中国社会科学院近代史研究所编：《中华民国资料丛稿民国人物传》，中华书局，1982年。

中国社会科学院近代史研究所译：《顾维钧回忆录》，中华书局。

周鲠生著：《革命的外交》，上海太平洋书店印行，1928 年。

周鲠生著：《国际法》，商务印书馆，1981 年。

朱英主编：《辛亥革命与近代中国社会变迁》，华中师范大学出版社，2001 年。